Deutscher Weinatlas

mit Weinlagenverzeichnis

Ceres-Verlag
Rudolf-August Oetker KG Bielefeld

Herausgeber:
Stabilisierungsfonds für Wein, Mainz

Kartenteile, Weinlagenverzeichnis und Druck:
Georg Westermann Druckerei und
Kartographische Anstalt, Braunschweig

Vertrieb für den Buchhandel:
Ceres-Verlag Rudolf-August Oetker KG,
Bielefeld

Vertrieb für die Weinwirtschaft:
Deutsches Weininstitut GmbH, Mainz

3., verbesserte Auflage 1978

Printed in Western Germany

Inhalt

Wo find' ich was im Weinatlas
Eine Leseanleitung

Kernstück des Großen Deutschen Weinatlas sind die umfassenden, nach dem Stand von 1975/76 zusammengestellten Einzel- und Großlagenkarten aller deutschen Anbaugebiete. Außerdem finden Sie zu jedem Anbaugebiet Tips und Anregungen für ein Wochenende oder einen Urlaub mit deutschem Wein. Wollen Sie mehr über das Anbaugebiet Ihrer Wahl wissen, lassen Sie sich von den zuständigen Stellen – am Schluß jeder Gebietsdarstellung – ausführliche Unterlagen schicken.

Vom Weinetikett zur Weinbergslage

Jedes deutsche Weinetikett gibt Auskunft über die Herkunft des Weines

a) immer durch den Namen des Anbaugebietes,
b) meistens durch die Angabe des Ortes bzw. Ortsteils oder der Gemeinde in Verbindung mit dem Namen einer Einzellage oder einer Großlage.

Und so finden Sie zur Wiege Ihres Weines:

1. Suchen Sie im Register den Namen der Gemeinde oder des Ortes (es kann auch ein Orts- bzw. Stadtteil sein).
2. Haben Sie ihn gefunden, vergleichen Sie die Abkürzung hinter dem Namen mit dem des Anbaugebietes. Erst bei Übereinstimmung wissen Sie, daß Sie Ihrem Wein auf der richtigen Spur sind. (Nicht selten gibt es Orte mit gleichlautenden Namen in verschiedenen Anbaugebieten.) Die Erklärungen der Abkürzungen für die einzelnen Weinbaugebiete stehen am Registeranfang.
3. Die Zahl hinter dem Ortsnamen und der Gebietsabkürzung gibt die Seite im Atlas an, die Sie aufschlagen müssen.
4. Suchen Sie auf der betreffenden Seite im Verzeichnis Ihren Ort unter den halbfett gedruckten Namen. Haben Sie den Ortsnamen, finden Sie darunter die dazugehörigen Einzellagennamen. Die Zahl dahinter dient zur Orientierung auf der Einzellagenkarte. Jede dieser Karten steht auf einem gelblichen Untergrund und ist so angelegt, daß die jeweils nördlichste Einzellage mit der niedrigsten Zahl beginnt und die südlichste mit der höchsten aufhört. Mit der Numerierung ist also nur eine Reihenfolge, keinesfalls aber eine qualitative Rangfolge der Weinberge und ihrer Weine gemeint. Sollten Sie hinter diesen Orientierungs-Zahlen Zeichen wie ein Δ oder × entdecken, dann werfen Sie einen Blick auf die Zeichenerklärung am Schluß dieser Leseanleitung.
5. Die abgebildeten Flächen geben die jeweilige exakte Lagenausdehnung wieder.
6. Alle Großlagenkarten stehen auf hellgrünem Untergrund. (Eine Großlage besteht aus mehreren Einzellagen. Mehrere Großlagen bilden einen Bereich, mehrere Bereiche das Anbaugebiet.)

Vom Weinberg zum Weinetikett

Genauso wie Sie vom Wein-Etikett mit Hilfe des Weinatlasses die Heimat des Weines ausfindig machen können, läßt sich auch umgekehrt vom Weinberg aus die genaue Herkunftsbezeichnung finden.

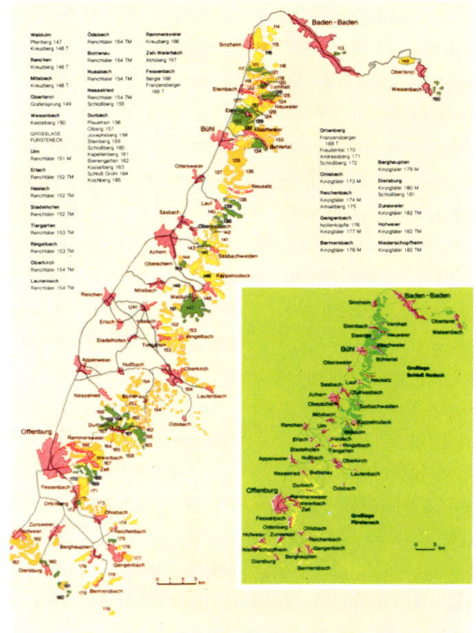

Hellgrüner Untergrund: Großlagenkarte
Gelblicher Untergrund: Einzellagenkarte

Wenn Sie auf einer Weinreise einen besonders sonnigen Rebhügel entdecken oder in einer nahegelegenen Straußwirtschaft den Wein vom benachbarten Weinberg liebgewonnen haben, führen Sie die entsprechenden Einzel- oder Großlagenkarten zum betreffenden Ort, zur Einzel- und Großlage. (Alle Lagen und Bereiche, alle Weinbaugemeinden und Weinorte und Ortsteile sind amtlich registriert und in die Weinbergrolle eingetragen.) Haben Sie die Lage und den dazugehörigen Ort bzw. die Gemeinde, dann können Sie den Namen Ihres neuen Lieblingsweins herausfinden.

Warum die Einzellage nicht im Register aufgeführt ist

Das hat seinen einfachen Grund: Häufig gibt es in verschiedenen Gebieten Lagen, die den gleichen Namen tragen. Bei der alphabetischen Ordnung im Register hätte das zur Folge, daß Sie sich erst mal durch all die vielen Sonnen-, Schloß- und Nonnenberge durchlesen müßten, ehe Sie zu dem von Ihnen gesuchten Weinberg kommen.

Zeichenerklärung

Die im Kartentext verwendeten Zeichen bedeuten:

- X Diese Lage befindet sich außerhalb des kartographisch abgebildeten Anbaugebiets.
- T Häufig gehört nur ein Teil der Lage zu einer Gemeinde. Ist das der Fall, erscheint diese Lage innerhalb derselben Großlage bei einem oder mehreren Ortsnamen zusätzlich unter der gleichen Nummer.
- Δ Name oder Abgrenzung dieser Lage ist noch nicht endgültig festgelegt.

Einleitung

Jedes Etikett auf einer Flasche deutschen Weins gibt Ihnen schon auf den ersten Blick Auskunft, worauf Sie sich beim Genuß Ihres Weines freuen dürfen. Das gilt für den einfachen deutschen Tafelwein genauso wie für den amtlich geprüften Qualitätswein aus einem der 11 deutschen Anbaugebiete und erst recht natürlich für die Weine der Spitzenklasse, die Qualitätsweine mit einem der 5 Prädikate („Kabinett", „Spätlese", „Auslese", „Beerenauslese", „Trockenbeerenauslese"). Die verschiedenen Angaben über den „Geburtsort" des Weines (Anbaugebiet, Bereich, Weinbauort mit Einzel- oder Großlagenhinweis) sind dabei wichtige Orientierungspunkte für einen Weinfreund auf dem Wege zu seinem Lieblingswein.

Doch warum all diese detaillierten Herkunftsbezeichnungen? Genügt nicht einfach nur die Angabe des Anbaugebietes? Für andere Weinländer mag das genügen. Bei deutschen Weinen jedoch wird der Geschmack von individuellen Wachstumsbedingungen (Bodenverhältnisse, klimatische Einflüsse) schon eines einzigen Weinberges geprägt. Wer sich das einmal klar gemacht hat, wird verstehen, wie hilfreich diese genauen Herkunftsangaben sind. Jeder Weinfreund wird mit zunehmender Weinkennerschaft immer bewußter diese Informationen suchen, die ihm bald selbstverständlich werden.

Doch keine Weinkennerschaft ohne Weinwissen. Zunächst einmal muß man die fundamentalen Unterschiede zwischen den natürlichen Anbaubedingungen, den Anbaumethoden und den gesetzlichen Vorschriften in den deutschen Anbaugebieten und denen anderer Weinländer kennen.

Warum bei deutschen Weinen die Herkunftsangabe so wichtig ist

Der deutsche Weinbau – auf der ungefähren Höhe des 50. Breitengrades – ist vielgestaltiger und vielfältiger als etwa der in der Mittelmeerzone oder in überseeischen Ländern.

* In den meisten ausländischen Weinbauregionen herrschen Jahr für Jahr nahezu identische Witterungsbedingungen. Es ist meistens gleich heiß, und gleichartige Böden kennzeichnen ganze Anbaugebiete, die um ein Vielfaches größer sind als bei uns. Die Folge: Die Weine sind oft schwerer und zeigen weniger unterschiedliche Merkmale. Daher haben Herkunftsangaben für diese Weine nur eine untergeordnete Bedeutung. Im Vordergrund steht die Herkunftsgarantie aus einem bestimmten Gebiet, häufig verbunden mit einer Mindestqualität.
* Ganz anders sieht es aus im deutschen Weinbau als dem nördlichsten Anbaugebiet der Welt, wo seit mehr als tausend Jahren der Weinbau auf die von der Weinrebe bevorzugten Flußtäler des Rheines und seiner Nebenflüsse konzentriert ist. Ein abwechslungsreiches, günstiges Klima und sehr unterschiedliche Landschaftsformen bestimmen den Charakter und die Qualität deutscher Weine. So vielfältig die Landschaften der deutschen Weinbaugebiete hinsichtlich ihrer natürlichen Gestaltung und Bodenarten sind, so vielfältige Weine sind hier zu Hause. Daher ist die Kennzeichnung der geographischen Herkunft auf dem Weinetikett so wichtig und macht das Weinetikett zur entscheidenden Geburtsurkunde für jeden deutschen Wein.

Boden und Klima sind die natürlichen Standortfaktoren, die Qualität und Charakter deutscher Weine entscheidend beeinflussen. Die tiefen Flußtäler des Rheines und seiner Nebenflüsse durchschneiden in unendlichen Windungen die meist bewaldeten Mittelgebirge und bilden breite Beckenlandschaften. Die unterschiedlichen Bodenstrukturen sind daher von der langen Erdgeschichte bestimmt. In der Steillage am Hang finden sich beispielsweise Schieferböden, am auslaufenden Hangsockel tiefgründige, fruchtbare Schwemmböden, an anderen Orten geschmacksprägende Kalkablagerungen oder vulkanisches Gestein.

Das Kleinklima eines Weinberges hängt wiederum von folgenden Faktoren ab: Süd- oder Westlage; die Hangneigung; die Intensität der Sonnenreflektion durch den Flußspiegel; die Nähe eines schützenden Waldes oder einer Bergkuppe; die Höhenlage; die Bodenfeuchtigkeit. Jeder dieser Faktoren hat seinen Einfluß, und so wachsen oft im Abstand von nur wenigen hundert Metern Weine von Weltruf oder nur Ginsterhecken.

Die Vielfalt dieser kleinklimatischen Bedingungen in den 11 deutschen Anbaugebieten ist der Grund für die große Zahl deutscher Weinbergslagen.

Die sprichwörtliche Vielfalt der deutschen Weine ist zum zweiten entscheidend durch die unterschiedlichen Qualitätsrebsorten geprägt. Bei den Weißweinsorten z. B. durch den Riesling, Silvaner, Müller-Thurgau und Ruländer und bei den Rotweinen durch den blauen Spätburgunder, den Lemberger, Trollinger und Portugieser. Die Erfahrung der Winzer und die Wissenschaft haben im Lauf der Jahrhunderte herausgefunden, auf welchen Standorten welche Rebsorten optimal gedeihen. Seit Jahrhunderten ist z. B. der Trollinger im Fellbacher Lämmler so typisch wie der Riesling im Bernkasteler Doktor oder der Portugieser im Dürkheimer Feuerberg. Aus dem Zusammenspiel der Standortfaktoren, von der Natur vorgegeben und durch Menschenhand und Wissenschaft fortentwickelt, entstanden mit über 20 000 Einzellagennamen die Grundlagen unserer Weingeographie bis zur Änderung des Weingesetzes 1971.

Wie das neue deutsche Weingesetz einem Weinfreund hilft

Der Gesetzgeber hat im Jahre 1969 diese natürliche Vielfalt der Lagen mit der Festlegung einer Mindestgröße von 5 ha Rebfläche eingegrenzt und das System der Herkunftsbezeichnungen neu geordnet.

Seit der Verabschiedung des neuen deutschen Weingesetzes und der entsprechenden Landesgesetze in den Jahren 1969/71 gibt es für die 11 deutschen Anbaugebiete 31 Bereiche, ca. 130 Großlagen und knapp 2600 Einzellagen.

Die geschichtlich gewachsenen Flurbezeichnungen für einzelne Weinberge wurden durch den deutschen Gesetzgeber im Zuge der europäischen Weinrechtsharmonisierung vereinfacht und neu geregelt. Klarheit und Übersichtlichkeit der Weinbezeichnungen, insbesondere der Herkunftsangaben, sollen dem Verbraucher die Information erleichtern.

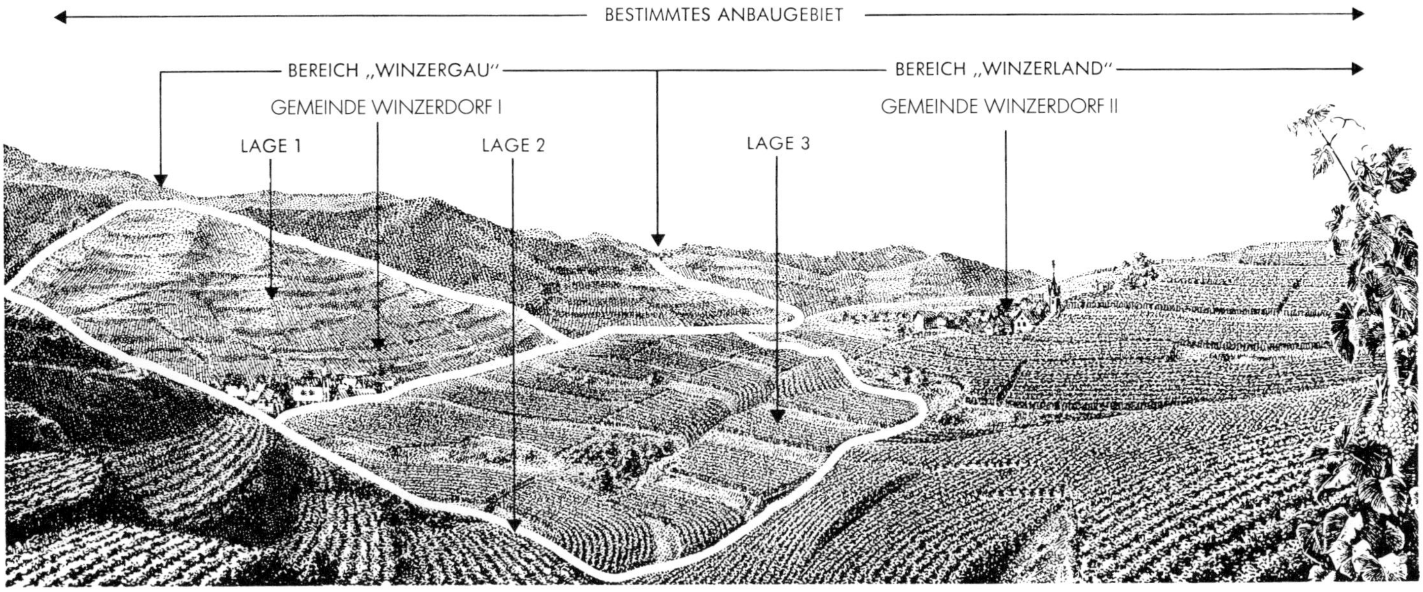

Die 11 deutschen Weinbaugebiete: ca. 130 Großlagen mit knapp 2.600 Einzellagen

§ 10 des neuen Weingesetzes regelt daher abschließend, welche geographischen Bezeichnungen verwendet werden dürfen:

* Bestimmte Anbaugebiete bzw. Tafelweinbaugebiete
* Bereiche
* Die Namen der Weinbaugemeinden bzw. Ortsteile
* In die Weinbergsrolle eingetragene Namen von Lagen.

Die bestimmten Anbaugebiete für Qualitätsweine umfassen also jeweils eine zusammenhängende Weinbaulandschaft mit verhältnismäßig gleichartigen natürlichen Standortbedingungen.

Die einzelnen Bereiche bilden Teilräume der bestimmten Anbaugebiete, deren Wachstumsbedingungen für Weine weitgehend übereinstimmen, so daß dort auch Weine mit gemeinsamen Qualitätsmerkmalen wachsen. Daher müssen Weine der obersten Güteklasse mit den Prädikaten Kabinett, Spätlese, Auslese usw. nach dem Gesetz auch aus einem einzigen Bereich stammen. Der Bereich umfaßt eine größere Anzahl von Weinbaugemeinden.

Die kleinste geographische Einheit ist die Weinbergslage. Eine Lage ist ein bestimmter Rebhügel, Abhang, Talbogen oder eine ähnliche natürliche Fläche, wo auf Grund gleichartiger Bodenverhältnisse und kleinklimatischer Bedingungen gleichwertige Weine gleichartiger Geschmacksrichtung zu wachsen pflegen. Alle Weinbergslagen sind nach dem Gesetz genau abgegrenzt, und der Name ist in eine amtliche Weinbergsrolle eingetragen. Die Mindestgröße einer solchen Weinbergslage ist nach dem Gesetz fünf Hektar, bei gleichmäßigen Wachstumsvoraussetzungen können große Lagen auch hundert oder mehr Hektar (1 ha = 10.000 qm oder 1 ½ Fußballfeld) umfassen. In der Praxis ergab sich auf Grund der natürlichen Gegebenheiten die Notwendigkeit, für mehrere Gemeinden, die beispielsweise an einem längeren Höhenzug oder eingebettet in einem bestimmten Tallauf mit gleichen natürlichen Produktionsbedingungen liegen, auch eine gemeinsame übergreifende Lagebezeichnung zu schaffen. Daraus ergibt sich die Unterscheidung zwischen „Einzellage", das heißt in einem tatsächlich sehr eng abgegrenzten Weinberg, und den sogenannten „Großlagen" als Zusammenfassung verhältnismäßig gleichartiger Einzellagen. Einzellagen repräsentieren also die höchste Individualität. Großlagen sind nichts anderes als maßstäblich vergrößerte Einzellagen mit gleichartigen klimatischen und geologischen Bedingungen.

Der „Deutsche Weinatlas", ein reizvolles Studium

Die besondere Bedeutung der geographischen Herkunftsbezeichnung und deren gesetzliche Neuregelung geben Anlaß zur Herausgabe eines „Deutschen Weinatlas mit Weinlagenverzeichnis". Dieses umfassende Nachschlagewerk kann jedoch nicht als endgültig abgeschlossen gelten, weil zukünftige Regelungen der EG-Weinmarktordnung Auswirkungen auch auf die Systematik der Herkunftsbezeichnungen haben können und weil auch in den weinbautreibenden Bundesländern noch Veränderungen möglich sind. (Das betrifft z. B. die Verwaltungsreform: Soweit hierbei früher selbständige Gemeinden zu Ortsteilen wurden, hat sich nur die Postleitzahl und das Ortsschild, nicht aber die Weinbezeichnung geändert. Unterschiedliche Handhabungen in den einzelnen Bundesländern und Anbaugebieten können mit Rücksicht auf die noch zu erwartenden Regelungen aus Brüssel zum jetzigen Zeitpunkt nicht ganz ausgeschlossen werden.)

Der vorliegende neue Deutsche Weinatlas enthält somit *eine genaue und vollständige Zusammenstellung aller zum gegenwärtigen Zeitpunkt von den weinbautreibenden Ländern eingetragenen Lagebezeichnungen.* Den zuständigen Behörden ist für die hilfreiche Unterstützung bei der Zusammenstellung und Überprüfung der Eintragungen im Namen aller interessierten Weinfreunde zu danken.

Der Deutsche Weinatlas soll dazu beitragen, daß die Kenntnis aller deutschen Weinlagen nicht etwa Geheimwissenschaft weniger Experten sein muß, sondern Gegenstand eines reizvollen Studiums für jeden Weinfreund.

Der Deutsche Weinatlas versetzt jeden Weinfreund aber auch alle Weinlaien in die Lage, den Geburtsort seines Weines mit Hilfe der Karten des betreffenden Anbaugebietes oder nach dem Sachregister ausfindig zu machen.

Damit der Leser seine Studienreise in die Anbaugebiete ohne Umwege und auch in der Praxis nachvollziehen kann, wurden den eigentlichen Lagen- und Großlagenkarten zusätzlich Orientierungskarten mit dem dazugehörigen Straßennetz vorangestellt.

Die Weine der 11 deutschen Anbaugebiete kann man mit großen Familien vergleichen. Eine zusammenfassende Erläuterung dieser besonderen Familienchronik in weinbaufachlicher und naturwissenschaftlicher Hinsicht war daher ebenso selbstverständlich wie eine kurze Beschreibung der weinbaulichen Tradition, der Weinkultur und der touristischen Leckerbissen der jeweiligen Weinlandschaften.

Vielfalt, Individualität und Qualität sind die hervorragendsten Eigenschaften deutscher Weine. Trotz der starken Reduzierung durch Zusammenlegung vieler Lagen konnte die sprichwörtliche Namensfülle durch die Zunahme flaschenfüllender Erzeugerbetriebe erhalten bleiben: Den knapp 20.000 Erzeugerbetrieben stehen heute 2.600 Einzellagen und 130 Großlagen zur Bezeichnung ihrer Weine zur Verfügung.

Der Familienname des Weines gibt Auskunft über seine Herkunft. Doch das allein sagt noch nichts über seinen Charakter, über sein Wesen. Deshalb bemühen sich Jahr für Jahr Tausende von Winzern und Kellermeistern um Originalität und Qualität ihrer heimischen Weine.

Denn wie die meisten Weinfreude sind auch Wein-Erzeuger gern Individualisten, lieben das Besondere, Einzigartige ihrer Weine. Und damit das Streben nach Qualität ständiger Anreiz bleibt, muß jeder deutsche Qualitätswein von Gesetzes wegen ein strenges 3stufiges Prüfungsverfahren über sich ergehen lassen. Erst wenn er sich als Wein ohne Fehl und Tadel erweist, bekommt er seine amtliche Prüfungsnummer und darf sich dann Qualitätswein nennen.

C. M. Baumann
F. W. Michel

Mainz, Juli 1976

11 deutsche Anbaugebiete

Die 11 Anbaugebiete bilden – jedes für sich – eine natürliche Einheit. Die Weine aus einem bestimmten Anbaugebiet werden also durch die ähnlichen geologischen und klimatischen Vorzüge geprägt.

Die Tafelweinbaugebiete sind großräumiger unterteilt nach den Anbauflächen entlang den großen Flüssen *Rhein* und *Mosel* mit den Rebflächen von Rheinland-Pfalz und Hessen; *Main* mit den Rebflächen in Bayern. *Neckar* mit den Rebflächen von Württemberg. *Oberrhein* mit der Rebfläche von Baden.

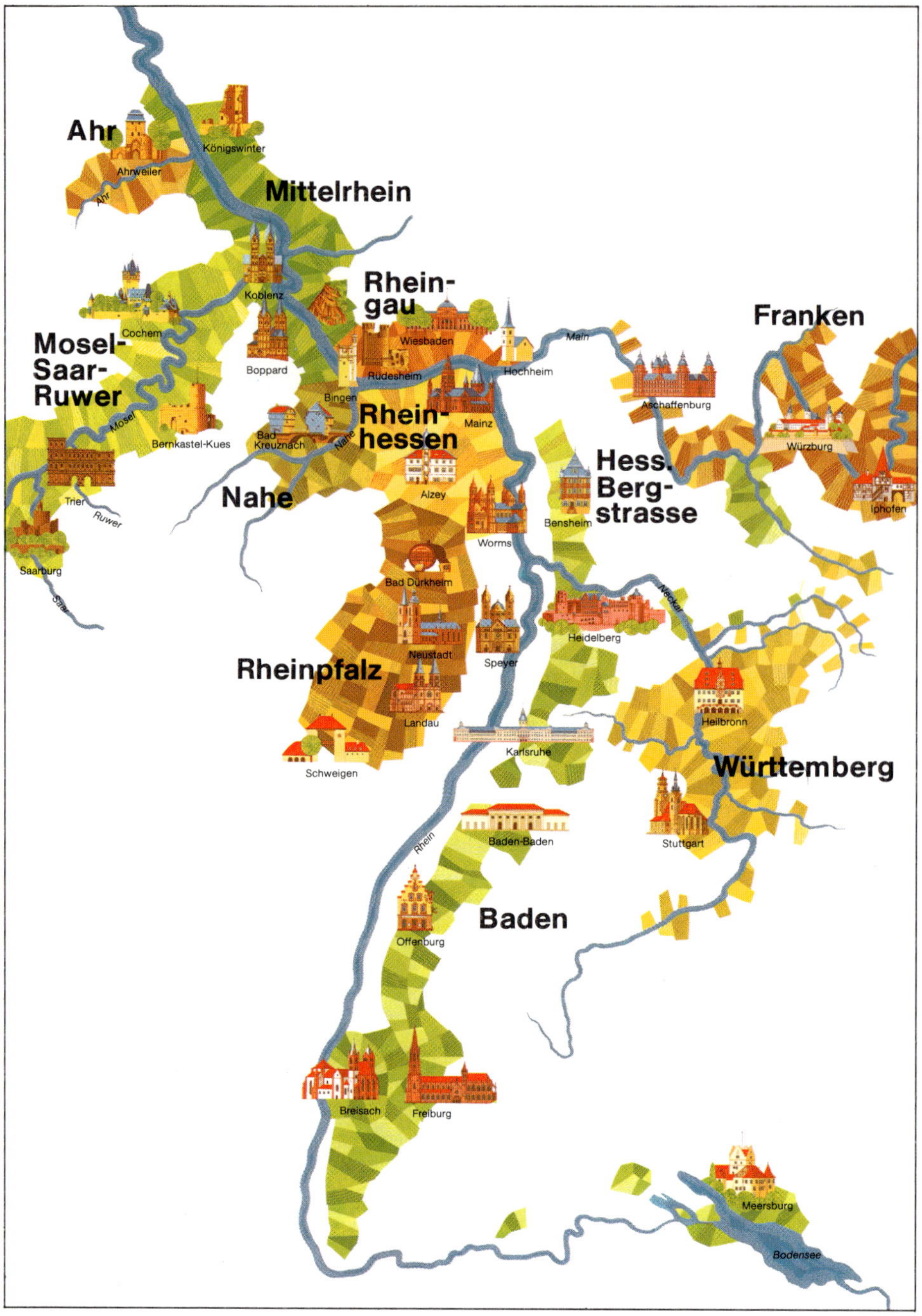

Ahr
Eine der Rotweininseln Deutschlands. Schiefer- und Vulkanböden geben den Rotweinen den feinen, samtigen Charakter, der für deutsche Rotweine so typisch ist. Neben den Rotweinen gibt es hier auch rassige Weißweine: von Riesling- und Müller-Thurgau-Reben.

Baden
Weine von großer Vielfalt: die frischen, fruchtigen Müller-Thurgau-Weine, die leichtbekömmlichen Gutedel, die gehaltvollen, reifen Ruländer sowie die vollen, samtigen Spätburgunder-Rotweine und die fruchtigen, kräftigen Spätburgunder-Weißherbste.

Hessische Bergstraße
Das südländische Klima und die verschiedensten Bodenarten sind ideale Voraussetzungen für ansprechende Wein-Spezialitäten; für kräftige Riesling- und Silvaner-Weine, fruchtig und voll erdhafter Art. Durch angenehme Fruchtsäure sind sie herzhaft-frisch.

Franken
Markante, kernige, anregende und oft körperreiche Weißweine der Rebsorten Müller-Thurgau, Silvaner und zahlreiche Ergänzungssorten. Die Bodenarten Muschelkalk, Keuper und Buntsandstein sorgen für die geschmackliche Vielfalt der Frankenweine, deren äußeres Kennzeichen der bauchige Bocksbeutel ist.

Mittelrhein
Eines der landschaftlich schönsten Weinbaugebiete. Karge, steile Tonschiefer-Terrassen bringen kernige, herzhafte, rassige und schwungvolle Riesling-Weine von anregender Frische hervor.

Mosel-Saar-Ruwer
An den Steilhängen des Moseltals sowie an Saar und Ruwer wächst auf Schieferböden vor allem die Riesling-Rebe. Ihre Weine sind spritzig, frisch, anmutig, elegant. Gelegentlich rassig bis stahlig, harmonisch in der fruchtigen, oft pikanten Säure.

Nahe
Von den Gesteinsböden – Porphyr und Schiefer – kommen rassige und blumige Weine, besonders bei den Rebsorten Riesling und Müller-Thurgau. Die tiefgründigen Böden mit den Rebsorten Silvaner und Müller-Thurgau bringen milde, gefällige Weine hervor.

Rheingau
Elegante, harmonische bis kernig-rassige Riesling-Weine mit feinem Spiel. Von den Quarzitschiefer-Verwitterungsböden der Taunusberge kommen fein-fruchtige, reife Weine mit einer im Alter zunehmenden vornehmen Art.

Rheinhessen
Tiefgründige Böden bringen saftige, herzhaft-frische, auch liebliche Weine hervor. Typisch sind Müller-Thurgau, Silvaner und besonders neuere Rebsorten mit meist dezentem Bukett. Bekannt sind auch Rieslingweine sowie samtige, milde Rotweine aus dem Ingelheimer Raum.

Rheinpfalz
Auf wechselnden Böden wachsen in breiter Palette Weine von herzhaft-kräftiger bis zu saftig-gefälliger oder vollmundiger, reifer und gehaltvoller Art. Die Rebsorten Müller-Thurgau, Silvaner und Riesling stehen im Vordergrund. Weine mit ausgeprägtem Bukett – etwa der Rebsorten Morio-Muskat, der Scheurebe, des Kerners und des Traminers – sowie milde Rotweine runden das Angebot ab.

Württemberg
Hier gedeihen auf Keuper- und Muschelkalkböden markante, erd- und herzhafte Rotweine, vor allem der Trollinger-Rebe. Der kräftige, feinherbe Lemberger, der zart-füllige Schwarzriesling sowie die frischen Schillerweine sind besondere Rotwein-Spezialitäten. Die Riesling- und die Kerner-Weine sind von nerviger und anregender Art.

Für Autowanderer:

Ausgewählte Weinrouten durch die 11 deutschen Anbaugebiete

AHR

Von Remagen oder Sinzig (B 9) aus fahren Sie auf der B 266 die Ahr entlang. Hinter Bad Neuenahr wechseln Sie auf die B 267, die bis Altenahr führt.

MOSEL-SAAR-RUWER

Von Koblenz aus auf der B 416 am linken Moselufer oder auf der B 49 bis Cochem und weiter nach Bullay, von hier auf der B 53 durch den reizvollen Mäanderteil der Mosel bis Schweich.

MITTELRHEIN

Von Königswinter nahe Bonn auf der B 42 bis Kamp-Bornhofen, dann auf der Loreley-Burgenstraße (K 103) bis Kaub. Über die B 42 zur nächsten Autofähre, aufs linke Rheinufer übersetzen; B 9 bis Bacharach, dann auf der Rheingoldstraße bis Rhens. Über die B 9 zurück zur Fähre nach Königswinter.

RHEINGAU

Autobahn Frankfurt-Wiesbaden, Abfahrt Flörsheim/Hochheim. Ab Hochheim markieren Schilder mit dem gekrönten Römerglas die Rheingauer-Route bis Lorchhausen.

NAHE

Weinautobahn Krefeld-Speyer, Abfahrt Bingen, nach Bingerbrück auf der B 48 bis Bad Kreuznach. Hier beginnt die markierte Nahe-Weinstraße, die wieder zurück auf die B 48 führt.

RHEINHESSEN

Von Bingen aus führt die B 9, die Liebfrauenstraße, über Mainz nach Guntersblum. Auf die parallel verlaufende Kreisstraße abbiegen und über Osthofen südlich „autowandern" bis Worms.

RHEINPFALZ

Autobahn Mannheim-Kaiserslautern in Grünstadt verlassen. Von hier aus durchfahren Sie auf der markierten Deutschen Weinstraße (B 271) in Richtung Süden die Weinpfalz bis Schweigen.

HESSISCHE BERGSTRASSE

Südlich von Frankfurt/M., in Darmstadt, sind Sie gleich auf der Bergstraße, der B 3, die durch bekannte Weinorte den Weg nach Heidelberg weist.

FRANKEN

In Würzburg starten Sie auf der B 13 nach Ochsenfurt. Hier biegen Sie ab auf die Kreisstraße nach Frickenhausen und fahren durch die reizvollen Weinorte über Kitzingen, Wiesentheid, Volkach zurück nach Würzburg.

WÜRTTEMBERG

Nördlich von Heilbronn (Autobahn Mannheim-Heilbronn), in Gundelsheim, gelangen Sie auf der B 27 zur gekennzeichneten Schwäbischen Weinstraße, die in Eßlingen, nicht weit von Stuttgart, endet.

BADEN

Von Heidelberg aus fahren Sie auf der B 3 dem Traubensymbol der Badischen Weinstraße nach, die ihren Weg durch das langgestreckte Weinland nimmt bis fast zur Schweizer Grenze bei Weil.

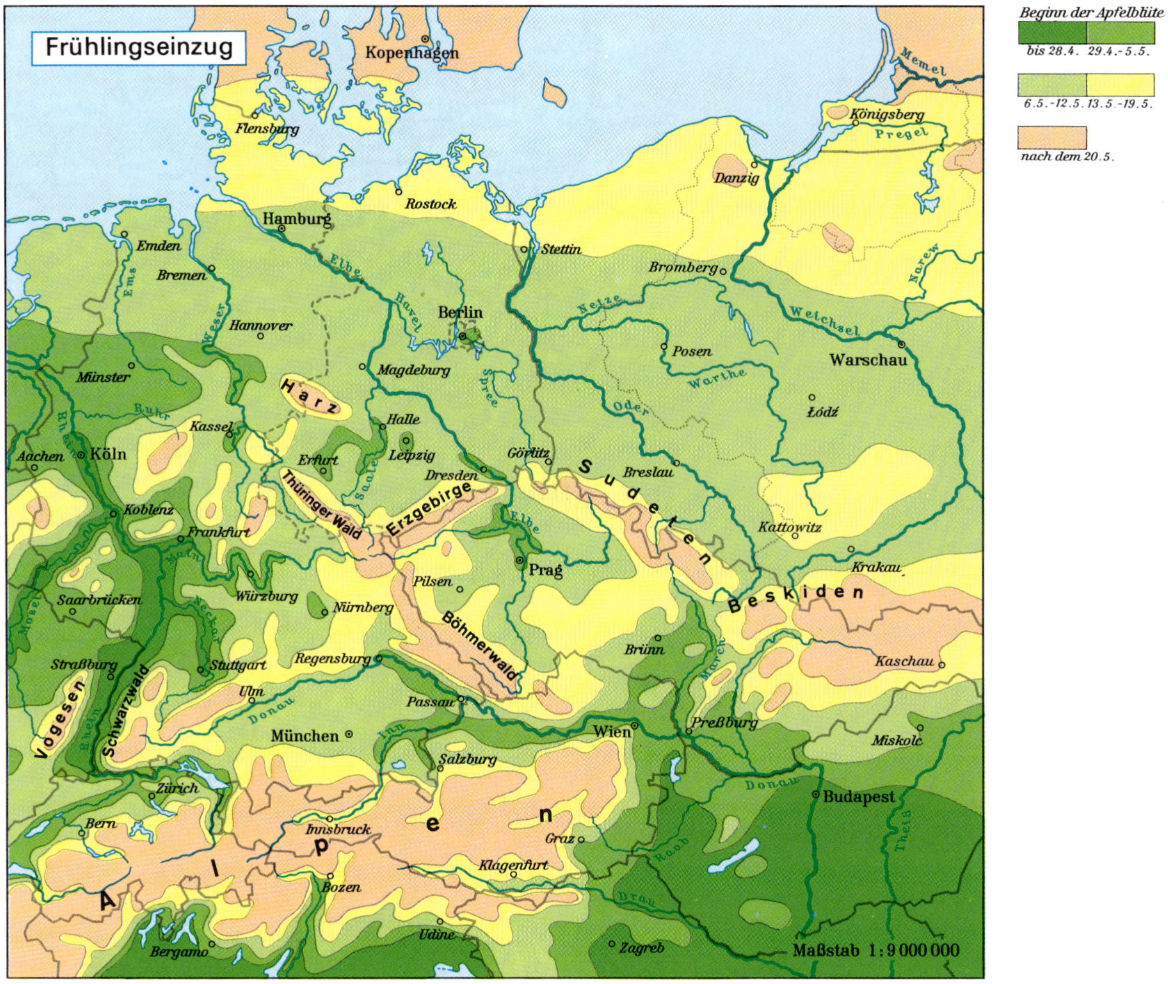

Die Einmaligkeit und Besonderheit deutscher Weinbaugebiete ist entscheidend durch die Lage im Grenzbereich zwischen dem feuchten maritimen Klima des Golfstroms von Westen und dem trockenen Kontinentalklima des Ostens geprägt. Dem Einfluß des westlichen Golfstrom-Klimas ist es zu verdanken, daß die Wintertemperaturen nicht zu tief absinken und auch im Sommer die Hitze nicht allzu sehr ansteigt. Wenn im Herbst das kontinentale Hochdruckwetter auf Mitteleuropa übergreift, können warme und trockene Spätherbsttage die Vegetationsperiode oft noch um Wochen verlängern. Der Witterungsablauf in den Weinbaugebieten am Rheingraben mit den Nebenflüssen wird von Jahrgang zu Jahrgang wesentlich davon bestimmt, ob die kühleren, feuchteren Einflüsse des westlichen maritimen Klimas oder die trockeneren, im Sommer wärmeren Hochdrucklagen des östlichen Kontinentalklimas vorherrschen. In den meisten Jahrgängen dringen auch im Sommer immer wieder Ausläufer des westlichen Seeklimas mit Regenfällen nach Mitteleuropa vor, so daß in den deutschen Weinbaugebieten während der Vegetationsperiode immer wieder ergiebige Regenfälle auftreten, die für Wachstumsfortschritt und Frische der Reben sorgen. Im Ergebnis ist im Rheingraben auf der Scheidelinie zwischen gegensätzlichen Klimazonen ein ideales Weinklima mit ausgeglichenen Temperaturen im Sommer und Winter, langanhaltendem schönen Herbstwetter und ausreichenden Niederschlägen zu verzeichnen, die die natürlichen Ursachen für die Frische und Harmonie deutscher Weine sind. Diesen natürlichen Voraussetzungen ist es zu verdanken, daß die Vegetation der Reben im Sommer fortschreitet, ohne daß eine frühzeitige Notreife eintritt. Das Mostgewicht pflegt im August, September und Oktober allmählich bis zum Höhepunkt der natürlichen Entwicklung anzusteigen, wobei Säure als wichtiger Qualitätsfaktor der Trauben erhalten bleibt. Daher zeichnen sich deutsche Weine gegenüber benachbarten Klimazonen durch besondere Eleganz, Frische und fruchtiges Aroma aus.

Die Frische und Feinheit der Weine wird außerdem durch die verhältnismäßig kühleren Lesetemperaturen im Oktober und Anfang November begünstigt, weil das Lesegut nicht so schnell oxydiert und somit die Geschmacksstoffe erhalten bleiben. Auch die Vergärung erfolgt bei verhältnismäßig niedrigeren Temperaturen, die gerade die feinen Bukettstoffe schonen. Es ist daher nicht Zufall, daß auf natürliche Weise deutsche Weine anregend, leicht und erfrischend sind und sich durch zarte Bukettstoffe auszeichnen.

In den verhältnismäßig nördlichen Breitengraden der deutschen Weinbaugebiete, in der Kampfzone zwischen den gegensätzlichen Klimazonen sind im Gegensatz zum Mittelmeerbecken die optimalen Anbaubedingungen für Wein nur in den geschützten Flußläufen im Rheingraben mit den Nebenflüssen gegeben. Wie die Klimakarte (oben links) über den Termin des Frühlingseinzuges bestätigt, beginnt beispielsweise die Apfelblüte im Rheingraben im Durchschnitt der Jahre um 4 Wochen früher als in den unmittelbar benachbarten Höhengebieten und ebenso früh wie südlich der Alpen in der Po-Ebene. Die deutschen Anbaugebiete entlang des Rheines und seiner Nebenflüsse haben somit schon im Frühjahr einen entscheidenden Vegetationsvorsprung. Zum gleichen Termin pflegt zwar auch die Apfelblüte in dem pannonischen Klima der Beckenlandschaft der ungarischen Tiefebene zu beginnen, jedoch dominiert dort im Sommer eindeutig das heiße Kontinentalklima, so daß ähnlich wie im Mittelmeerraum die für die Vegetation so wichtigen Regenfälle fehlen. Der Frühlingsbeginn als Indiz für geschützte Klimabedingungen ist daher für die Entwicklung des Weines wichtig, jedoch nicht allein entscheidend. Wie die Karte weiterhin zeigt, gibt es auf dem 50. Breitengrad, der durch Mainz verläuft, in keinem anderen Teil Mitteleuropas ein ähnlich geschütztes Weinklima. Daher ist es historisch verständlich, daß sich der Weinanbau, der im Mittelalter bis nach Pommern und Ostpreußen ausgedehnt war, auf die optimalen Standorte im Rheingraben zurückgezogen hat. Es ist daher nicht verwunderlich, daß heute in den übrigen Teilen Deutschlands praktisch kein Wein angebaut wird. Dafür findet aber der Weinbau im Rheingraben die optimalen Voraussetzungen für höchste Qualität.

Ahr

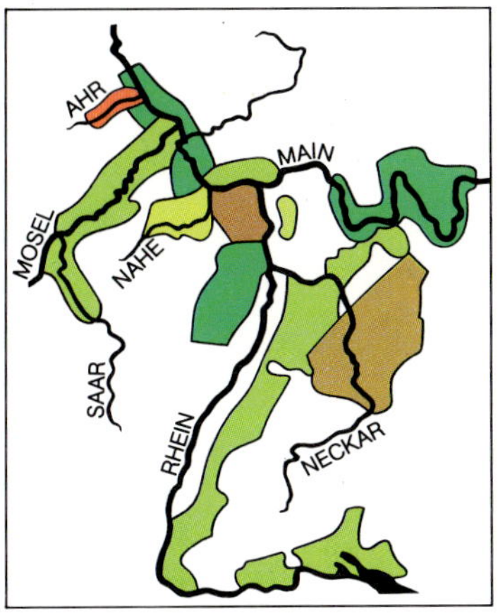

Nicht weit von Bonn mündet die Ahr in den Rhein. Hier beginnt das „kleine Rotweinparadies", ein Kleinod unter den reizvollen Weinanbaugebieten. Nur knapp 25 km erstreckt sich die Rebenfläche von der Unteren Ahr – hier wie in einem großen Garten eingebettet –, bis zur Mittleren Ahr mit ihren engen, vielfach gewundenen schroffen Felstälern.

An der Ahr, dem zweitkleinsten Anbaugebiet Deutschlands, wachsen nur zwei bis drei Prozent aller deutschen Rotweine, doch zählen dazu köstliche Spätburgunder, erstaunlich samtige, edelfruchtige Tropfen.

Wie kein anderer vor und nach ihm, beschrieb Gottfried Kinkel dieses Weinbaugebiet: „Die eng zusammengedrängten Felsen verdoppeln im Sommer die Hitze durch Widerstrahlung; der schwarzgebröckelte Schieferstein, mit welchen der Boden der Weinberge absichtlich bedeckt wird, saugt die Glut des Tages ein und läßt sie während der kühlen

Auf dem Rotweinwanderweg

Nacht auf die Trauben nachwirken. Auch der Fluß gibt den Winzern seinen Segen: aus seinem lauen Wasser steigen im Sommer in die abgekühlte Nachtluft die warmen Nebel empor, die man an frühen Sommermorgen so still und wunderbar brütend im ganzen Tal antrifft; sie tränken den versengten Felsgrund und erweichen die Hülsen der Trauben gegen die reifende Glut des Sonnenstrahls."

Ahrwein mit Vergangenheit

Vermutlich waren es auch an der Ahr die vielzitierten Römer, die als erste die Weinreben anpflanzten. Gewiß ist, daß man nicht weit von Bad Neuenahr einen vier Meter tief gelegenen alten Weinberg ausgrub. Man schätzt, daß er etwa um 260 n. Chr. angelegt wurde, also zur Zeit des „Wein"-Kaisers Probus, der sich um den Weinbau nördlich der Alpen so verdient gemacht hat.

Schwarz auf weiß bezeugen Urkunden aus dem Jahr 770 den Weinbau an der Ahr. 1602 protokolliert der Rat von Ahrweiler, daß der Weinbau „hiesiger Gegend führnehmste Nahrung ist, die unablässig gehalten werden muß".

Schon früher - mit dem Einzug des Christentums - verzeichnet die Abtei Prüm eine Reihe weinabgabepflichtiger Güter, wie z. B. Ahrweiler, Walporzheim, Dernau und Altenahr, Weinorte, die heute, 600 Jahre später, noch immer für ihren Wein berühmt sind.

Rote Rebsorten wurden allerdings „erst" 1680, also nach dem Dreißigjährigen Krieg angepflanzt; dann aber fanden sie wohl solchen

Blauer Spätburgunder

Hauptrebsorten an der Ahr:

Spät- und Frühburgunder:	28,7 %
Portugieser:	24,9 %
Riesling:	21,5 %
Müller-Thurgau:	19,5 %

Daten und Fakten

Geographische Lage: *Im Nordwesten vom Ahrgebirge begrenzt, dessen Ausläufer sich bis westlich von Bonn erstrecken, liegt das Untere und Mittlere Ahrtal – nur hier wird Weinbau betrieben – im Schutz der Hohen Eifel. Geologisch und landschaftlich unterscheidet sich das Untere Ahrtal mit seiner gartenartigen Landschaft und dem Basaltkegel von dem schroffen, gewundenen Mittleren Ahrtal mit den steilen Weinbergen, die auf zerklüfteten Felspartien terrassenartig angelegt sind. Nördlichstes deutsches Weinbaugebiet.*

Klima: *Günstige Durchschnittstemperaturen in den Weinbergen im tief eingeschnittenen Tal, auf terrassierten Steillagen auch treibhausähnliches, günstiges Klima. Gefahr von Früh- und Spätfrösten.*

Böden: *Geologisch gehört die Ahr zum Rheinischen Schiefergebirge. Im Unteren Ahrtal wachsen auf tiefgründigen, lößreichen Böden mit guter Ertragsfähigkeit ansprechende, samtige Weine. Auf den steinhaltigen, wärmespeichernden und teilweise vulkanischen Böden der Steillagen entwickelt der Wein bei feuriger Art ein würziges Aroma.*

Rebfläche: *Zweitkleinstes deutsches Weinbaugebiet mit 498 ha bestockter Rebfläche. In sich geschlossenes Areal, vorwiegend Steil- und Hanglagen. 1 Bereich, 1 Großlage, 43 Einzellagen.*

Rebsorten: *Blauer Spät- und Frühburgunder auf 143 ha, rubinrote Weine von warmer, samtiger Art mit delikatem Bukett. Blauer Portugieser auf 124 ha, ansprechende Rotweine und Weißherbste. Weißweine: Riesling auf 107 ha, Müller-Thurgau von rassig-lebendigem Charakter auf 97 ha. Daneben andere Rebsorten.*

Ertrag: *Im Durchschnitt der Jahre 1975 bis 1977 46 000 hl = 0,5 % des deutschen Mostertrages.*

Betriebsstruktur: *80 Prozent der Rebflächen werden von Zu- und Nebenerwerbsbetrieben bewirtschaftet. Sieben Winzergenossenschaften sorgen über entsprechende Handelswege für den Absatz ihres Umsatzvolumens außerhalb des Weinbaugebietes.*

Gebietstypisches: *Der Ahrrotwein gilt unter den deutschen Rotweinen als besondere Spezialität. Spitzenweine bis zu Beeren- und Trockenbeerenauslesen sind möglich.*

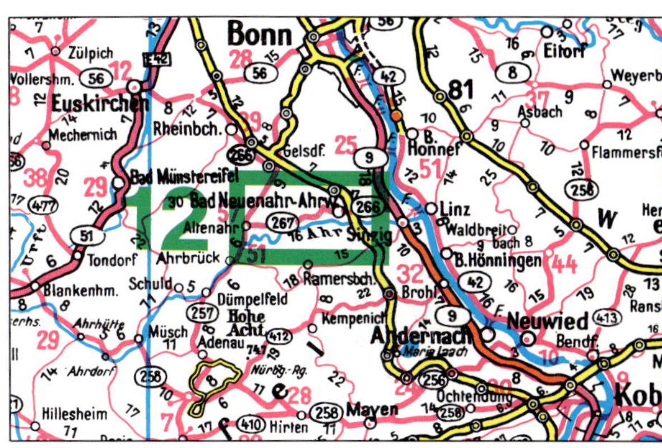

Anklang, daß ein Jahrhundert später kaum noch weiße Trauben an der Ahr zu finden waren. Der damalige Burgunder wurde übrigens ohne Schalen gekeltert, war also blaßrot, weshalb man ihn machmal heute noch bei seinem alten Namen nennt: Ahrbleichert.

Der Rotweinwanderweg – ideal für Wanderer und die, die's noch werden wollen

Das kleine Ahrtal ist genau richtig zur Einstimmung auf weitere größere Weinreisen. Ob Sie nun bei Sinzig auf der B 266 oder ab Neuenahr auf der B 267 Ihren Autotrip durch das Ahrtal beginnen, in den elf Winzerorten finden Sie Auf- oder Abstiege zum Rotweinwanderweg, um sich kürzer oder länger „die Beine zu vertreten". Wenn Sie mögen, sogar 30 km lang. Denn soweit führt von Lohrsdorf aus der mit einer roten Traube markierte Weinweg. Neu, aber nicht weniger empfehlenswert ist die Ahr-Rotweinstraße, die vom Sinziger Kreisel über die B 266 und B 267 bis Altenahr-Kreuzberg verläuft.

Verlockend genug zu kurzen Aufenthalten, zu längeren Weinproben ist jeder der alten Winzerorte zwischen Sinzig und Altenahr. Über Heimersheim gelangen Sie nach Bad Neuenahr mit seinen alkalischen Thermalquellen, die für den vulkanischen Ursprung der Gegend zeugen und für die guten Wachstumsbedingungen des Ahrburgunders. Innerhalb des mittelalterlichen Ahrweilers gibt es idyllische Gäßchen mit Fachwerkhäusern und das Heimatmuseum zu entdecken. Südöstlich von Ahrweiler liegt das für seinen Frühburgunder bekannte Bachem.

Hinter Walporzheim verengt sich das Flußtal mit der „Bunten Kuh", einer hohen Felswand, und die Ahr windet sich durch blauschimmernde Felsen in vielen, oft engen Schlingen, an Weinbergen und Burgen vorbei. Nicht weit von der Weinbaudomäne Kloster Marienthal liegt Dernau. Über Rech mit der ältesten steinernen Ahrbrücke und Mayschoß mit seinen riesigen Kellern gelangen Sie dann an der Saffenburg vorbei zur Burgruine Are. Unten im wildromantischen, schluchtenähnlichen Tal liegt 113 m tief Altenahr, die letzte Station der Ahrweinreise. Denn hinter Kreuzberg beim felsigen Kesselinger Tal endet das Weinbaugebiet.

Leider, werden Sie sagen, und um so mehr den edlen Spätburgunder, den frischen Portugieser oder die leichten, spritzigen Weißweine genießen. Dazu sollten Sie sich die hiesigen Spezialitäten servieren lassen: Neuenahrer Rauchfleisch, Neuenahrer Champignons, Ardennenschinken aus der Eifel, Ahrforellen.

Ausführliche Informationen und Unterlagen über das Weinbaugebiet Ahr – auch über Winzerfeste – erhalten Sie durch:
Gebietsweinwerbung Ahr e. V.
Elligstr. 14
5483 Bad Neuenahr-Ahrweiler

Mayschoß/Ahr

Tips für Touristen

Altenahr: *Romanische Pfarrkirche, Ruine Burg Are.*
Bad Neuenahr-Ahrweiler: *Stadtteil Walporzheim: Romantische Felspartie „Bunte Kuh"; Stadtteil Ahrweiler: Stadtmauer, St. Laurentius-Pfarrkirche, Kloster Kalvarienberg, Ahrgau-Museum; Stadtteil Bad Neuenahr: Willibrorduskirche mit romanischem Westturm, Beethovenhaus; Stadtteil Heimersheim: Pfarrkirche mit ältesten Kirchenfenstern Westdeutschlands, Burgruine Landskrone.*
Dernau: *Saalkirche (1775).*
Marienthal: *Klosterruine*
Rech: *Pfarrkirche (1730), älteste Ahrbrükke, alte Weinkeller (Weinproben).*

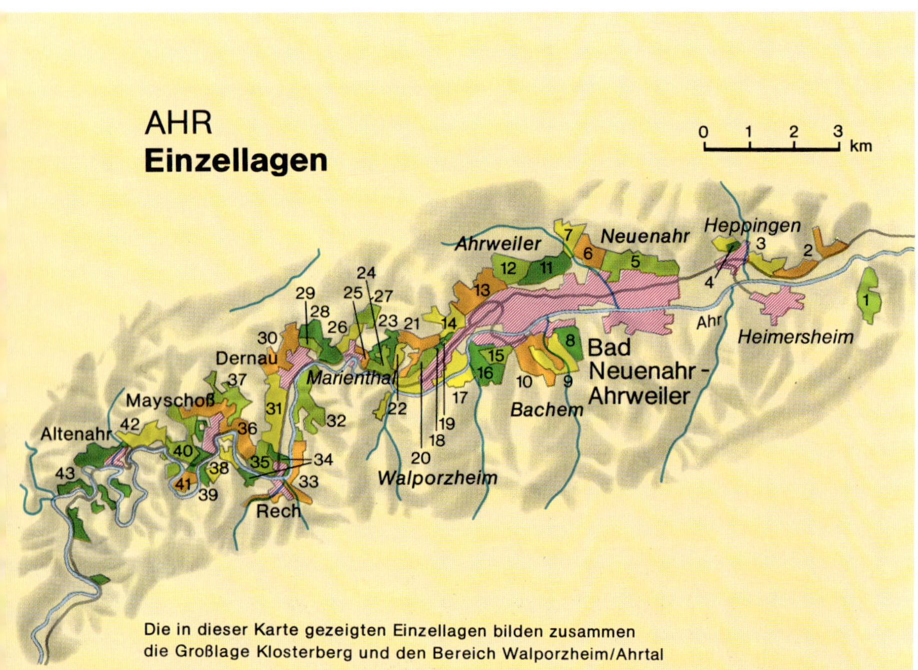

Die in dieser Karte gezeigten Einzellagen bilden zusammen die Großlage Klosterberg und den Bereich Walporzheim/Ahrtal

Bereich Walporzheim/ Ahrtal

GROSSLAGE KLOSTERBERG

Heimersheim
Ortsteil von Bad Neuenahr-Ahrweiler
Kapellenberg 1
Landskrone 2
Burggarten 3

Heppingen
Ortsteil von Bad Neuenahr-Ahrweiler
Berg 4

Neuenahr
Ortsteil von Bad Neuenahr-Ahrweiler
Sonnenberg 5
Schieferlay 6
Kirchtürmchen 7

Bachem
Ortsteil von Bad Neuenahr-Ahrweiler
Karlskopf 8
Sonnenschein 9
Steinkaul 10

Ahrweiler
Ortsteil von Bad Neuenahr-Ahrweiler
Daubhaus 11
Forstberg 12
Rosenthal 13
Silberberg 14
Riegelfeld 15
Ursulinengarten 16

Walporzheim
Ortsteil von Bad Neuenahr-Ahrweiler
Himmelchen 17
Kräuterberg 18
Gärkammer 19
Alte Lay 20
Pfaffenberg 21
Domlay 22

Marienthal
Ortsteil von Bad Neuenahr-Ahrweiler
Rosenberg 23
Jesuitengarten 24
Trotzenberg 25
Klostergarten 26 T
Stiftsberg 27 T

Dernau
Klostergarten 26 T
Stiftsberg 27 T
Hardtberg 28
Pfarrwingert 29
Schieferlay 30
Burggarten 31
Goldkaul 32

Rech
Hardtberg 33
Blume 34
Herrenberg 35

Mayschoß
Mönchberg 36
Schieferlay 37
Burgberg 38
Silberberg 39
Laacherberg 40
Lochmühlerley 41

Altenahr
Eck 42
Übigberg 43

Mosel-Saar-Ruwer

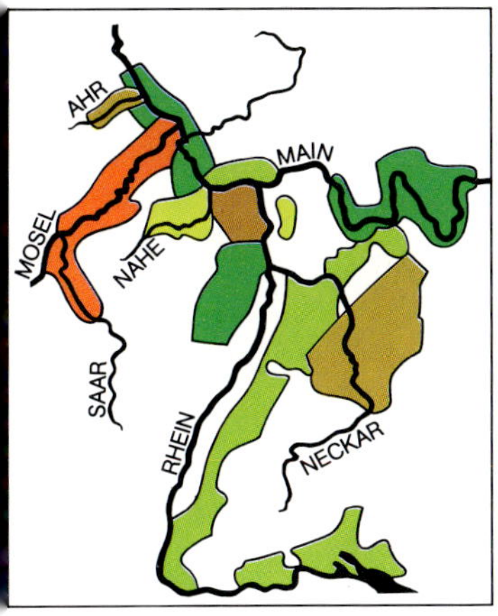

Im tief eingeschnittenen Tal erkämpft sich die Mosel mit so vielen Krümmungen und Schleifen ihren Weg wie kein anderer deutscher Fluß. Und nach jeder Windung überrascht uns eine neue faszinierende Kulisse.

Von Koblenz bis zur luxemburgischen Grenze reihen sich fast 130 Orte aneinander, umrahmt von zahlreichen kleinen und größeren Weinhängen. Auf jedem auch noch so kleinen sonnenbeschienenen Flecken Erde wächst die Rebe.

Es begann mit den Kelten

Was immer die Kelten an der Mosel gereizt haben mag – das Klima, die Landschaft, der fischreiche Fluß –, sie waren die ersten, die sich am Moselufer niederließen. Detaillierter wird die Geschichte der Mosel mit den Römern. Cäsar zieht um 50 v. Chr. auf seinem siegreichen Feldzug gegen Gallien durch das Moseltal. Ein paar Jahrzehnte später entsteht Augusta Treverorum, das heutige Trier, und 8 bis 7 v. Chr. wird das Militärlager Confluentes – Koblenz – angelegt. Nach den Römern folgen die Kelten und Germanen. Dann die

„Neumagener Weinschiff", Rheinisches Landesmuseum, Trier

Franken, die bei ihrem Zug moselaufwärts Trier zum ersten Mal zerstörten.

In der Zwischenzeit fühlte die Rebe sich an der Mosel schon recht wohl. Die Römer hatten sie aus Marseille mitgebracht. 317 besangen sie schon den „duftenden Bacchus". Und Kaiser Probus „decretierte" das erste Weingesetz. Kultur brachten die Römer ebenfalls mit, gottlob, sonst könnten wir heute nicht das „Neumagener Weinschiff" im Trierer Landesmuseum bewundern. In Neumagen (Novionagus), einem der ältesten deutschen Weinbauorte, hat man es aufgespürt: das Grabdenkmal eines Weinhändlers mit der Abbildung eines typischen Weinschiffes der damaligen Zeit.

Vom 12. Jahrhundert an betrieben die Kirchenfürsten mit weltlicher Macht den kulturellen Aufschwung und förderten den Weinbau mit Hilfe der Klöster. Doch vom Dreißigjährigen Krieg an und nachdem französische Truppen 1687–89 Burgen, Schlösser und Klöster stürmten, gab es kaum 50 Jahre lang Ruhe. Was blieb den Menschen an der Mosel übrig, als heitere Gelassenheit in ihrem Wein zu suchen?

Daten und Fakten

Geographische Lage: *Zwischen Hunsrück und Eifel hat sich die Mosel von Südwesten nach Nordosten tief in das Rheinische Schiefergebirge hineingeschnitten. Bei Koblenz mündet sie in den Rhein. In zahlreichen Schleifen und Kehren verdoppelt sich die 100 km lange Strecke zwischen Trier und Koblenz auf fast 190 km. 10 km oberhalb Trier mündet die Saar in die Mosel, 5 km unterhalb Trier die Ruwer.*

Klima: *Optimale Niederschlagsverhältnisse und eine schnelle Erwärmung der steilen Schieferhänge schaffen ideale Bedingungen für den Rebbau.*

Böden: *An der Obermosel findet man unter anderem Buntsandstein, Muschelkalk und Keuper mit kernigen, lebendigen, säurereichen Weinen. Wo die Mosel das Rheinische Schiefergebirge durchbricht, bei Schweich, bis nach Zell und ebenso an Saar und Ruwer, herrscht der Devon-Schiefer vor. Hier sind die Weine spritzig,*

Typischer Schieferboden

feinfruchtig. Ab Zell findet man neben den weichen Tonschiefern auch harte und kieselsäurereiche Grauwacken, die den Weinen Stoff und Blume verleihen. In Tallagen sind Schotter, Kies und Sandablagerungen eingestreut, die leichte, spritzige Weine hervorbringen.

Rebfläche: *Ein geschlossenes, den vielen Windungen der Flüsse folgendes Rebband von 11 754 ha bestockter Rebfläche. 5 Bereiche, 20 Großlagen, 519 Einzellagen.*

Rebsorten: *Vorwiegend der robuste Riesling (7293 ha). Müller-Thurgau steht mit 2428 ha an 2. Stelle, vor allem in den Tallagen. Viele Neuzüchtungen wie Bacchus, Kerner, Optima und Reichensteiner. Der Elbling auf 1114 ha, eine säurebetonte Sorte an der Obermosel, wird hauptsächlich zur Sektherstellung verwendet.*
Rotwein gibt es neuerdings wieder an der Saar, doch nur im unteren Saartal, wo bis Anfang dieses Jahrhunderts größere Rotweinlagen zu finden waren. So ist der Kanzemer Rotwein eine echte Rarität.

Ertrag: *Im Durchschnitt der Jahre 1975 bis 1977 1,4 Mio. hl, das sind ca 15 % des deutschen Mostertrages.*

Betriebsstruktur: *Hoher Anteil an Kleinbetrieben durch starke Parzellierung der Rebfläche. Erzeugergemeinschaften bündeln die Produktion. 65 % laufen über den Produktionweinhandel. Viele Großkellereien, die den Wein im In- und Ausland vertreiben. Ausbau der Winzergenossenschaften, über die 15 % des Absatzes geht. 25 % laufen über den Direktverkauf.*

Riesling

Hauptrebsorten an Mosel-Saar-Ruwer:

Riesling:	62,1 %
Müller-Thurgau:	20,7 %
Elbling:	9,5 %

„. . . wie auf zufälligen Naturterrassen der Weinstock zum allerbesten gedeiht.“

Das bewunderte Goethe in seinem Bericht über die abenteuerliche Flucht aus Frankreich während der Bootsfahrt auf der Mosel.

Schon bald, nachdem Sie von Koblenz aus Ihre Moselfahrt beginnen, treffen Sie auf diese stufenförmig die Berghänge emporsteigenden Rebflächen.

Jede Rebe wird hier – nicht wie in Urzeiten – am Pfahl „erzogen“. Denn Schieferböden und Steillagen ermöglichen es kaum, Drahtrahmen aufzustellen.

Hier am linken Flußufer sind Sie schon in einem der größten geschlossenen Weinbaugebiete der Mosel. In Winningen, Kobern-Gondorf, Löf und Kattenes mit dem Tal der 13 Mühlen genauso wie in Alken und Brodenbach sind Sie in Winzerdörfern, die mit ihren Namen den Qualitätswein repräsentieren. Die Weine der Untermosel wachsen auf Grauwakkenschiefer, elegante und teilweise rassige Tropfen. Moselaufwärts fahren Sie am markanten Fährturm von Hatzenport vorbei durch Moselkern, Müden, Karden und Pommern.

Moselschleife bei Kröv

Burgruine Landshut

Kein Ort, in dem nicht mittelalterliche Bauten, Fachwerkhäuser, Kirchen, Türme und auf den Höhen Burgen auszumachen sind. Auf der rechten Moselseite nahe beieinander liegen allein sieben Burgen, Taufpaten für den Ort Burgen. In Treis verbindet sich die rechte Uferstraße mit der linksseitigen und folgt dem Flußlauf, der sich ab Klotten von seiner dramatischen Seite zeigt. Es ist aufregend, von einem Bergkegel aus die wechselnden Bilder der Mosellandschaft zu betrachten, Eifel-, Hunsrückhöhen zu entdecken, dem Fluß nachzublicken, wie er hinter dem nahen Felsen unsichtbar wird. Dem sehenswerten Cochem schließen sich auf beiden Flußseiten zahlreiche ansehnliche Weinbauorte an: Ellenz, Bremm, Alf, gegenüber Valwig, Beilstein, Bullay.

Jedes neue Ortsschild liest sich wie eine gute Weinkarte. Zell mit seinem runden Turm und der berühmten „Schwarzen Katz“ am Brunnen; Pünderich und das alte Fährhaus, gegenüber die Marienburg und die steilen, ertragreichen Südhänge; Enkirch, dessen Ursprung auf die Keltenzeit zurückweist; und dann die Reste der Starkenburg, im Mittelalter galt sie als stärkste Moselburg; und schließlich Traben-Trarbach, schon 1143 erwähnt als Travenderbach – Trarbach –, ist dieser rechtsseitige Stadtteil jünger als Traben am linken Ufer, das auf seine keltische Vergangenheit stolz ist.

Das Mittelmoselmuseum zeigt ein Stück Weingeschichte, Kellereien laden zur Weinprobe ein und der Mont Royal verlockt zu einer kleinen Wanderung, um das herrliche Panorama von der Höhe aus zu genießen.

Hier an der Mittelmosel speichert der Devon-Schiefer Kraft, Wärme und Mineralien und schenkt sie dem Riesling, der sich mit Würze und Rasse revanchiert. Dieser edelste Vertreter der Moselweine machte die Namen vieler Orte weit bekannter als die Sehenswürdigkeiten, die manche aufzuweisen haben. Erden, Zeltingen, Rachtig, Ürzig, Graach, Wehlen, Bernkastel – dem Weinfreund gehen diese Worte wie Perlen über die Zunge.

Bernkastel-Kues gilt als das „Herz der Mittelmosel“, und es verzaubert jeden mit seinen farbenfrohen Giebelfachwerkhäusern auf dem Marktplatz, dem Spätrenaissance-Rathaus, dem Michaelsbrunnen, der Pfarrkirche, nicht zu vergessen die alten Weinhöfe und die „kurfürstliche Kellerei“. Der Bergkegel mit der Burgruine wurde schon im 7. Jahrhundert erwähnt, erhielt aber erst später den Namen Landshut. Oft zerstört und wieder erbaut, verbindet der Historiker die Merowinger mit der Burg, die Erzbischöfe Poppo von Trier und Heinrich von Vinstingen, Franz von Sickingen und Bernhard von Weimar. Wie Traben-Trarbach ist Bernkastel-Kues durch den Strom in zwei Stadtteile aufgeteilt. Und Kues am linken Ufer hat auch die größere Vergangenheit. 1972 grub man ein Dorf aus der Jungsteinzeit aus, also etwa aus dem 4. bis 3. Jahrtausend vor der Zeitwende. Weltruhm erlangte Kues durch den großen Kirchenlehrer Nicolaus Cusanus (von 1401 bis 1464), der seiner Zeit weit voraus war. Seit einem halben Jahrtausend besteht nun schon das St.-Nikolaus-Hospital, das Cusanus stiftete, ein stattlicher Komplex, der ungewöhnliche Schätze, z. B. alte Handschriften, Frühdrucke, die Bücherei des Theologen, birgt.

Nicht nur dem „Bernkasteler Doctor“, der vor vier Jahrhunderten den Bischof Boemund von Trier von einer schweren Krankheit geheilt haben soll, auch vielen anderen guten Moselweinen schrieb man gesundheitsfördernde Wirkung zu. Und man glaubt es heute noch aufs Wort, wenn man Weine aus solchen Winzerorten kostet wie Brauneberg, Filzen, Wintrich, Minheim, Thörnich, Mehring, Drohn, Neumagen und Longuich.

Voller „Geschichte“ steckt Niederemmel, aus Emmel, Reinsport und Müstert gewachsen, und immer ein wenig im Schatten von Piesport auf dem linken Moselufer. Kultstätten, Tempel, Villen und Prachtstücke an Römerfunden *(Rheinisches Landesmuseum, Trier)* wurden hier entdeckt. Aber die Piesporter, Trittenheimer, Leiwener, Klüsserather Weine sind eben bekannter als jede Sehenswürdigkeit. Und man kann sie mit ihrem ganzen Bukettreichtum zu Hause genießen, was Sie bei Ihren Kostproben entlang der Moselroute bestimmt nicht vergessen werden.

Ehe Sie Trier erreichen, empfiehlt sich zum Weinvergleich ein Abstecher an die Ruwer. Die Weine dieser romantischen Landschaft mit ihren vielen Klöstern werden Sie verwöhnen: Es sind große Weine mit besonderer Eleganz. In Eitelsbach, Grünhaus, Kasel und Waldrach werden Sie nicht nur vom Wein belohnt. Auch steinerne Zeugen vergangener Zeiten wollen hier besichtigt werden.

So alt wie die Stadt Trier, so reich ist sie an Sehenswertem. Soll man bei der Porta Nigra anfangen, bei den Kaiserthermen oder beim Dom? Und wo soll man enden? Wie immer Sie den Entdeckungsbummel durch die Stadt planen (die Tourist-Information Trier berät Sie), das Landesmuseum dürfen Sie nicht auslassen, weil Sie hier Moselgeschichte gedrängt wie nirgendwo an einem Platz erleben.

Blick auf den Doctorberg bei Bernkastel (Luftaufn. freigeg.: Rhld.-Pfalz Nr. 146605)

Tips für Touristen

Alken: *Pfarrkirche, Fallertor, Michaelskapelle, Fachwerkbauten, Burg Thurant.*
Beilstein: *Marktplatz, Rat- und Amtshaus, Zehnthaus, Hallenkirche, Feste Beilstein; in der Nähe bei Nehren: Römergrab „Heidenkeller".*
Bernkastel-Kues: *Burgruine Landshut, Marktplatz, Rathaus, Pranger, alte Weinhöfe, Pfarrkirche St. Michael, St.-Nikolaus-Hospital.*
Cochem: *Barock-Rathaus, Kapuziner-Kloster, Reste der Stadtbefestigung, Balduinstor, Fachwerkhäuser, die Burg von Cochem; in der Nähe: Burgruine Coraidelstein, Winneburg, Marien-Wallfahrtskapelle, Cochemer Krampen (eindrucksvollster Mäanderbogen der Mosel), Kloster Ebernach.*
Ediger-Eller: *Keltischer Rundturm, Fachwerkhäuser, spätgotische Kirche, Kreuz-Kapellchen („Christus in der Kelter"), St.-Hilarius-Kirche, alte Kellereien.*
Enkirch: *Fachwerkbaukunst, prot. und kath. Pfarrkirche, Weingutshöfe, Zehnthäuser, Museum; oberhalb des Ortes: Reste der berühmten Starkenburg.*
Hatzenport: *Gotische Kirche; in der Nähe Burg Bischofstein und die berühmte Burg Eltz (vollkommen erhaltene Burg).*
Kobern-Gondorf: *Mittelalterl. Marktplatz, Dreikönigskapelle, Niederburg, Oberburg mit Matthiaskapelle; Oberburg, die einzige Wasserburg der Mosel.*
Kröv: *St.-Remigius-Kirche, Grabkapelle der Kesselstatts, Zehnthof der Abtei Echternach, Weinhof der Abtei Stablo. Aussichtspunkt Mont Royal.*
Neumagen-Dhron: *Alte Sandstein-Brükken, Peterskapelle, Pfarrkirche Maria Himmelfahrt, Märtyrerkapelle, Sayn-Wittgensteinischer Hof, Kopien römischer Funde.*
Pünderich: *Fährhaus, Zehnthäuser, Kellereien, Rathaus; in der Nähe Marienburg, Abtei Springiersbach.*
Saarburg: *Stadtmühle, Kirche mit Westturm (Weintraubenmadonna, Kreuzwegstationen), Reste der Stadtbefestigung, „Hotel zur Post", „Zum schwarzen Kopf", Burgruine; im nahen Beurig: Wallfahrtskirche, Franziskanerkloster.*
Traben-Trarbach: *Kloster- und Weinhöfe, Haus Kayser, Haus Böcking mit Mittel-Mosel-Museum, Pfarrkirche St. Peter, Nikolauskapelle.*
Treis-Karden: *Pfarrkirche St. Katharina; Ortsteil Karden: Stiftsdom St. Castor, Zehnthaus, Probsteihaus, Stiftsschule; in der Nähe: Zillekapelle, Burgruine Treis, Wildburg, Kloster Maria Engelport.*
Trier: *Porta Nigra, Dom St. Peter, Dreikönighaus, Marktkreuz, Marktkirche St. Gangolf, Trierer Weinlehrpfad, Palais Kesselstatt, Konstantinbasilika, Kurfürstliches Palais, Kaiserthermen, Amphitheater, Dreifaltigkeitskirche, St.-Paulin-Kirche, St.-Matthias-Abteikirche, Liebfrauenkirche, Römerbrücke, Stift St. Irminen, Igeler Säule, Landesmuseum, Städt. Museum, Schatzkammer der Stadtbibliothek. Sehenswertes auch in den Stadtteilen Ehrang, Pfalzel, Quint, Ruwer.*

Saarweine – von Kennern gelobt

Vor den Toren der Stadt, gleich hinter Konz, beginnt das 30 km lange Anbaugebiet der Saar. Im Charakter ähneln sowohl die Saar- als auch die Ruwer-Weine den Moselweinen. Denn gemeinsam ist ihnen die Frische, das pikante Bukett und die prickelnde, feine Säure.

Ob in Filzen, Wiltingen, dem Scharzhof, in Kanzem, Ockfen oder Ayl, in jedem Ort gibt es ausgezeichnete Weinlagen. In den gemütlichen Gasthöfen können Sie sich davon überzeugen. Und auch die Saarburger und Serriger Weine sollten Sie nicht vergessen. Genau wie an der Mosel stoßen Sie von Konz bis Serrig immer wieder auf Geschichte, auf die Barockkartause in Konz, auf Weinhöfe in Wawern, Ayl, Wiltingen, Ockfen, auf alte Kirchen und Ruinen auf Bergkuppen, z. B. in Saarburg, wo Sie viel Sehenswertes aufspüren werden. Von der gegenüber von Sering gelegenen „Klause" ist der Blick ins romantische Saartal besonders schön.

An der Obermosel wird übrigens noch heute genau wie zur Römerzeit die Elbling-Traube angebaut, die sich wegen ihrer feinrassigen Säure vorzüglich zur Sektbereitung eignet.

Viele lohnende Ziele an Mosel, Saar und Ruwer sind – ungerechterweise – zu kurz gekommen. Nehmen Sie sich für Ihre Moselfahrt mehr Zeit. Vielleicht für eins der Wein-Seminare, die jedes Jahr in Trier, Traben-Trarbach und Cochem stattfinden.

„Porta Nigra" in Trier

Die örtlichen Verkehrsvereine informieren Sie – auch über die Termine der Weinfeste in den zahlreichen Orten – ebenso wie die
Weinwerbung
Mosel-Saar-Ruwer
Neustraße 86
5500 Trier

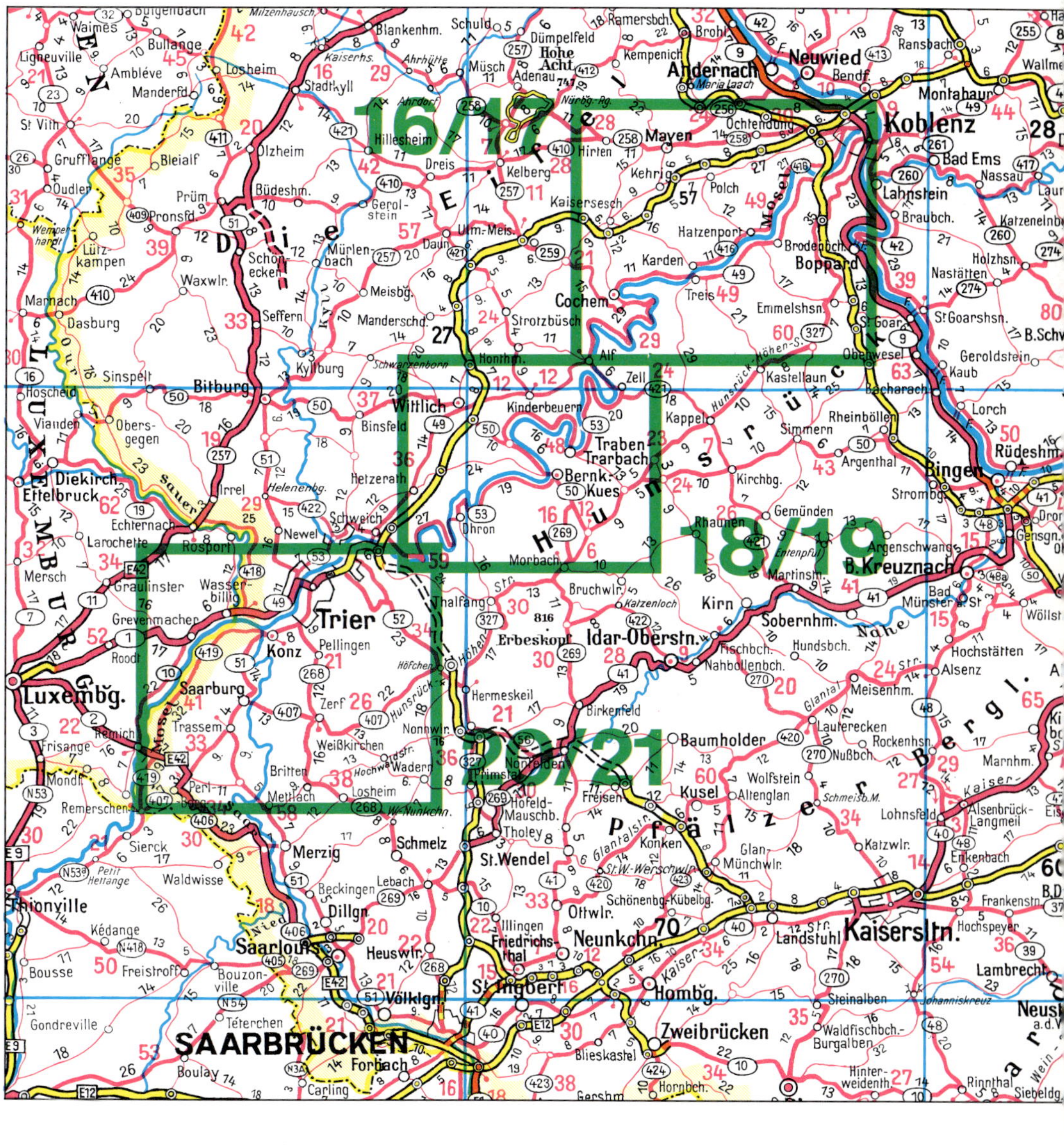

Bereich Zell (Untermosel)

GROSSLAGE WEINHEX

Güls
Ortsteil von Koblenz
Marienberg 1
Bienengarten 2
Königsfels 3
Im Röttgen 4 T

Moselweiß
Ortsteil von Koblenz
Hamm 5 T

Lay
Ortsteil von Koblenz
Hamm 5 T
Hubertusborn 6

Winningen
Im Röttgen 4 T
Brückstück 8
Domgarten 9
Hamm 10
Uhlen 11 T

Kobern-Gondorf
Uhlen 11 T
Fahrberg 12
Weißenberg 13
Schloßberg 14
Gäns 15
Fuchshöhle 16
Kehrberg 17

Dieblich
Heilgraben 18

Niederfell
Fächern 19
Kahllay 20
Goldlay 21

Lehmen
Lay 22
Klosterberg 23
Würzlay 24
Ausoniusstein 25

Oberfell
Goldlay 26
Brauneberg 27
Rosenberg 28

Moselsürsch
Fahrberg 29 T

Kattenes
Ortsteil von Löf
Fahrberg 29 T
Steinchen 30

Alken
Bleidenberg 31
Burgberg 32
Hunnenstein 33

Brodenbach
Neuwingert 34

Löf
Goldblume 35
Sonnenring 36

Hatzenport
Ortsteil von Löf
Stolzenberg 37
Kirchberg 38
Burg Bischofsteiner 39

Burgen
Bischofstein 40

GROSSLAGE GOLDBÄUMCHEN

Moselkern
Rosenberg 41
Kirchberg 42
Übereltzer 43

Müden
Funkenberg 44
Leckmauer 45
Sonnenring 46
St. Castorhöhle 47
Großlay 48

Treis-Karden Ortsteil Karden
Dechantsberg 49
Münsterberg 50
Juffermauer 51

Pommern
Zeisel 52
Goldberg 53
Sonnenuhr 54
Rosenberg 55

Klotten
Rosenberg 55 a
Burg Coreidelsteiner 56
Sonnengold 57
Brauneberg 58

Cochem
Herrenberg 59
Pinnerkreuzberg 60
Schloßberg 61

Cochem Ortsteil Sehl
Hochlay 62

Cochem Ortsteil Ebernach
Klostergarten 63
Sonnenberg 64
Bischofstuhl 65

Ernst
Feuerberg 66
Kirchlay 67

Bruttig-Fankel Ortsteil Bruttig
Götterlay 68

Ellenz-Poltersdorf
Kurfürst 69
Altarberg 70
Rüberberger Domherrenberg 71 T

Briedern
Rüberberger Domherrenberg 71 T

Senheim Ortsteil Senhals
Rüberberger Domherrenberg 71 T
Römerberg 73

GROSSLAGE ROSENHANG

Treis-Karden Ortsteil Treis
Kapellenberg 74
Greth 75
Treppchen 76

Cochem Ortsteil Cond
Arzlay 77
Rosenberg 78
Nikolausberg 79

Valwig
Schwarzenberg 80
Palmberg 81
Herrenberg 82

Bruttig-Fankel
Pfarrgarten 83
Rathausberg 84
Kapellenberg 85
Martinsborn 86
Layenberg 87
Rosenberg 88

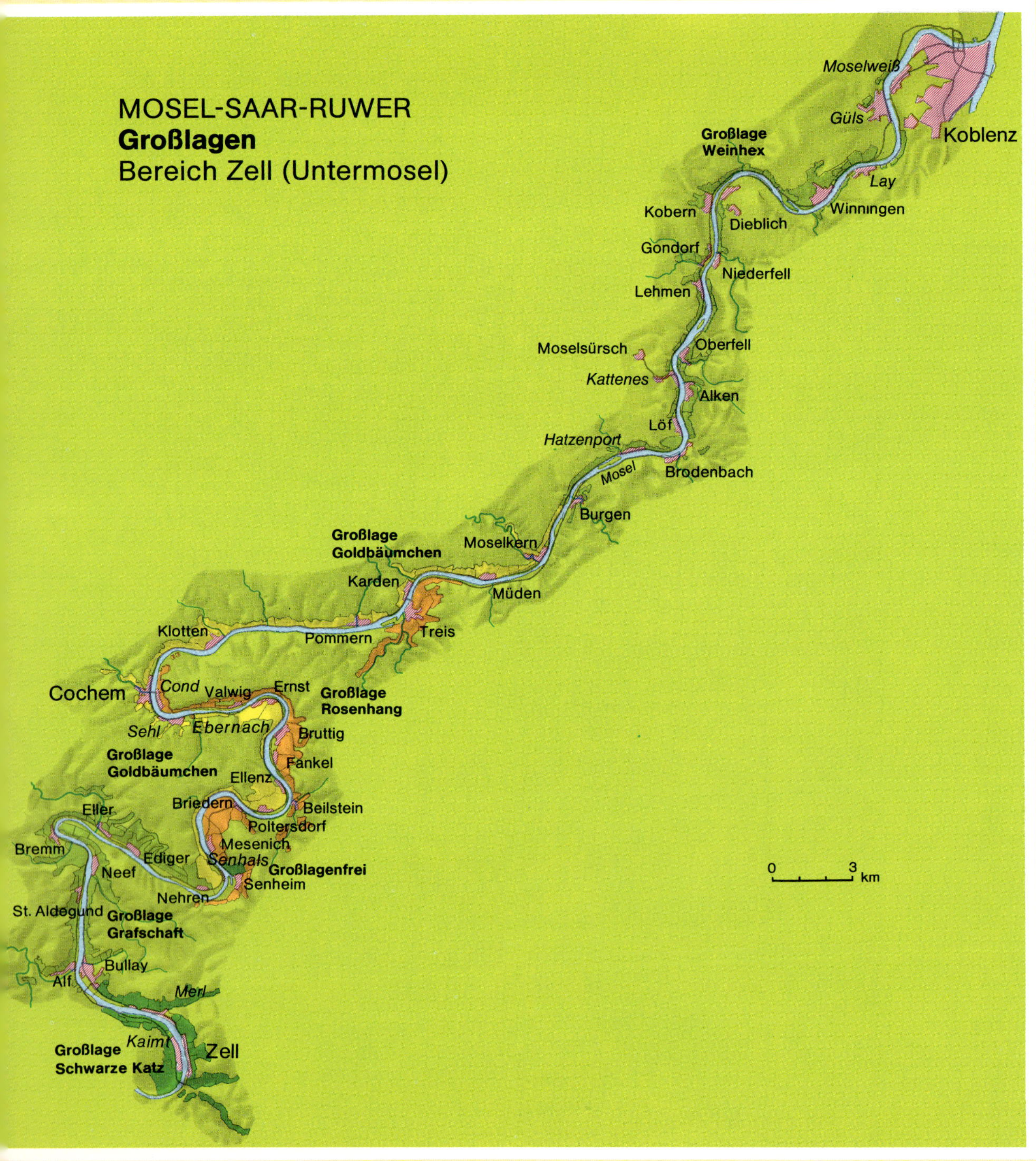

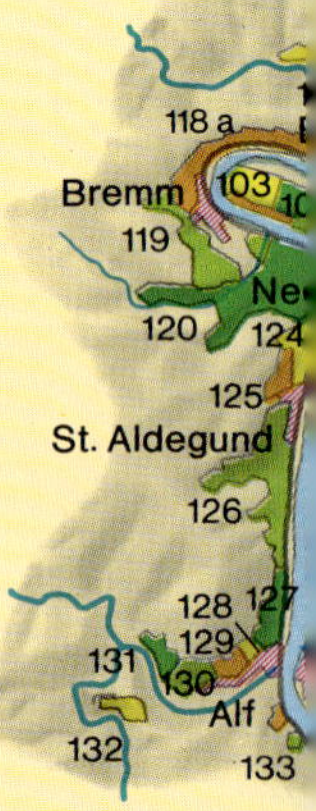

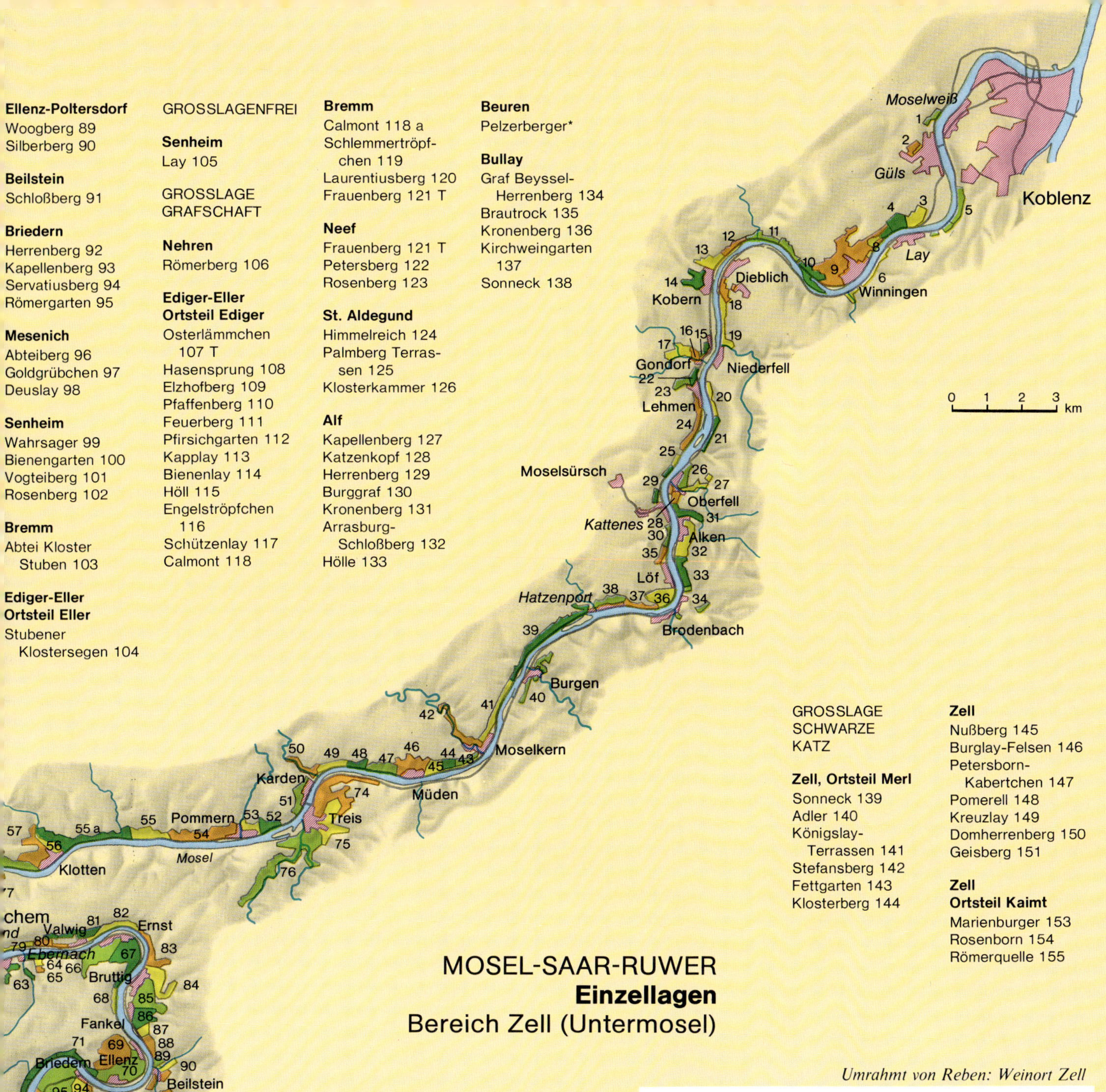

Ellenz-Poltersdorf
Woogberg 89
Silberberg 90

Beilstein
Schloßberg 91

Briedern
Herrenberg 92
Kapellenberg 93
Servatiusberg 94
Römergarten 95

Mesenich
Abteiberg 96
Goldgrübchen 97
Deuslay 98

Senheim
Wahrsager 99
Bienengarten 100
Vogteiberg 101
Rosenberg 102

Bremm
Abtei Kloster Stuben 103

Ediger-Eller Ortsteil Eller
Stubener Klostersegen 104

GROSSLAGENFREI

Senheim
Lay 105

GROSSLAGE GRAFSCHAFT

Nehren
Römerberg 106

Ediger-Eller Ortsteil Ediger
Osterlämmchen 107 T
Hasensprung 108
Elzhofberg 109
Pfaffenberg 110
Feuerberg 111
Pfirsichgarten 112
Kapplay 113
Bienenlay 114
Höll 115
Engelströpfchen 116
Schützenlay 117
Calmont 118

Bremm
Calmont 118 a
Schlemmertröpfchen 119
Laurentiusberg 120
Frauenberg 121 T

Neef
Frauenberg 121 T
Petersberg 122
Rosenberg 123

St. Aldegund
Himmelreich 124
Palmberg Terrassen 125
Klosterkammer 126

Alf
Kapellenberg 127
Katzenkopf 128
Herrenberg 129
Burggraf 130
Kronenberg 131
Arrasburg-Schloßberg 132
Hölle 133

Beuren
Pelzerberger*

Bullay
Graf Beyssel-Herrenberg 134
Brautrock 135
Kronenberg 136
Kirchweingarten 137
Sonneck 138

GROSSLAGE SCHWARZE KATZ

Zell, Ortsteil Merl
Sonneck 139
Adler 140
Königslay-Terrassen 141
Stefansberg 142
Fettgarten 143
Klosterberg 144

Zell
Nußberg 145
Burglay-Felsen 146
Petersborn-Kabertchen 147
Pomerell 148
Kreuzlay 149
Domherrenberg 150
Geisberg 151

Zell Ortsteil Kaimt
Marienburger 153
Rosenborn 154
Römerquelle 155

MOSEL-SAAR-RUWER
Einzellagen
Bereich Zell (Untermosel)

Umrahmt von Reben: Weinort Zell

Bullay an der Mosel

Eine der typischen Sonnenuhren in den Weinbergen an der Mosel

MOSEL-SAAR-RUWER
Einzellagen
Bereich Bernkastel (Mittelmosel)

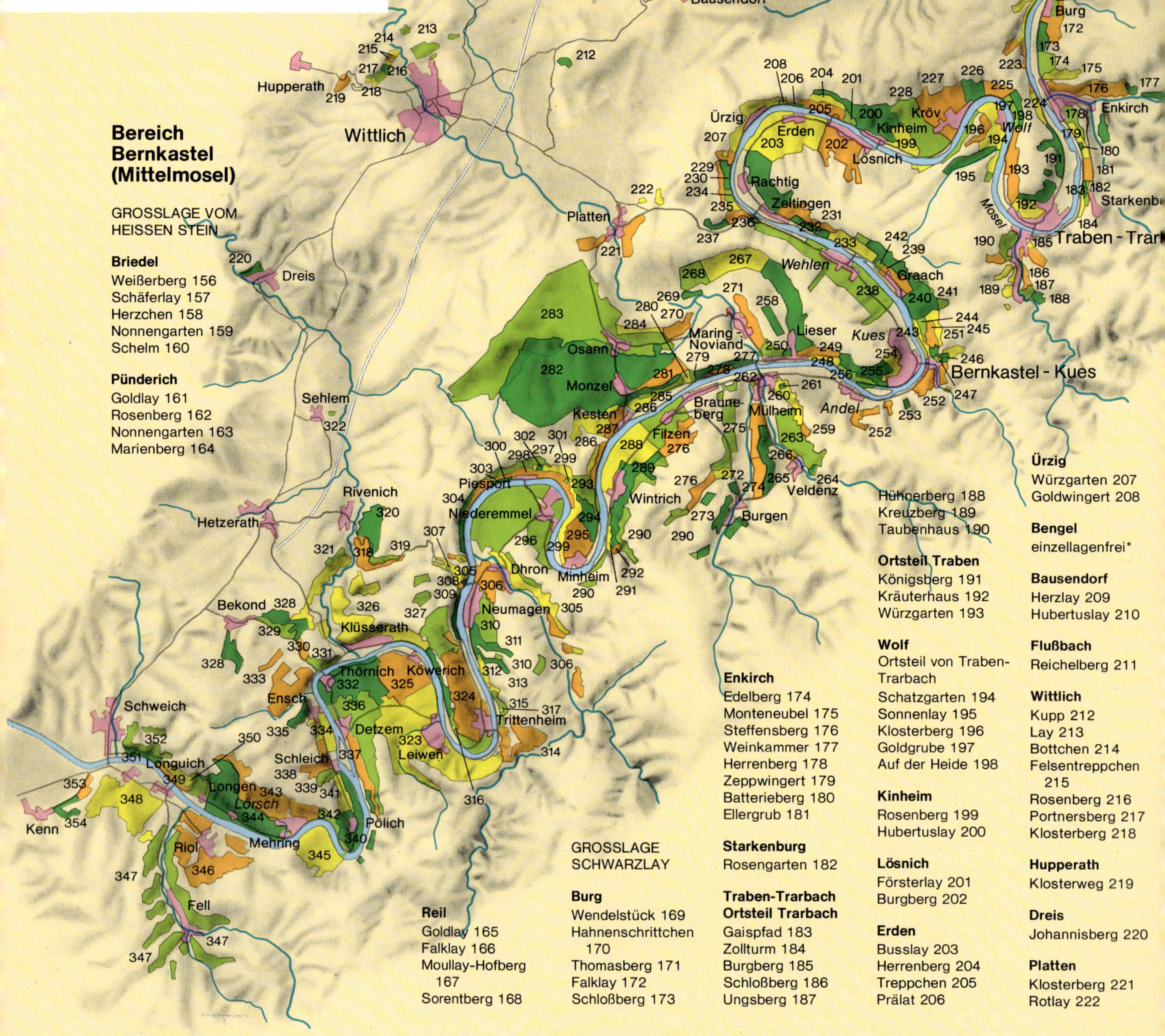

Bereich Bernkastel (Mittelmosel)

GROSSLAGE VOM HEISSEN STEIN

Briedel
Weißerberg 156
Schäferlay 157
Herzchen 158
Nonnengarten 159
Schelm 160

Pünderich
Goldlay 161
Rosenberg 162
Nonnengarten 163
Marienberg 164

GROSSLAGE SCHWARZLAY

Reil
Goldlay 165
Falklay 166
Moullay-Hofberg 167
Sorentberg 168

Burg
Wendelstück 169
Hahnenschrittchen 170
Thomasberg 171
Falklay 172
Schloßberg 173

Enkirch
Edelberg 174
Monteneubel 175
Steffensberg 176
Weinkammer 177
Herrenberg 178
Zeppwingert 179
Batterieberg 180
Ellergrub 181

Starkenburg
Rosengarten 182

Traben-Trarbach
Ortsteil Trarbach
Gaispfad 183
Zollturm 184
Burgberg 185
Schloßberg 186
Ungsberg 187
Hühnerberg 188
Kreuzberg 189
Taubenhaus 190

Ortsteil Traben
Königsberg 191
Kräuterhaus 192
Würzgarten 193

Wolf
Ortsteil von Traben-Trarbach
Schatzgarten 194
Sonnenlay 195
Klosterberg 196
Goldgrube 197
Auf der Heide 198

Kinheim
Rosenberg 199
Hubertuslay 200

Lösnich
Försterlay 201
Burgberg 202

Erden
Busslay 203
Herrenberg 204
Treppchen 205
Prälat 206

Ürzig
Würzgarten 207
Goldwingert 208

Bengel
einzellagenfrei*

Bausendorf
Herzlay 209
Hubertuslay 210

Flußbach
Reichelberg 211

Wittlich
Kupp 212
Lay 213
Bottchen 214
Felsentreppchen 215
Rosenberg 216
Portnersberg 217
Klosterberg 218

Hupperath
Klosterweg 219

Dreis
Johannisberg 220

Platten
Klosterberg 221
Rotlay 222

GROSSLAGE NACKTARSCH

Kröv
Burglay 223
Herrenberg 224
Steffensberg 225
Letterlay 226
Kirchlay 227
Paradies 228

GROSSLAGE MÜNZLAY

Zeltingen-Rachtig Ortsteil Zeltingen
Deutschherrenberg 229
Himmelreich 230
Schloßberg 231
Sonnenuhr 232

Wehlen
Ortsteil von Bernkastel-Kues
Sonnenuhr 233 △
Hofberg 234
Abtei 235
Klosterhofgut 236
Klosterberg 237
Nonnenberg 238

Graach
Domprobst 239
Himmelreich 240
Abtsberg 241
Josephshöfer 242

GROSSLAGE BADSTUBE

Bernkastel-Kues Ortsteil Bernkastel
Lay 243
Matheisbildchen 244
Bratenhöfchen 245
Graben 246
Doctor 247 △

GROSSLAGE BEERENLAY

Lieser
Süßenberg 248
Niederberg-Helden 249
Rosenlay 250

GROSSLAGE KURFÜRSTLAY

Bernkastel-Kues Ortsteil Bernkastel
Johannisbrünnchen 251
Schloßberg 252 T
Stephanus-Rosengärtchen 253

Bernkastel-Kues Ortsteil Kues
Rosenberg 254
Kardinalsberg 255
Weißenstein 256

Andel
Ortsteil von Bernkastel-Kues
Schloßberg 252 T

Lieser
Schloßberg 258

Mülheim
Elisenberg 259 T
Sonnenlay 260
Helenenkloster 261
Amtsgarten 262

Veldenz
Elisenberg 259 T
Kirchberg 263
Mühlberg 264
Grafschafter Sonnenberg 265
Carlsberg 266

Maring-Noviand
Honigberg 267
Klosterberg 268
Römerpfad 269
Kirchberg 270
Sonnenuhr 271

Burgen
Römerberg 272
Kirchberg 273
Hasenläufer 274

Brauneberg
Mandelgraben 275
Klostergarten 276
Juffer 277
Juffer Sonnenuhr 278
Kammer 279
Hasenläufer 280

Osann-Monzel
Paulinslay 281
Kätzchen 282
Kirchlay 283
Rosenberg 284

Kesten
Paulinshofberger 285
Herrenberg 286
Paulinsberg 287

Wintrich
Stefanslay 288
Großer Herrgott 289
Sonnseite 290
Ohligsberg 291
Geierslay 292

GROSSLAGE MICHELSBERG

Minheim
Burglay 293
Kapellchen 294
Rosenberg 295
Günterslay 299 T

Piesport
Treppchen 296
Falkenberg 297
Goldtröpfchen 298 T
Günterslay 299 T
Domherr 300
Gärtchen 301
Kreuzwingert 302
Schubertslay 303
Grafenberg 304 T
Hofberger 305 T

Neumagen-Dhron Ortsteil Dhron
Goldtröpfchen 298 T
Grafenberg 304 T
Hofberger 305 T
Roterd 306
Großer Hengelberg 307
Häschen 308

– Ortsteil Neumagen
Nußwingert 309
Engelgrube 310
Laudamusberg 311
Rosengärtchen 312
Sonnenuhr 313

Trittenheim
Altärchen 314
Apotheke 315
Felsenkopf 316
Leiterchen 317

Rivenich
Niederberg 318
Geisberg 319
Rosenberg 320
Brauneberg 321 T

Hetzerath
Brauneberg 321 T

Sehlem
Rotlay 322

GROSSLAGE ST. MICHAEL

Leiwen
Klostergarten 323
Laurentiuslay 324 T

Köwerich
Laurentiuslay 324 T
Held 325

Klüsserath
Bruderschaft 326
Königsberg 327

Bekond
Schloßberg 328
Brauneberg 329

Thörnich
Enggaß 330
Ritsch 331
Schießlay 332

Ensch
Mühlenberg 333
St. Martin 334
Sonnenlay 335

Detzem
Würzgarten 336
Maximiner Klosterlay 337

Schleich
Sonnenberg 338
Klosterberg 339

Pölich
Held 340
Südlay 341

Mehring
Blattenberg 342
Goldkupp 343
Zellerberg 344 T

Lörsch
Ortsteil von Mehring
Zellerberg 344 T

Longen
Zellerberg 344 T

GROSSLAGE PROBSTBERG

Mehring
einzellagenfrei 345

Riol
Römerberg 346

Fell
Maximiner Burgberg 347

Longuich
Hirschlay 348
Maximiner Herrenberg 349
Herrenberg 350 T

Schweich
Herrenberg 350 T
Annaberg 351
Burgmauer 352

Kenn
Held 353
Maximiner Hofgarten 354

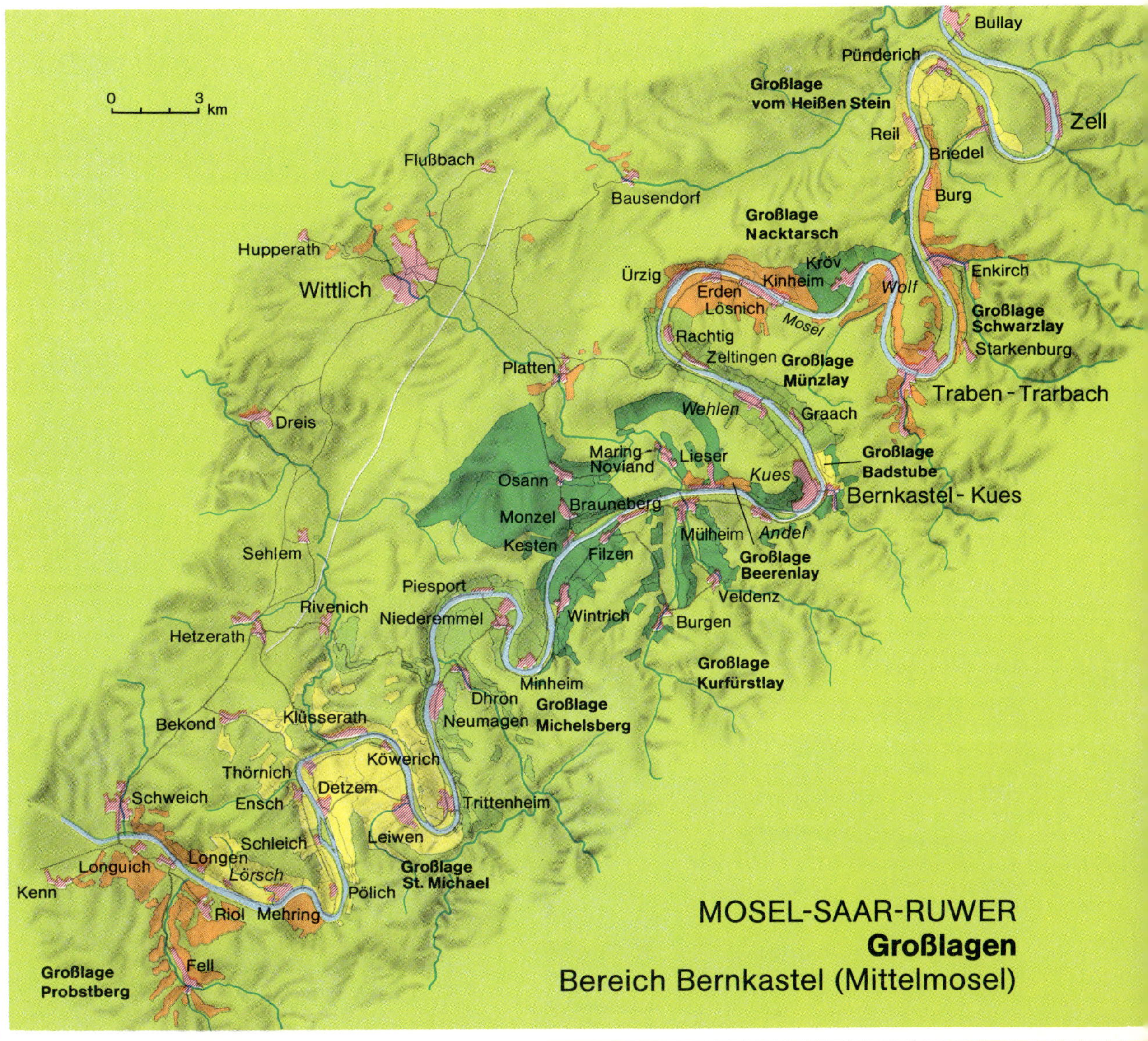

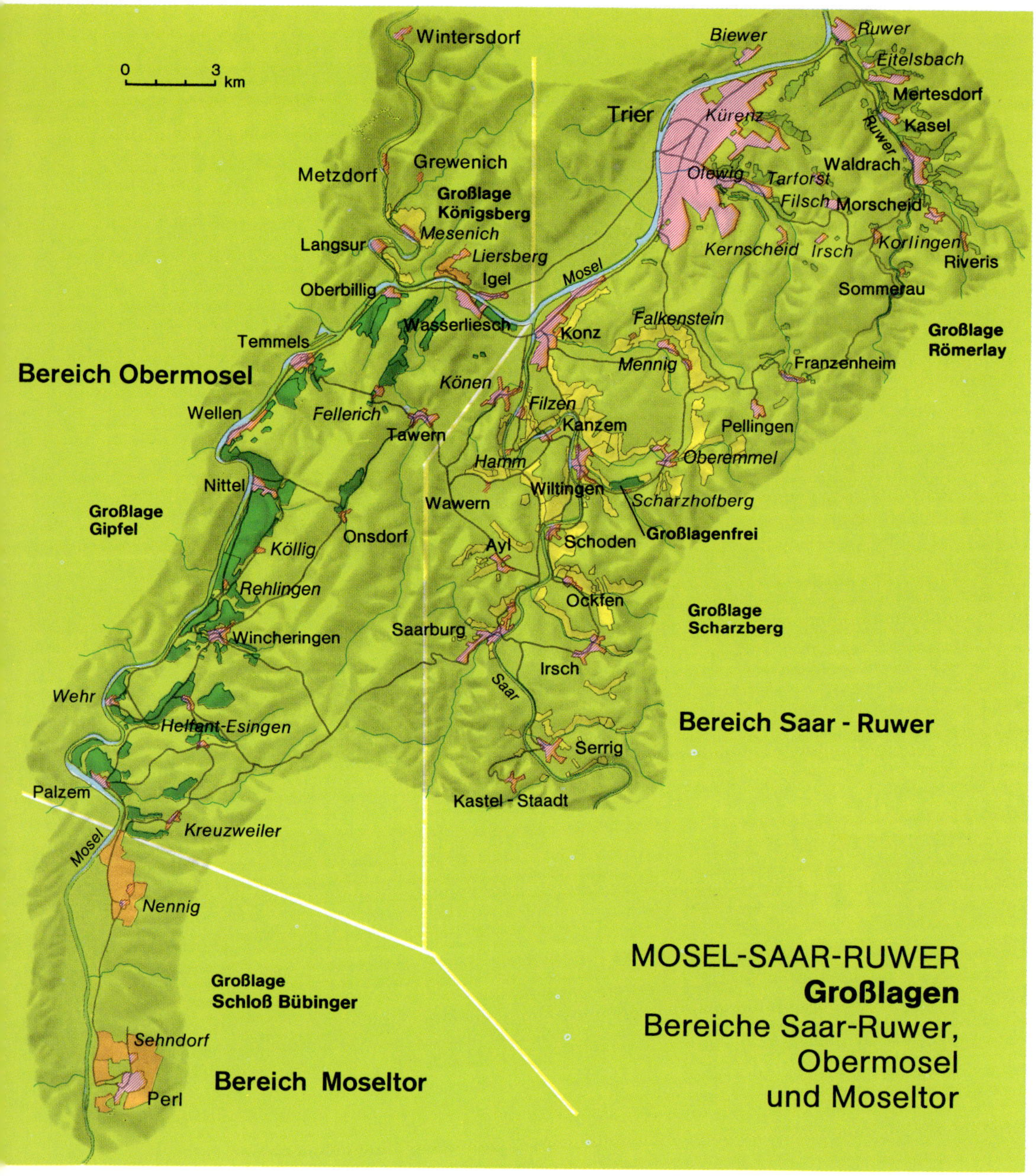

Bereich Saar-Ruwer

GROSSLAGE RÖMERLAY

Trier
St. Matheiser 383

– Ortsteil Ruwer
Sonnenberg 355
Marienholz 356 T
Maximiner 362
Domherrenberg 363 T

– Ortsteil Eitelsbach
Marienholz 356 T
Karthäuserhofberg Burgberg 357
Kronenberg 358
Orthsberg 359
Sang 360
Stirn 361

– Ortsteil Kürenz
Domherrenberg 363 T
Altenberg 364
Herrenberg 365
Kupp 366
Hammerstein 367
Rotlay 368
St. Maximiner Kreuzberg 377

– Ortsteil Tarforst
Andreasberg 369
St. Martiner Klosterberg 372 T

– Ortsteil Filsch
Leikaul 370 T

– Orteil Korlingen
Leikaul 370 T

– Ortsteil Irsch
St. Martiner Hofberg 371
St. Martiner Klosterberg 372 T

– Ortsteil Olewig
Burgberg 373
Jesuitenwingert 374
Deutschherrenköpfchen 375
Deutschherrenberg 376
Thiergarten Unterm Kreuz 379
Thiergarten Felsköpfchen 380
Kurfürstenhofberg 381
Benediktinerberg 382

– Ortsteil Biewer
St. Petrusberg 378
Augenscheiner 384

Franzenheim
Johannisberg 385

Sommerau
Schloßberg 386

Riveris
Kuhnchen 388
Heiligenhäuschen 389 T

Morscheid
Heiligenhäuschen 389 T
Dominikanerberg 390

Waldrach
Heiligenhäuschen 389 T
Hubertusberg 392
Sonnenberg 393
Jungfernberg 394
Krone 395
Laurentiusberg 396
Ehrenberg 397
Doktorberg 398
Meisenberg 400
Jesuitengarten 401
Kurfürstenberg 402

Kasel
Herrenberg 403
Dominikanerberg 404
Kehrnagel 405
Hitzlay 406
Nieschen 407
Paulinsberg 408
Timpert 409

Mertesdorf
Mäuerchen 410
Felslay 411
Johannisberg 412
Herrenberg 415 T

Maximin Grünhaus
Ortsteil von Mertesdorf
Bruderberg 413
Abtsberg 414
Herrenberg 415 T

Dazu einzellagenfreie Rebflächen in der Gemarkung Hockweiler

GROSSLAGE SCHARZBERG

Konz
Klosterberg 416
Brauneberg 417
Sprung 418
Euchariusberg 420
Auf der Wiltingerkupp 421

Falkenstein
Ortsteil von Konz
Hofberg 419
Herrenberg 434 T

Könen
Ortsteil von Konz
Fels 422
Kirchberg 423

Filzen
Ortsteil von Konz
Liebfrauenberg 424
Urbelt 425
Paulchen 426
Unterberg 427
Herrenberg 428
Steinberger 429
Altenberg 430 T

Hamm
Ortsteil von Konz
Altenberg 430 T

Kanzem
Altenberg 430 T
Hörecker 431
Schloßberg 432
Sonnenberg 433

Mennig
Obermennig/Niedermennig
Ortsteile von Konz
Herrenberg 434 T
Sonnenberg 435
Euchariusberg 436
Altenberg 437

Oberemmel
Ortsteil von Konz
Karlsberg 438
Altenberg 439
Hütte 440
Raul 441
Agritiusberg 442
Rosenberg 443 T

Pellingen
Jesuitengarten 444
Herrgottsrock 445

Wiltingen
Schloßberg 432 a
Rosenberg 443 T
Sandberg 446
Hölle 447
Kupp 448
Braune Kupp 449
Gottesfuß 450
Klosterberg 451
Braunfels 452
Schlangengraben 453

Wawern
Ritterpfad 455
Jesuitenberg 456
Herrenberger 457
Goldberg 458

Schoden
Saarfeilser Marienberg 459
Herrenberg 460
Geisberg 461

Ockfen
Kupp 462
Herrenberg 463
Heppenstein 464
Bockstein 465
Zickelgarten 466
Neuwies 467
Geisberg 468

Ayl
Kupp 469
Herrenberger 470
Scheidterberger 471

Saarburg
Klosterberg 472
Fuchs 473 (Niederleuken)
Stirn 474
Kupp 475
Schloßberg 476
Rausch 477
Antoniusbrunnen 478
Bergschlößchen 479
Laurentiusberg 480

Irsch
Sonnenberg 481
Hubertusberg 482
Vogelsang 483

Serrig
König Johann Berg 484
Antoniusberg 485
Schloß Saarsteiner 486
Schloß Saarfelser Schloßberg 487
Kupp 488
Vogelsang 489
Heiligenborn 490
Hoeppslei 491
Würtzberg 492
Herrenberg 493

Kastel-Staadt
König Johann Berg 494
Maximin Prälat 495

GROSSLAGENFREI

Scharzhofberg
Ortsteil von Wittingen
einzellagenfreie Flächen 454

Bereich Obermosel

GROSSLAGE KÖNIGSBERG

Igel
Dullgärten 496

Liersberg
Orsteil von Igel
Pilgerberg 497

Langsur
Brüderberg 498

Mesenich
Ortsteil von Langsur
Held 499

Dazu kommen einzellagenfreie Rebflächen in den Gemarkungen Edingen, Godendorf, Grewenich, Langsur, Liersberg, Metzdorf, Ralingen und Wintersdorf.

GROSSLAGE GIPFEL

Wasserliesch
Reinig auf der Burg 500
Albachtaler 501

Oberbillig
Hirtengarten 502
Römerberg 503

Fellerich
Ortsteil von Tawern
Schleidberg 504

Temmels
St. Georgshof 505
Münsterstatt 506

Wellen
Altenberg 507

Onsdorf
Hubertusberg 508 T

Nittel
Hubertusberg 508 T
Leiterchen 509
Blümchen 510
Rochusfels 511 T

Köllig
Ortsteil von Nittel
Rochusfels 511 T

Rehlingen
Ortsteil von Nittel
Kapellenberg 512

Wincheringen
Burg Warsberg 513
Fuchsloch 514

Wehr
Ortsteil von Palzem
Rosenberg 515

Helfant-Esingen
Ortsteil von Palzem
Kapellenberg 516

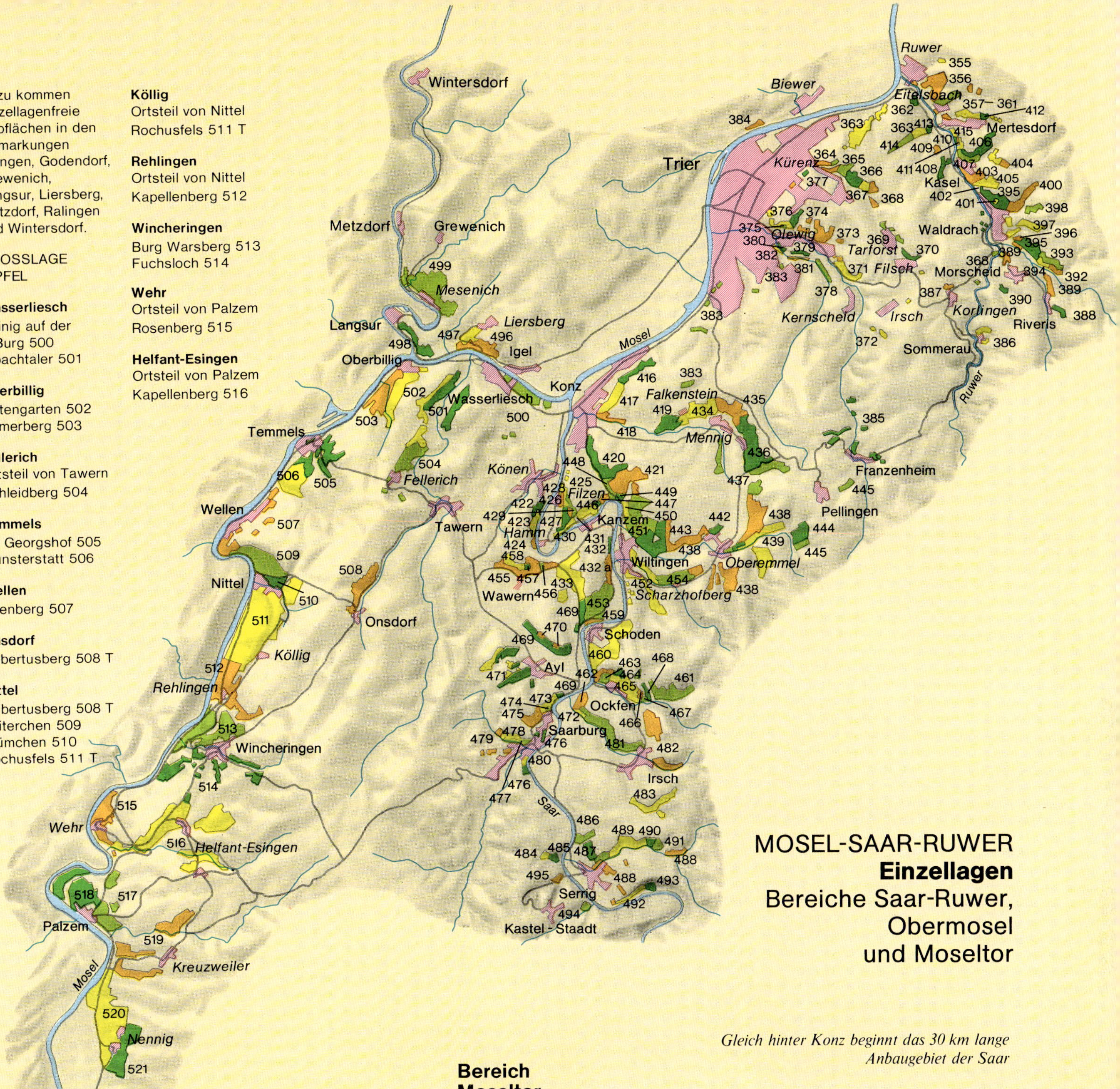

MOSEL-SAAR-RUWER
Einzellagen
Bereiche Saar-Ruwer, Obermosel und Moseltor

Palzem
Karlsfelsen 517
Lay 518

Kreuzweiler
Ortsteil von Palzem
Schloß Thorner Kupp 519

Dazu Einzellagenfreie Rebflächen in den Gemarkungen Bitzingen, Fisch, Kirf, Meurich, Portz, Soest, Tawern.

Bereich Moseltor

GROSSLAGE BÜBINGER

Nennig
Ortsteil von Perl
Schloßberg 520
Römerberg 521

Sehndorf
Ortsteil von Perl
Klosterberg 522
Marienberg 523 mit Rebflächen in der Gemarkung Oberperl

Perl
Quirinusberg 524
Hasenberg 525

Einzellagenfreie Rebflächen in den Gemarkungen Besch, Tettingen und Wochern

Gleich hinter Konz beginnt das 30 km lange Anbaugebiet der Saar

Mittelrhein

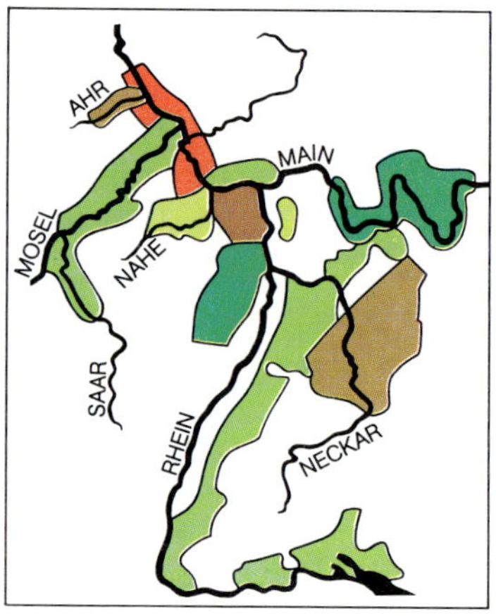

Geht man von der Entwicklung der Erdgeschichte aus, dann ist der Rhein zwischen Bonn und Bingen noch ein ganz junger „Spund“. Ursprünglich strebte er in Richtung Donau und Mittelmeer. Erst während der Eiszeit wuchs der Fluß dann – durch Brüche und Hebungen der Erdoberfläche – zu einem durchgehenden Lauf zusammen.

Was Vater Rhein seither alles von der Menschheitsgeschichte miterlebte, das – so möchte man sagen – läßt ihn vorzeitig alt und grau erscheinen. Es gab viele Völker, die hier ihre Spuren hinterließen – Kelten ebenso wie

Burg Stahleck bei Bacharach

Germanen, Römer, Hunnen, Schweden und Spanier, Österreicher und Preußen, Russen und Franzosen. Immer war der Rhein eng mit der Historie verknüpft. Der Mythos von den Burgundern, die Sage vom Rheingold, von Siegfried und Hagen – ein Strom, der von Legenden umwoben ist.

Heute wie früher ist der 1 320 km lange Rhein eine wichtige Lebensader zwischen Alpen und Nordsee. „Handelsstraße“ seinerzeit und jetzt die größte Industrie- und Schiffahrtsstraße der Welt, mit den größten Binnenhäfen. Was ihm aber den meisten Ruhm einbringt, das ist sein Wein. Wein vom Mittelrhein – das ist zum Begriff geworden für deutschen Wein überhaupt. Das wundert niemanden, der das breite Sortiment der Weine dieses Gebietes kennt. Die würzig-saftige Art der Rieslingweine mit ihrem ausgeprägt fruchtigen Charakter, die milden, süffigen Silvaner, die aromatischen Müller-Thurgau-Weine, sie erhalten ihren typischen Geschmack durch die unterschiedlichen Böden – den schwarzblauen Schiefer, die Grauwacke oder den Quarzit.

Riesling

Hauptrebsorten am Mittelrhein:

Riesling:	75,2 %
Müller-Thurgau:	11,5 %

Daten und Fakten

Geographische Lage: *Ein 100 km langes Anbaugebiet auf beiden Seiten des Stroms. Linksrheinisch von Trechtinghausen bis Koblenz, rechtsrheinisch von Kaub bis Niederdollendorf am Fuße des Siebengebirges. Auch tief in die Seitentäler erstrecken sich an den Südhängen Weinberge, so z. B. lahnaufwärts bis Oberndorf.*

Klima: *Die oft steil terrassierten Weinberge liegen windgeschützt und werden von der Sonne gut erwärmt. Die große Wasserfläche des Stromes wirkt wie ein Wärmespeicher und sorgt für Temperaturausgleich.*

Böden: *Vorherrschend Schiefer- und Grauwackenverwitterungsböden. Weniger bedeutsam sind kleine, über das ganze Gebiet verteilte Lößinseln, die spritzige, kernige Weine liefern. Im nördlichsten Teil, zum Siebengebirge hin, findet man Böden vulkanischen Ursprungs.*

Rebfläche: *Ein schmaler, oft unterbrochener Streifen von 903 ha bestockter Rebfläche, 3 Bereiche, 11 Großlagen, 110 Einzellagen.*

Rebsorten: *Leitsorte mit 679 ha ist der Riesling, der hier kernige, oft überraschend blumige Gewächse liefert. Müller-Thurgau (104 ha) zeigt zunehmende Tendenz.*

Ertrag: *Im Durchschnitt der Jahre 1975 bis 1977 70 000 hl, das sind rund 1 % des deutschen Mostertrages. Fast nur Steillagen. In den flurbereinigten Gemarkungen wurden arbeitsaufwendige Kleinterrassen durch Großterrassen ersetzt.*

Betriebsstruktur: *84 % sind Nebenerwerbsbetriebe mit weniger als 1 ha Rebfläche. Hoher Anteil an Selbstmarktern. Rund 25 % der Ernten werden von Genossenschaften erfaßt. Die Vermarktung über die Flasche herrscht vor.*

Tips für Touristen

Bacharach: *Wernerkapelle, Peterskirche, Nikolauskirche, Posthof, Burg Stahleck.*
Boppard: *St.-Severus-Kirche, Karmeliterkirche, Kloster Marienberg, Adelshäuser, ehem. kurtrierische Burg, Burghaus: Museum Alte Burg, Wildpark Jakobsberg.*
Braubach: *St.-Martins-Kapelle, St.-Barbara-Kirche, Marksburg mit Waffensammlung.*
Kaub: *Mittelalterliches Stadtbild, Kirche, Hochweg über die Stadtmauer, Burg Gutenfels, „Pfalz", ursprüngliche Zollstation auf der Rheininsel und Kaisersitz, Blüchermuseum, Gasthaus „Stadt Mannheim", Blüchers Hauptquartier beim Rheinübergang.*
Koblenz: *Stadttheater, Mittelrhein-Museum, Deutsches Eck, Deutschherrenhaus, St.-Kastor-Kirche, Jesuiten-Platz, Florinskirche, Schöffenhaus, Alte Burg, Balduinsbrücke, Münzplatz, Liebfrauenkirche, Herz-Jesu-Kirche, Schloß, altes Kranhaus, kurfürstliche Regierungsgebäude, Kapuzinerkirche, Feste Ehrenbreitstein.*
Leutesdorf: *Klosterhöfe, Burganlagen, Pfarrkirche (14. Jh.), Wallfahrtskirche; Weinbau seit fast 2000 Jahren.*
Oberlahnstein: *Kath. Pfarrkirche, Wenzelskapelle, Altes Rathaus, Stadtbefestigung, Burg Lahneck, Martinsburg.*
Oberwesel mit Weindorf Engehöll: *Stiftskirche zur Lieben Frau, St.-Martins-Kirche, Werner-Kapelle, Minoritenklosterruine, Rathaus, Wehrtürme, altd. Weinbaustadt.*
Rhens: *Pfarrkirche, Königstuhl, Befestigungsanlagen.*
St. Goar: *Ev. und kath. Kirche, Burgruine Rheinfels.*
Trechtinghausen: *Pfarrkirche, Clemenskapelle, Burg Reichenstein (Falkenburg), Burg Rheinstein mit Museum, Burg Sooneck.*
Unkel: *Pfarrkirche, Befestigungsreste, „Strolchenburg" (1839/40 Aufenthalt des Dichters Freiligrath), Weinbaubetriebe.*

Von Bonn bis Bingen – Burgen, Schlösser und Rebenhänge

Nahe bei Bonn, in Königswinter, beginnt das nördlichst gelegene deutsche Weinland, das sich an beiden Flußufern erstreckt. Die rechtsrheinische B 42 führt Sie an großartigen Aussichtspunkten vorbei. Vom Drachenfels, der vom hörnernen Siegfried kündet, oder dem Petersberg aus, der den Rhein wie drei Seen erscheinen läßt, ist der Ausblick besonders schön. In jedem der Rheinorte finden Sie Vergangenheit und Wein. In Unkel die Fachwerkbauten, in Rheinbrohl, dem „Weindorf am Römerwall", Limesreste. Die Burgruine Hammerstein erinnert an Kaiser Heinrich IV. Und von Leutesdorf kündete schon im 5. Jahrhundert Bischof Venantius Fortunatus. Ganz zu schweigen von Koblenz, das schon 9 vor Chr. von Drusus als Militärlager „Confluentes" gegründet wurde. Rhein, Mosel, Eifel und Hunsrück können Sie mit einem einzigen Blick vom Schloßplatz der Höhe Ehrenbreitstein aus bewundern.

MITTELRHEIN
Einzellagen
südlicher Teil

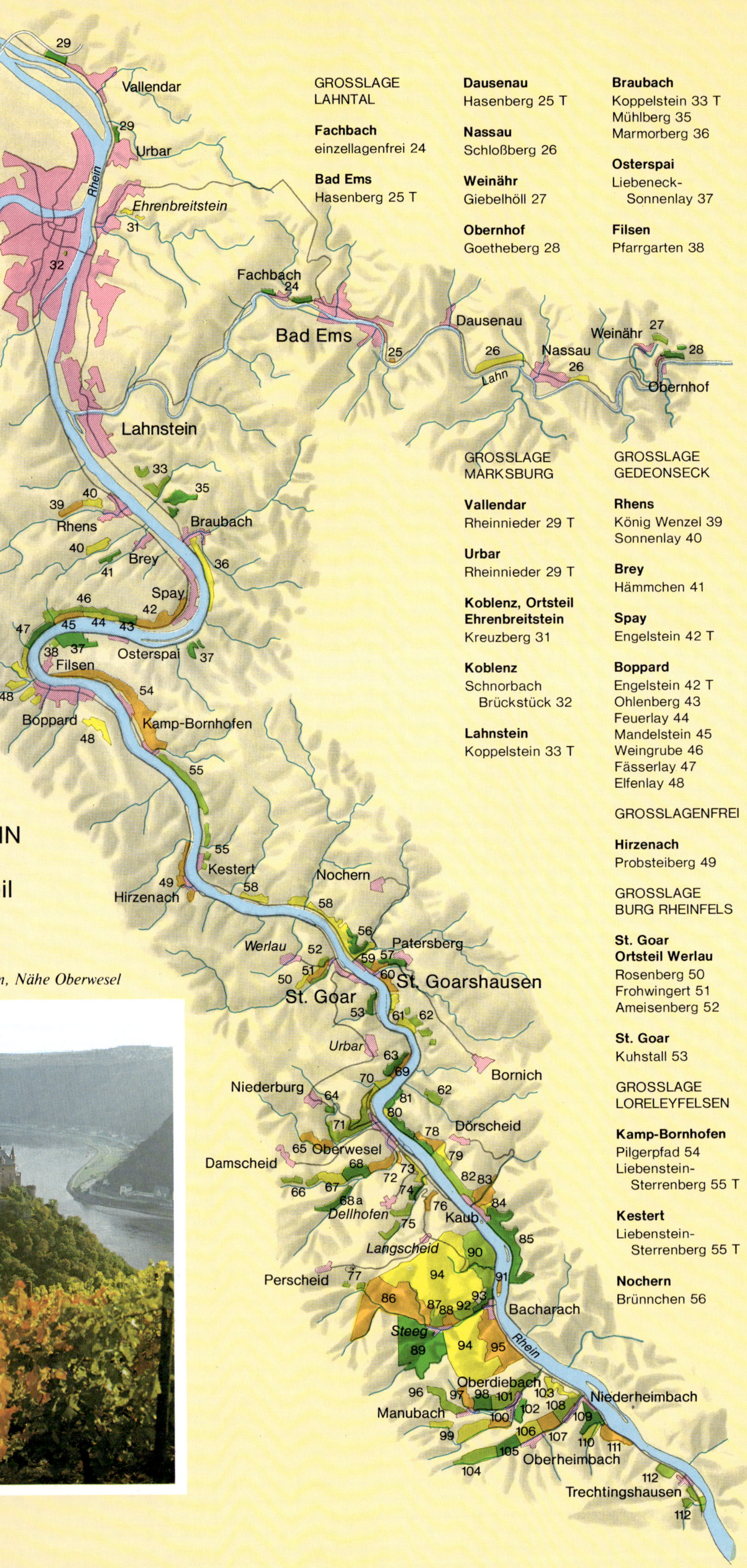

GROSSLAGE LAHNTAL

Fachbach
einzellagenfrei 24

Bad Ems
Hasenberg 25 T

Dausenau
Hasenberg 25 T

Nassau
Schloßberg 26

Weinähr
Giebelhöll 27

Obernhof
Goetheberg 28

Braubach
Koppelstein 33 T
Mühlberg 35
Marmorberg 36

Osterspai
Liebeneck-Sonnenlay 37

Filsen
Pfarrgarten 38

Patersberg
Teufelstein 57

St. Goarshausen Ortsteile Wellmich und Ehrental
Burg Maus 58
Hessern 59
Burg Katz 60
Loreley Edel 61

Bornich
Rothenack 62

GROSSLAGE SCHLOSS SCHÖNBURG

Urbar
Ortsteil von Oberwesel
Beulsberg 63

Niederburg
Rheingoldberg 64
Bienenberg 65 T

Damscheid
Frankenhell 66
Sonnenstock 67
Goldemund 68

Oberwesel
Bienenberg 65 T
Goldemund 68 a
Sieben Jungfrauen 69
Ölsberg 70
St. Martinsberg 71
Römerkrug 73

Oberwesel Ortsteil Engehöll
Bernstein 72

Dellhofen
Ortsteil von Oberwesel
Römerkrug 74
St. Wernerberg 75

Langscheid
Ortsteil von Oberwesel
Hundert 76

Perscheid
Rosental 77

GROSSLAGE HERRENBERG

Dörscheid
Wolfsnach 78
Kupferflöz 79

Kaub
Roßstein 80
Backofen 81
Rauschelay 82
Blüchertal 83
Burg Gutenfels 84
Pfalzgrafenstein 85

GROSSLAGE MARKSBURG

Vallendar
Rheinnieder 29 T

Urbar
Rheinnieder 29 T

Koblenz, Ortsteil Ehrenbreitstein
Kreuzberg 31

Koblenz
Schnorbach Brückstück 32

Lahnstein
Koppelstein 33 T

GROSSLAGE GEDEONSECK

Rhens
König Wenzel 39
Sonnenlay 40

Brey
Hämmchen 41

Spay
Engelstein 42 T

Boppard
Engelstein 42 T
Ohlenberg 43
Feuerlay 44
Mandelstein 45
Weingrube 46
Fässerlay 47
Elfenlay 48

GROSSLAGENFREI

Hirzenach
Probsteiberg 49

GROSSLAGE BURG RHEINFELS

St. Goar Ortsteil Werlau
Rosenberg 50
Frohwingert 51
Ameisenberg 52

St. Goar
Kuhstall 53

GROSSLAGE LORELEYFELSEN

Kamp-Bornhofen
Pilgerpfad 54
Liebenstein-Sterrenberg 55 T

Kestert
Liebenstein-Sterrenberg 55 T

Nochern
Brünnchen 56

Bereich Bacharach

GROSSLAGE SCHLOSS STAHLECK

Bacharach Ortsteil Steeg
Schloß Stahlberg 86
Lennenborn 87
St. Jost 88
Hambusch 89

Hanglagen am Rhein, Nähe Oberwesel

Bacharach
Hahn 90
Insel Heylesen Wert 91
Wolfshöhle 92
Posten 93
Mathias Weingarten 94
Kloster Fürstental 95

Manubach
Langgarten 96
St. Oswald 97
Mönchwingert 98
Heilgarten 99

Oberdiebach
Bischofshub 100
Fürstenberg 101
Kräuterberg 102
Rheinberg 103

GROSSLAGE SCHLOSS REICHENSTEIN

Oberheimbach
Römerberg 104
Klosterberg 105
Wahrheit 106
Sonne 107

Niederheimbach
Froher Weingarten 108
Schloß Hohneck 109
Reifersley 110
Soonecker Schloßberg 111

Trechtingshausen
Morgenbachtaler 112

Braubach mit der erhaltenen mittelalterlichen Marksburg liegt an der größten Rheinschleife, die in Kamp-Bornhofen endet. Hier fließt der Rhein genau nach Osten und hat die herrlichen Südlagen von Boppard geschaffen. Von hier aus sollten Sie auf der Loreley-Burgenstraße (Kreisstraße 103) am sagenumwobenen Felsen der Rheinenge vorbeifahren, damit Sie keine der Burgen verpassen, die auf den Rheinhöhen thronen.

Alternative für Rheinbesucher ist die Bundesstraße 9, die auf der linken Seite den Fluß begleitet. Kommen Sie von Norden, so wechseln Sie in Rhens auf die Rheingoldstraße. Rhens, Boppard, St. Goar, Oberwesel, Bacharach, aus jedem dieser Orte ist der Geist der Geschichte abzulesen. Und die Burg- und Schloßruinen sind kaum zu zählen: Schloß Stolzenfels, die Feste Rheinfels, die Burgen Stahleck, Sonneck, Reichenstein, Rheinstein –

Burg Pfalz bei Kaub

Oberwesel

wo sonst gibt es eine solche Fülle sehenswerter Stätten auf so engem Raum beisammen.

Nicht zu vergessen die malerischen Stadtkerne mit den reich geschmückten Fachwerkhäusern, die vielen ausgezeichneten Gaststätten, die Ihnen die heimischen Weine kredenzen, oder die kleinen Weinstuben oder Straußenwirtschaften, in denen Sie über den Rheinwein mit dem Mittelrhein und seinen Bewohnern am besten vertraut werden. Wollte man ausführlich auf all das eingehen, was den Mittelrhein so reizvoll und so lohnend für eine Reise macht, müßte man ein Buch schreiben. Aber in allen Fremdenverkehrsvereinen der größeren Orte wird man Sie gut beraten.

Auskünfte über den Mittelrhein und seine Wein- und Winzerfeste erhalten Sie auch über:

Mittelrhein – Burgen und Weine e. V.
Postfach
5423 Braubach

Rheingau

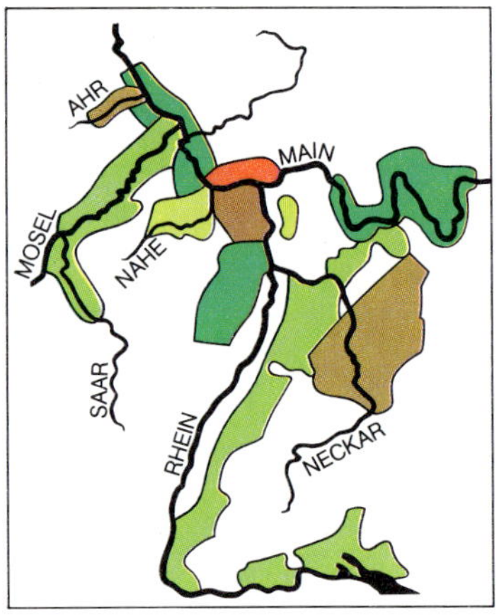

Seit Urzeiten geht von diesem kleinen Gebiet am Fuße des Taunus eine unwiderstehliche Anziehungskraft aus. Ob nun Kirchengelehrte wie der dichtende Bischof Rhabanus Maurus, Staatsoberhäupter wie Napoleon oder die Queen Victoria oder ein Musiker wie Schumann – sie alle liebten dieses gesegnete Fleckchen Erde. Und die Dichter priesen es, fasziniert von seiner Schönheit, wie das klassische Liebespaar Bettina und Achim von Arnim – und allen voran Goethe. Daß ihn – den Weinfreund – bestimmt nicht allein die reizvolle Landschaft, das weiche, milde Klima des Rheingaus angezogen haben, beweist sein Gedicht auf den „Eilfer", dem 1811er Weinjahrgang gewidmet.

Die edle Rieslingrebe, die wie keine andere sensibel auf jeden Klima- und Bodenunterschied reagiert, findet im Rheingau besonders günstige Wachstumsbedingungen. Auf den Weinhängen im Taunuswindschatten neigen sich die Reben nach Süden dem Rhein zu und tanken gleich zweimal Sonne: vom Himmel und vom reflektierenden Wasserspiegel. Der Strom, der den Rheingau abgrenzt, fließt hier

Madonna mit Traube/Lorch

Kelterhalle im Kloster Eberbach

Rüdesheimer Drosselgasse

Daten und Fakten

Geographische Lage: *Der Rhein zwischen Bingen und Mainz bildet die südliche Grenze des Rheingaus. Weinbaulich erstreckt sich dieses Gebiet auf nur 36 Kilometer, von Lorchhausen bis Flörsheim. Die überwiegenden Südhanglagen auf dem wenige Kilometer breiten Landstrich werden im Norden durch den Taunus abgeschirmt. In Winkel schneiden sich der 50. Breiten- und der 8. Längengrad.*

Klima: *Die Taunushöhen schützen vor kalten Witterungseinflüssen. Die Durchschnittstemperatur liegt bei etwa 9,5 Grad Celsius, milde Winter und warme Sommer begünstigen das Wachstum der Reben. Die ca. 550 mm Niederschlagsmenge und eine überdurchschnittlich hohe Zahl an Sonnenstunden in der Vegetationsperiode zwischen Mai und Oktober geben dem Rheingau den Beinamen „Weingau". Der breite Rhein verstärkt die Sonnenreflektion des Wasserspiegels. Außerdem wirkt er hier als zusätzlicher Wärmespeicher.*

Böden: *Die Quarzit- und Schieferverwitterungsböden bringen in den höheren Lagen kernige, elegante Weine hervor. Vollmundige, kräftige Weine wachsen auf den Lehm-, Löß- und Tonböden der Tallagen. Die feinfruchtigen, delikaten Burgunderweine gedeihen um Assmannshausen auf blauem Phyllitschiefer.*

Rebfläche: *Geschlossenes Weinbaugebiet, 2837 ha bestockte Rebfläche; 1 Bereich, 10 Großlagen, 116 Einzellagen.*

Rebsorten: *Hauptsächlich, auf 2140 ha, wird die Rieslingrebe angebaut. Die Müller-Thurgau-Rebe mit 289 ha und der Silvaner mit 132 ha fallen weniger ins Gewicht. Auf einer kleinen Anbauinsel von 61 ha wächst Spätburgunder.*

Ertrag: *Im Durchschnitt der Jahre 1975 bis 1977 235 000 hl, (knapp 2,5 % des deutschen Mostertrages).*

Betriebsstruktur: *Nebenerwerbswinzer liefern das Lesegut an die 16 meist mittelgroßen Winzergenossenschaften ab. Rund 500 hauptberufliche Winzerbetriebe, eine Gebietswinzergenossenschaft und eine stattliche Reihe renommierter Weingüter bringen ihre Produkte selbst auf die Flasche. Der Selbstmarkteranteil und der Verkauf in Guts- und Straußwirtschaften ist durch die Nähe des Rhein-Main-Ballungsraumes groß. Der Handel übernimmt ungefähr die Hälfte der Ernte.*

Gebietstypisches: *Hoher Anteil von Spitzenweinen, besonders der des Rheingauer Rieslings. Hoher Export. Viele große Güter mit alter Tradition. Bei Weinkennern stehen die Frühjahrs- und Herbstversteigerungen der Rheingauer Weine in hohem Kurs.*

Riesling

Hauptrebsorten im Rheingau:

Riesling:	75,4 %
Müller-Thurgau:	10,2 %
Silvaner:	4,7 %

Blick auf Winkel

auf einer kurzen Strecke von Ost nach West. Nicht viel weiter – knapp 40 km von Lorchhausen bis Hochheim – erstreckt sich das Weinbaugebiet Rheingau.

Weinkultur in Rheinkultur

Ursprünglich von Kelten bewohnt, während der Römerzeit schon dichter besiedelt, widmeten sich in diesem Weinland die Kirchenfürsten und Klosterherren in beispielhafter Weise dem Qualitätsweinbau. Schon der „weltliche Weinheilige" Karl der Große förderte von der anderen Rheinseite her, von seiner Ingelheimer Kaiserpfalz aus, den Anbau der Reben. Mit den ersten Klostergründungen im 12. Jahrhundert nahm auch die Zahl der in Urkunden vermerkten Weinberge zu.

Römische Trinkgefäße aus der Brömserburg

„Graues Haus" in Winkel

Wohl das berühmteste Kloster ist das der Zisterzienser in Eberbach, gegründet 1135. Seine monumentalen Anlagen aus Romanik und Gotik zählen zu den bedeutendsten Bauwerken Europas. Mit 850 Jahren ununterbrochenen Weinbaus ist es ein weinkultureller Mittelpunkt des Rheingaus, Ursprungsort des Begriffes „Kabinett", heute Sitz des Rheingauer Weinkonvents, vornehmer Rahmen für Weinversteigerungen, -messen und -prämierungen. Die Rheingauer Winzer feiern hier im Dezember ihr Erntedankfest.

Autowanderstraße durch den Weingau

Sie ist erst ein paar Jahre alt, die Rheingauer Riesling-Route. Benannt nach der Rebsorte, die in diesem Weinbaugebiet eine besondere Bedeutung erlangt hat, führt die Rheingauer Weinstraße den Autofahrer weg von der stark befahrenen Rheinuferstraße zu den Weinschlössern und -klöstern, zu renommierten Weingütern und wohlhabenden Winzergemeinden zwischen Lorchhausen und Hochheim. Hellgrün-weiße Schilder mit einem gekrönten Römerglas weisen den Weg. Erster Stopp auf der Riesling-Route ist Lorch mit seinen bemalten Fachwerkhäusern.

Rotweinfreunde zieht es nach Assmannshausen, der „Rotweininsel", auf der ein herrlicher Spätburgunder gedeiht. Schon Bismarck war begeistert von dem Assmannshäuser Roten, besonders vom 1858er Cabinetwein.

In der berühmten Rüdesheimer Drosselgasse werden Sie in den Urlaubsmonaten nur schwer ein freies Plätzchen in einer der guten Weinstuben erwischen.

In der eindrucksvollen alten Brömserburg mit ihrem hochinteressanten Weinmuseum könnte man Stunden verbringen, um Samm-

Tips für Touristen

Assmannshausen: *Weltbekannte Gastronomie; in der Nähe: Burg Rheinstein, Clemenskapelle (13. Jh.)*
Eltville: *Kurfürstliche Burg, Pfarrkirche, Adelshöfe, Sektkellereien, Weinbaudomäne, Rosenkulturen.*
Erbach: *Schloß Reinhartshausen, Pfarrkirche St. Markus, Marcobrunnen, Fachwerk- und Patrizierhäuser, Rheininsel Mariannenaue.*
Geisenheim: *Rheingauer Dom, Schloß der Grafen von Schönborn, Schloß Monrepos; in der Nähe Wallfahrtsort Marienthal.*
Hallgarten: *Hallgarter Madonna in der Kirche, Hallgarter Zange (einzigartiger Rundblick über den Rheingau).*
Hattenheim: *Pfarrkirche, Fachwerkhäuser, Schloß Reichhartshausen; in der Nähe Kloster Eberbach (mittelalterl. Klosteranlagen).*
Hochheim: *Pfarrkirche, Madonna auf dem Plan, Sektkellereien.*
Johannisberg: *Schloß Johannisberg (ehem. Benediktinerkloster), St.-Georgs-Klause.*
Kiedrich: *„Insel der Gotik": Wallfahrtskirche St. Valentin, Kapelle St. Michael mit einer Fülle von Kunstschätzen (Kiedricher Gregorianik!), Fachwerkhäuser und Adelshöfe, Burgruine Scharfenstein, Chorstiftsmuseum.*
Lorch: *St.-Martins-Kirche, Hilchenhaus, Leprosenhaus, Burg Nollich, im Rhein die Toteninsel.*
Oestrich-Winkel: *St.-Martins-Kirche, Rathaus, alter Rheinkran, gotischer Marktbrunnen, Basilika St. Ägidius, Graues Haus; in der Nähe Schloß Vollrads.*
Rauenthal: *Pfarrkirche, Bubenhäuser Höhe (Rundblick).*
Rüdesheim: *Brömserburg mit Heimat- und Weinmuseum, Ober- oder Boosenburg, Adlerturm, Pfarrkirche St. Jakobus, Brömserhof, Drosselgasse, Weinbrennerei; im Ortsteil Eibingen: Anlagen des ehem. Benediktinerinnen-Klosters, Rathaus, Winzerhäuser, Abtei St. Hildegard mit Klosterkirche; in der Nähe: Ruine Rossel, Jagdschloß Niederwald, Ruine Ehrenfels, Niederwald-Denkmal.*

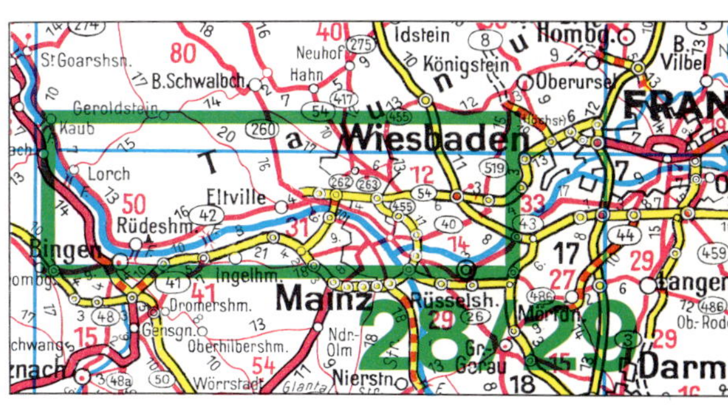

lungen aus der Weinbaugeschichte zu betrachten.

Geisenheim ist nicht ganz so geschichtsträchtig, dafür aber durch seine 100jährige staatliche Lehr- und Forschungsanstalt für Wein-, Obst- und Gartenbau in der Welt der Weinwissenschaftler ein Begriff.

Wein im Schoß der Schlösser und Klöster

Solche Kostbarkeiten aber, wie sie in dem katakombenartigen Keller des nahen Schlosses Johannisberg lagern, dürfte man nur selten finden. Der älteste Wein dieser Schatzkammer stammt aus dem Jahr 1748. Noch älter ist die Weinchronik. Um 1100 errichteten die Benediktinermönche das erste Kloster im Rheingau und gaben ihm den Namen Johannisberg. 1775 kamen die Mönche dem Geheimnis der Edelfäule auf die Spur. Weil ein Kurier auf dem Wege von Fulda nach Johannisberg tagelang von Wegelagerern gefangen gehalten

Bildstock, Schloß Johannisberg

St. Urban inmitten reifender Feigen

wurde und mit der fürstlichen Leseerlaubnis nicht eintraf, verschrumpelten die Trauben – zum Kummer der Mönche – am Stock. So kam es zur ersten, wenn auch unfreiwilligen Spät- und Auslese. Was wäre der Wein ohne diese Entdeckung?

In seiner langen Geschichte erlebte Schloß Johannisberg immer wieder neue Herren. Auch Napoleon gehörte dazu. Auf dem Wiener Kongreß erhielt das Schloß Kaiser Franz I., der es schließlich verschenkte: an seinen Kanzler Fürst Metternich (übrigens mit der heute noch gültigen Auflage, den zehnten Teil der Weinernte an das Haus Habsburg abzuführen).

Im ältesten deutschen Steinhaus, im „Grauen Haus" von Winkel, können Sie demnächst einen Hasensprung oder Dachsberg aus der Umgebung probieren. In Mittelheim (Edelmann) – mit Winkel verschmolzen – steht das älteste sakrale Bauwerk am Rhein, die St.-Ägidius-Basilika. Nach Oestrich wird Sie, wenn schon nicht die spätgotische Kirche oder der historische Kran am Flußufer, so doch ein guter Tropfen locken, das Lenchen oder ein Klosterberg vielleicht. Es sei denn, einer der körperreichen Weine von Hallgarten reizt Sie noch mehr. Aber welcher Ort im Rheingau ließe nicht neue Weinfreuden erwarten? Das gilt für Hattenheim mit seinen Fachwerkhäusern ebenso wie Erbach (Marcobrunn), Schloß Reinhartshausen, für Kiedrich mit seinen schmucken Fachwerkhäusern und der gotischen Kirche. Ganz zu schweigen von Eltville, der „Stadt des Weines und der Rosen". Hier war auch Gutenberg einmal zu Hause.

Versäumen Sie nicht eine Kostprobe des Rauenthaler Weines. Ebenso kräftig, würzig und rassig schmecken die Weine aus Martinsthal und die der Wallufer Gemarkung. Abschluß und Ausklang Ihrer Rheingauer Riesling-Route muß natürlich ein „Hock" sein, ein Hochheimer Wein, von der englischen Königin Victoria einst gerühmt: „Good hoc keeps off the Doc". Seither wurde er zum Begriff für Weinfreunde in aller Welt. Und mit seiner erdigen Geschmacksnote ist er eine Besonderheit unter den Rheingauer Weinen.

Ein wenig von der Vielfalt der Rheingauer Weine haben Sie bestimmt kennengelernt. Sehr viel intensiver können Sie sich diesem einzigartigen Riesling in einem der zahlreichen Weinseminare widmen, die im Rheingau stattfinden.

Auskünfte darüber und über Wein- und Winzerfeste gibt Ihnen:
„Der Rheingau – Der Weingau"
Im alten Rathaus
6225 Johannisberg/Rheingau

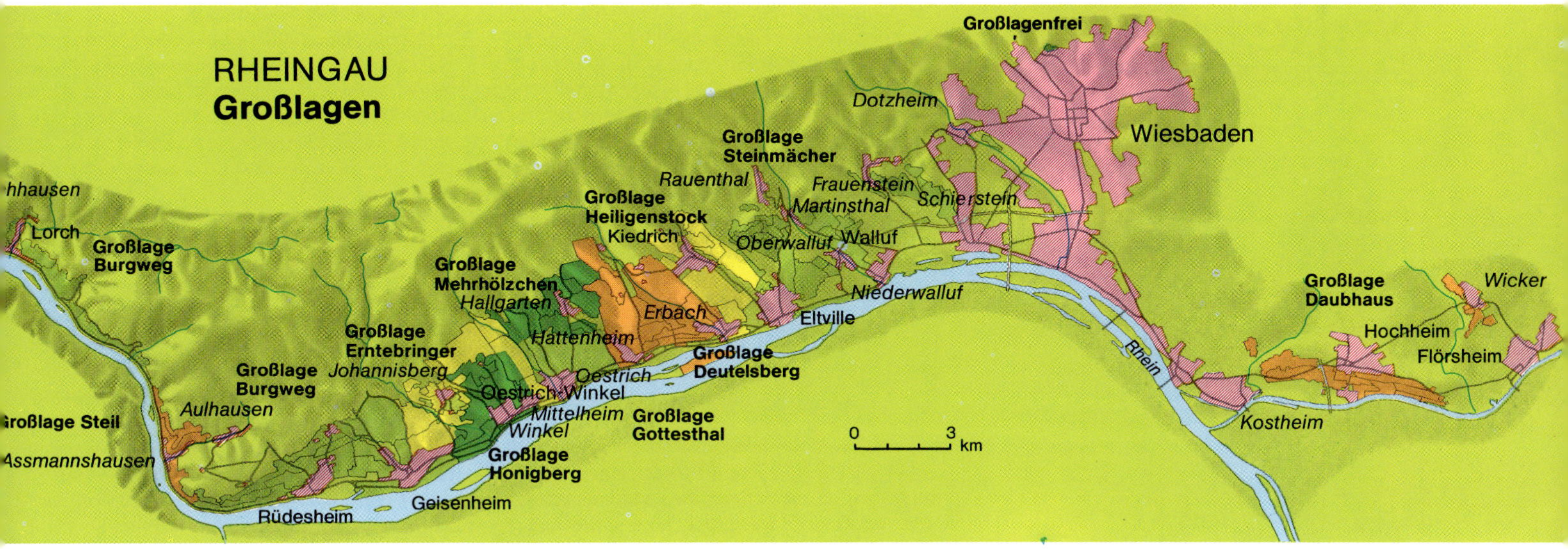

Bereich Johannisberg

Lorchhausen
Ortsteil von Lorch
Rosenberg 1
Seligmacher 2

Lorch
Schloßberg 3
Kapellenberg 4
Krone 5
Pfaffenwies 6
Bodental-Steinberg 7

GROSSLAGE STEIL
(Einzellagen 8–10)

Assmannshausen
Aulhausen
Ortsteile von Rüdesheim
Frankenthal 8
Höllenberg 9
Hinterkirch 10
Berg Kaiserstein-fels 11

GROSSLAGE BURGWEG
(Einzellagen 1–7, 11–22, 24, 26, 27, 28)

Rüdesheim
Berg Roseneck 12
Berg Rottland 13
Berg Schloßberg 14
Bischofsberg 15
Drachenstein 16
Kirchenpfad 17
Klosterberg 18
Klosterlay 19
Magdalenen-kreuz 20
Rosengarten 21

Geisenheim
Rothenberg 22
Kläuserweg 23
Fuchsberg 24
Kilzberg 25
Mäuerchen 26
Mönchspfad 27
Schloßgarten 28
Klaus 29 T

GROSSLAGE ERNTEBRINGER
(Einzellagen 23, 25, 28, 30–35, 37, 44, A;
29, 42, 43 teilweise)

Johannisberg
Ortsteil von Geisen-heim
Klaus 29 T
Schwarzenstein 30
Vogelsang 31
Hölle 32
Hansenberg 33
Goldatzel 34
Mittelhölle 35
Schloß Johannis-berg (Ortsteil) A

GROSSLAGE HONIGBERG
(Einzellagen 36, 38–41, B; 29, 42, 43 teilweise)

Winkel
Ortsteil von Oestrich-Winkel
Klaus 29 T
Gutenberg 36
Dachsberg 37
Schloßberg 38
Jesuitengarten 39
Hasensprung 40
Bienengarten 41
Schloß Vollrads (Ortsteil) B

Mittelheim
Ortsteil von Oestrich-Winkel
St. Nikolaus 42
Edelmann 43
Goldberg 44

GROSSLAGE GOTTESTHAL
(Einzellagen 46, 47; 45 teilweise)

Oestrich
Ortsteil von Oestrich-Winkel
Klosterg 45
Lenchen 46
Doosberg 47
Schloß Reichharts-hausen (Ortsteil) C

GROSSLAGE DEUTELSBERG
(Einzellagen 48–55, 60–67)

Hattenheim
Ortsteil von Eltville
Mannberg 48
Nußbrunnen 49
Wisselbrunnen 50
Hassel 51
Heiligenberg 52
Schützenhaus 53
Engelmannsberg 54
Pfaffenberg 55
Steinberg (Ortsteil) D

GROSSLAGE MEHRHÖLZCHEN
(Einzellagen 56–58; 45 teilweise)

Hallgarten
Ortsteil von Oestrich-Winkel
Schönhell 56
Würzgarten 57
Jungfer 58
Hendelberg 59

Erbach
Ortsteil von Eltville
Marcobrunn 60
Schloßberg 61
Siegelsberg 62
Honigberg 63
Michelmark 64
Hohenrain 65
Steinmorgen 66
Rheinhell 67

GROSSLAGE HEILIGENSTOCK
(Einzellagen 68–71)

Kiedrich
Klosterberg 68
Gräfenberg 69
Wasseros 70
Sandgrub 71

GROSSLAGE STEINMÄCHER
(Einzellagen 72–90, 92–97)

Eltville
Taubenberg 72
Langenstück 73
Sonnenberg 74
Rheinberg 75
Sandgrub 76

Rauenthal
Ortsteil von Eltville
Baiken 77
Gehrn 78
Wülfen 79
Rothenberg 80
Langenstück 81
Nonnenberg 82

Martinsthal
Ortsteil von Eltville
Wildsau 83
Langenberg 84
Rödchen 85

Niederwalluf
Ortsteil von Walluf
Berg-Bildstock 86
Walkenberg 87
Oberberg 88

Oberwalluf
Ortsteil von Walluf
Fitusberg 89
Langenstück 90

Wiesbaden
Neroberg 91 (großlagenfrei)

– Ortsteil Schierstein
Dachsberg 92
Hölle 93

– Ortsteil Frauenstein
Marschall 94
Homberg 95
Herrnberg 96

– Ortsteil Dotzheim
Judenkirch 97

GROSSLAGE DAUBHAUS
(Einzellagen 98–110)

Mainz
Ortsteil Kostheim
Reichesthal 98 T
Weiß Erd 99
Steig 100
Berg 101 T

Hochheim
Reichesthal 98 T
Berg 101 T
Königin Victoria-berg 102
Hofmeister 103
Stielweg 104
Sommerheil 105
Hölle 106
Domdechaney 107
Kirchenstück 108
Stein 109
Herrnberg 110 T

Wicker
Stein 111
Mönchsgewann 112
König-Wilhelms-berg 113
Nonnenberg 114

Flörsheim
Herrnberg 110 T

Frankfurt
Lohrberger Hang*

Böddiger
(Landkreis Melsungen)
Berg*

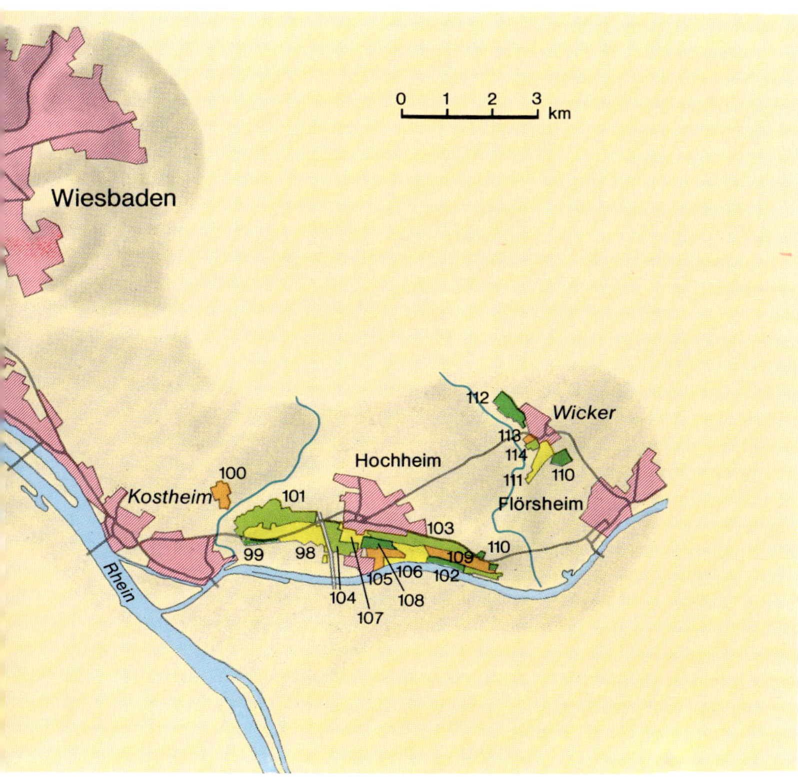

Nahe

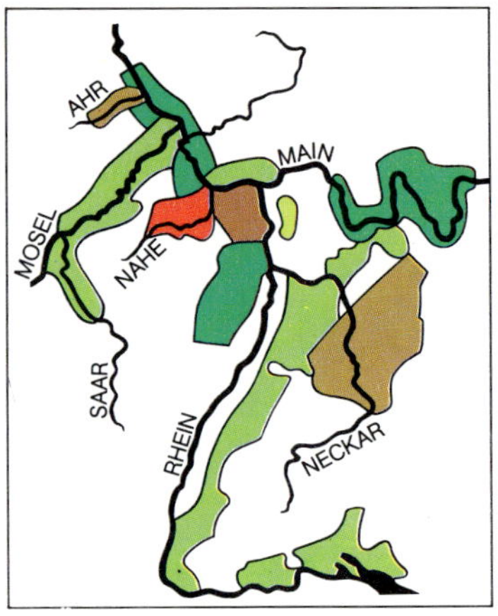

Der Nahegau ist ein kleines Weinland – vom Massentourismus noch unberührt, friedlich. Es ist eines jener verträumten Paradiese, in dem stille Genießer voll auf ihre Kosten kommen.

Im Nordwesten durch den Soonwald vor rauhen Winden geschützt, gilt das liebliche Nahetal als Geheimtip für Liebhaber edler Weine und romantischer Orte mit einem ausgeglichenen, weinfreundlichen Klima. Die kleinen Zuflüsse links und rechts der Nahe geben dem Flußlauf die Richtung an und formen ein Landschaftsbild, das so abwechslungsreich, so vielfältig ist wie die Weine dieser Gegend. Weine, die sich nicht vergleichen lassen, weder mit denen der Mosel noch mit denen aus dem Rheingau, noch mit Pfälzern. Und doch – je nach Lage hat der Nahewein stets ein wenig von diesem oder jenem. Vereint er doch das Fruchtig-Rassige eines Rheinweines mit der spritzigen, belebenden Art des Moselweines. Vielgestaltige Böden wie Quarzit- und Schieferböden, Buntsandstein, Lehm und Löß prägen auf ihre Art den besonderen Geschmack der Naheweine, so daß jeder Weinfreund hier die Weine findet, auf die er gerade Durst hat: leichte, fruchtige zum täglichen Genuß, charaktervolle Gewächse für besinnliche Stunden und edle Kreszenzen zum festlichen Anlaß.

„Das Probierstübchen der deutschen Weinlande"

Warum Weinfreunde gerade den Nahegau zu ihrem „Probierstübchen" erklärt haben, ist schnell zu ergründen – bei den vielen romantischen Weinorten und ihren einladenden Gaststätten.

Wenn Sie bei Bingerbrück über die B 48 in Richtung Bad Kreuznach fahren, treffen Sie die ersten Weinbaugemeinden an: Münster-Sarmsheim, Laubenheim, Langenlonsheim

Der Nahegau bei Niederhausen

Müller-Thurgau

Hauptrebsorten an der Nahe:

Müller-Thurgau:	31,0 %
Silvaner:	24,3 %
Riesling:	22,5 %

Daten und Fakten

Geographische Lage: *Das Weinbaugebiet erstreckt sich entlang der Nahe, von deren Mündung in den Rhein bei Bingen flußaufwärts bis Kirn, und weitet sich auf die verzweigten Nebentäler des Guldenbachs und Gräfenbachs sowie die von Glan und Alsenz aus.*

Klima: *Mit dem schützenden Soonwald im Nordwesten und dem Wärmespeicher des angrenzenden Hügellandes im Osten ist ein ausgeglichenes winterfrostfreies Weinklima garantiert.*

Böden: *Entsprechend seiner geographischen Lage gibt es hier Quarzit- und Schieferböden an der unteren Nahe, Porphyr, Melaphyr, Buntsandstein an der mittleren und oberen Nahe sowie Verwitterungsböden und Tonüberlagerungen aus Sandstein, Löß und Lehm im Raume Bad Kreuznach.*

Rebfläche: *Mit 4469 ha beschränkt die bestockte Fläche sich auf die besten Standorte. Sie gliedert sich in 2 Bereiche, 7 Großlagen, 327 Einzellagen.*

Rebsorten: *Fast 80 % des Anbaus bestreiten drei Hauptsorten: Müller-Thurgau (1384 ha), Silvaner (1087 ha) und Riesling (1005 ha). Scheurebe, Ruländer, Morio-Muskat, einige Neuzüchtungen und Rotweinsorten haben nur lokale Bedeutung.*

Ertrag: *Im Durchschnitt der Jahre 1975 bis 1977 415 000 hl, das sind 4,4 % des deutschen Mostertrages.*

Betriebsstruktur: *Neben einigen größeren Weingütern herrscht der mittelständische bäuerliche Mischbetrieb vor. Rund 40 % der Ernte werden von Winzern und Weingütern direkt, rund 20 % von den Genossenschaften vermarktet. Der Rest wird vom Handel übernommen, der sich hier oft ebenfalls mit Weinbau beschäftigt oder mit den Erzeugergemeinschaften verbunden ist. Naheweine sind im englischsprachigen Ausland gut bekannt.*

Gebietstypisches: *„Rund um die Naheweinstraße" ist in Deutschland das einzige Weinfest eines ganzen Anbaugebietes (Ende August – Anfang September).*

Zum historischen Fausthaus

Brückenhäuser in Bad Kreuznach

Terrassenlage bei Norheim

und Bretzenheim. Wenn Sie gleich hinter Sarmsheim rechts abbiegen, laden eine Vielzahl verträumter Winzerorte zur ersten Rast ein. Dorsheim, Rümmelsheim und Windesheim seien hier nur stellvertretend genannt. Daß hier wie fast überall im Nahegau fast alle Orte auf „heim" enden, sollte Sie nicht verwirren. Haben Sie diese traditionsreichen Weinorte erst einmal kennengelernt, dann werden sie mit ihren gemütlichen Gasthöfen einen nachhaltigen und unverwechselbaren Eindruck auf Sie machen.

Die noch junge Naheweinstraße beginnt gleich bei Bad Kreuznach, dem Zentrum des Nahegaus. Dieses Gebiet gehört zu den regenärmsten in Deutschland. Ein zeitig beginnendes Frühjahr und ein langer Herbst sind hier ideale Voraussetzungen für den Weinbau. Bad Kreuznach selbst verdankt seinen Ruf seinen Heilbädern und -quellen. Zur Unterstützung dieser oder jener Therapie gibt sicherlich auch der Nahewein sein Bestes, um die Kur des Heilungsuchenden möglichst angenehm werden zu lassen . . .

Ehe Sie den landschaftlichen Charme zwischen Nahe, Alsenz und Glan voll in sich aufnehmen können, reizt die 600 Jahre alte Brücke in Bad Kreuznach zur ersten Pause. So ungewöhnlich, beinahe holländisch anmutende Brückenhäuser sieht man nicht alle Tage. Und auch das historische Fausthaus lohnt einen Aufenthalt, bei dem Sie gleich Bekanntschaft mit einem Nahewein machen sollten – einem dieser liebenswürdigen, charmanten Verführer.

Doch zurück zur Naheweinstraße entlang der ruhigen, gemächlich dahinfließenden Nahe. Ein Weinort reiht sich an den anderen. Einige davon sind seit 2000 Jahren eng mit dem Weinbau verbunden. Die Geschichte erzählt, daß einst römische Legionäre die Reben an die Nahe gebracht haben, weil sie auf den geliebten Wein nicht verzichten wollten und der Weg in die Heimat so weit war. Römische Winzergeräte, Weinkrüge, Plastiken und Mosaikböden sind Zeugen einer bewegten und sicher auch weinfröhlichen Zeit. Im Mittelalter kümmerten sich Mönche und Kirchenfürsten um die Ausbreitung der Rebkultur. Daß auch hier und da um den Wein gekämpft wurde, läßt sich denken. Denn auch Ritter wußten einen guten Nahewein zu schätzen.

Ein Gebiet voller Entdeckungen

Wenn Sie in Bad Münster am Stein oder in Sobernheim einkehren, können Sie beim Spießbraten oder einer typischen Winzerplatte mit hausgemachter Wurst die ganze Geschmackspalette des Naheweins in all seinen Varianten erforschen. Denn Nuancenreichtum ist die Stärke dieser Weine – des Rieslings, Silvaners und Müller-Thurgaus, die etwa je zu gleichen Teilen im Nahegau angebaut werden.

Besuchen Sie das „Probierstübchen der deutschen Weinlande" erst im Spätherbst, dann wird hier überall Federweißer getrunken – der milchig-weiße, rumorende Jungwein, mit dem Autofahrer ein wenig bedacht umgehen sollten.

Nur wenige Minuten von Bad Münster am Stein entfernt, faszinieren die mächtigen Porphyrwände des Rotenfels, der steilsten deutschen Felswand außerhalb der Alpen. Diese Formation erinnert sogar ein wenig an die Dolomiten.

Im Probierstübchen gibt es auch viele historisch bedeutsame Plätze. Beispielsweise die Ebernburg an der Alsenz-Mündung, eine eindrucksvolle Feste, die, im 11. Jahrhundert erbaut, unter Franz von Sickingen (1481–1523) zur „Herberge der Gerechtigkeit" wurde. Sie hat viele gekrönte Häupter und berühmte Männer gesehen und ist als Brennpunkt des freiheitlichen Reichsgedankens aus der Geschichte nicht wegzudenken.

Auch im Tal des reizvollen Nebenflüßchens Glan gibt es viele Burgen und geschichtsträchtige Ruinen, wie beispielsweise im mittelalterlichen Meisenheim. Die Weinbaugemeinde Odernheim, schon 976 erwähnt und im 15. Jahrhundert zur Blüte gelangt, profitierte lange Zeit vom Kloster und Wallfahrtsort Disibodenberg.

Mit der Geschichte können Sie ebenso wie mit der Landschaft bei einem „Wochenendseminar für Weinfreunde" intensiv vertraut werden. Daß dazu auch Besichtigungen von Kellereien und natürlich Naheweinproben gehören, versteht sich von selbst.

Nähere Auskunft darüber – auch über das Weinfest „Rund um die Naheweinstraße" – erhalten Sie durch:

„Weinland Nahe" e. V.
Kornmarkt 6
6550 Bad Kreuznach

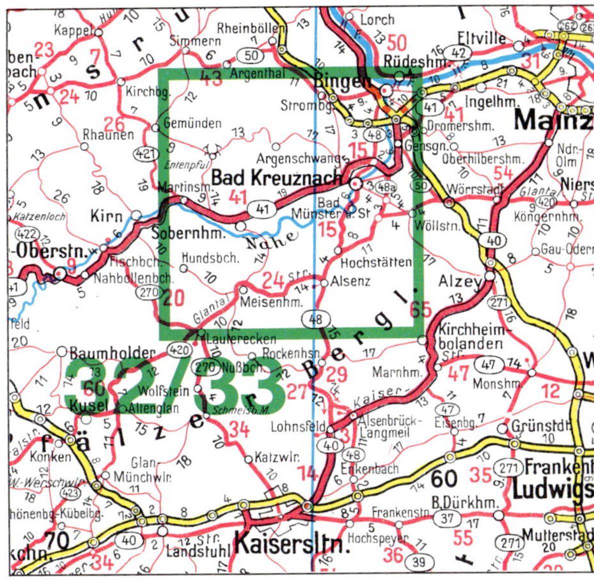

Tips für Touristen

Bad Kreuznach: *Kauzenburg mit Bergfried, Pauluskirche, Nahebrücke (1300) mit Brückenhäusern, Nikolauskirche (1266), altrömischer Mosaikboden, Dr.-Karl-Geib-Heimatmuseum.*
Bad Münster am Stein: *In der Nähe Aufstieg zum Rheingrafenstein, südlich Weindorf Ebernburg mit Sickingerschloß (8. Jahrhundert), nordwestlich Rotenfels, höchste außeralpine Felswand.*
Langenlonsheim: *Eremitage, altes Höhenkloster.*
Meisenheim: *Tor an der Glanbrücke, Schloßkirche, Herzog-Wolfgang-Haus, Rathaus, Meisenbrunnen.*
Monzingen: *Einer der ältesten Naheweinorte mit schönen Fachwerkhäusern, z. B. das Alte Haus (1589), spätgotische Pfarrkirche. In der Nähe Weinort Nußbaum mit alter Kirche.*
Odernheim: *Rathaus (1541), Pfalz-Zweibrückener Schlößchen, Aufstieg zum Disibodenberg, alte Klosterruine.*
Sobernheim: *Pfarrkirche (976), alte Bürgerhäuser.*
Waldböckelheim: *Alte Wohnhäuser, kurmainzische Schaffnerei, Ruine Schloß Böckelheim, in der 1105 Heinrich IV. gefangen gehalten wurde, in der Nähe Burg Sponheim.*

Rebberge an der mittleren Nahe

Bereich Kreuznach

GROSSLAGE SCHLOSSKAPELLE

Bingen Ortsteil Bingerbrück
Hildegardisbrünnchen 1
Klostergarten 2 T
Abtei Ruppertsberg 3 T
Römerberg 4 T

Weiler
Klostergarten 2 T
Abtei Ruppertsberg 3 T
Römerberg 4 T

Münster-Sarmsheim
Römerberg 4 a
Rheinberg 5
Kapellenberg 6
Dautenpflänzer 7
Trollberg 8
Pittersberg 9
Liebehöll 10
Steinkopf 11
Königsschloß 12

Rümmelsheim
Steinköpfchen 13
(Burg Layen) Schloßberg 14
(Burg Layen) Hölle 15
(Burg Layen) Rothenberg 16
(Burg Layen) Johannisberg 17

Waldlaubersheim
Domberg 18
Bingerweg 19
Alteburg 20
Hörnchen 21
Lieseberg 22
Otterberg 23

Genheim
Ortsteil von Waldalgesheim
Rossel 24

Eckenroth
Felsenberg 25
Hölle 26

Schweppenhausen
Steyerberg 27
Schloßgarten 28

Windesheim
Saukopf 29
Sonnenmorgen 30
Hölle 31
Rosenberg 32
Preiselberg 33
Hausgiebel 34
Schäfchen 35
Römerberg 36
Fels 37

Guldental Ortsteile Heddesheim und Waldhilbersheim
Apostelberg 38
Honigberg 39
St. Martin 40
Sonnenberg 41
Teufelsküche 42
Hölle 43
Hipperich 44
Rosenteich 45

Dorsheim
Burgberg 46
Honigberg 47
Goldloch 48
Pittermännchen 49
Klosterpfad 50
Laurenziweg 51
Jungbrunnen 52
Nixenberg 53
Trollberg 54

Laubenheim
Vogelsang 55
Karthäuser 56
St. Remigiusberg 5
Fuchsen 58
Junker 59
Hörnchen 60
Krone 61

GROSSLAGE SONNENBORN

Langenlonsheim
Löhrer Berg 62
Bergborn 63
Lauerweg 64
Königsschild 65
Rothenberg 66
Steinchen 67
St. Antoniusweg 68

GROSSLAGE PFARRGARTEN

Schöneberg
Schäfersberg 69
Sonnenberg 70

Spabrücken
Höll 71

Dalberg
Schloßberg 72
Ritterhöhle 73
Sonnenberg 74

Hergenfeld
Mönchberg 75
Sonnenberg 76
Herrschaftsgarten 77

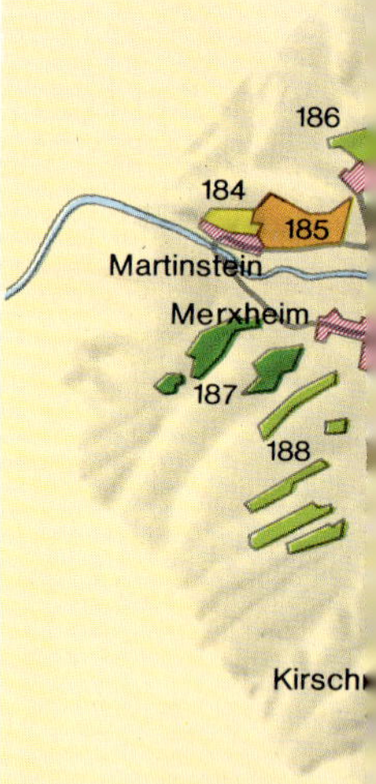

Wallhausen
Felseneck 78
Hörnchen 79
Mühlenberg 80
Johannisberg 81
Kirschheck 82
Höllenpfad 83
Hasensprung 84
Pastorenberg 85
Backöfchen 86
Sonnenweg 87
Laurentiusberg 88

Sommerloch
Birkenberg 89
Steinrossel 90
Sonnenberg 91
Ratsgrund 92

Gutenberg
St. Ruppertsberg 93
Römerberg 94
Schloßberg 95
Schloß Gutenberg 96
Sonnenlauf 97
Felseneck 98

GROSSLAGE
KRONENBERG

Kreuznach
Tilgesbrunnen 101
Rosenberg 102
Kauzenberg-Oranienberg 103
Kauzenberg-Rosenhügel 104
Kauzenberg in den Mauern 105
Osterhöll 106
Hofgarten 107
Kahlenberg 108
Steinweg 109
Mollenbrunnen 110
Hinkelstein 111
Forst 112
Vogelsang 113
Monhard 114
Kapellenpfad 115
Krötenpfuhl 116
Brückes 117
St. Martin 118
Breitenweg 119
Gutental 120
Mönchberg 121
Narrenkappe 122
Steinberg 123
Hungriger Wolf 124
einzellagenfreie Fläche 136

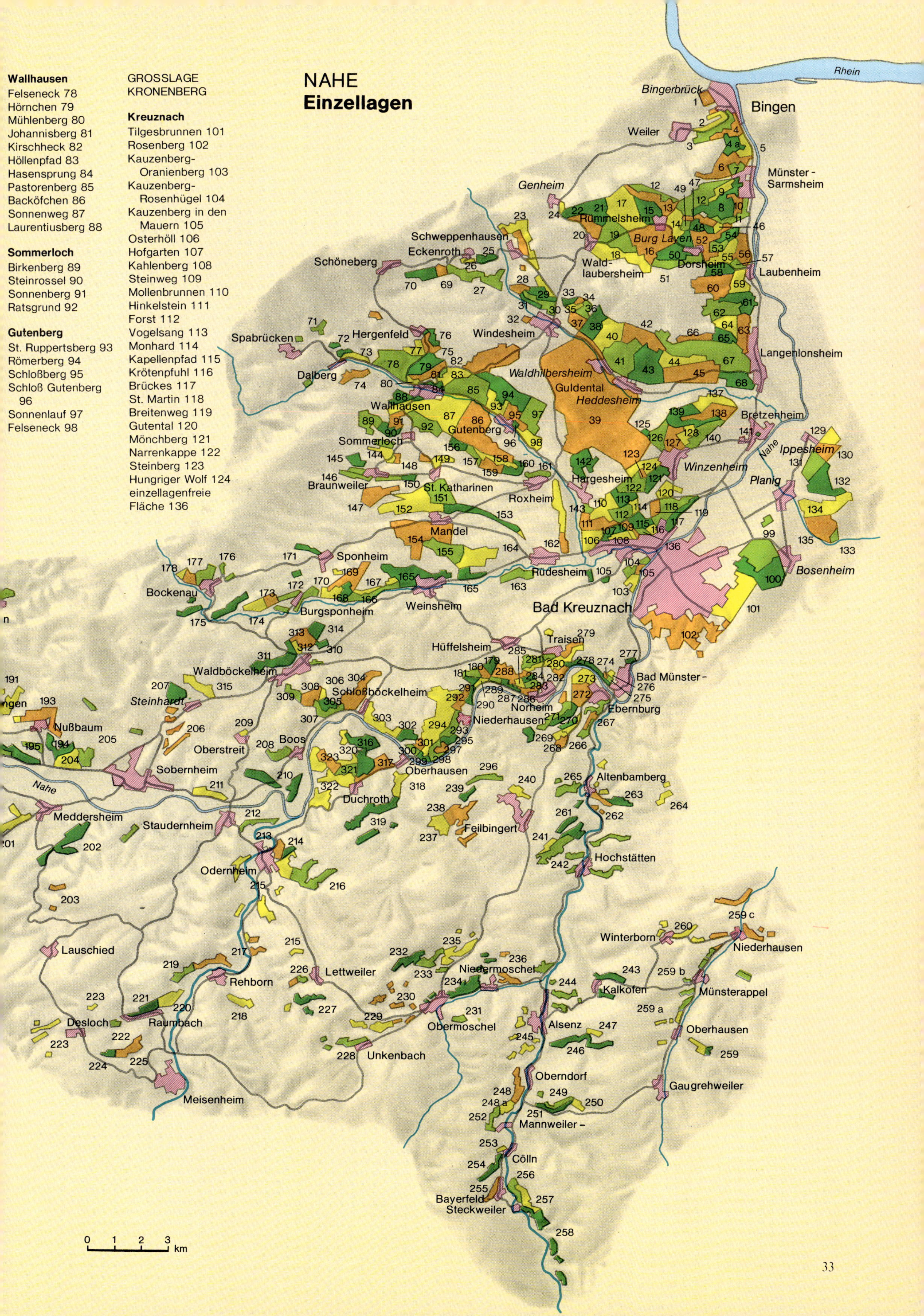

– Ortsteil Winzenheim
In den 17 Morgen 125
Honigberg 126
Berg 127
Rosenheck 128

– Ortsteil Bosenheim
Höllenbrand 99
Galgenberg 100
Hirtenhain 133
Paradies 135

– Ortsteil Ippesheim
Himmelgarten 129
Junker 130

– Ortsteil Planig
Römerhalde 131
Katzenhölle 132
Nonnengarten 134

Bretzenheim
Felsenköpfchen 137
Vogelsang 138
Hofgut 139
Pastorei 140
Schloßgarten 141

Hargesheim
Straußberg 142
Mollenbrunnen 143

Bereich Schloß Böckelheim

GROSSLAGE ROSENGARTEN

Braunweiler
Michaeliskapelle 144
Wetterkreuz 145
Helenenpfad 146
Schloßberg 147

St. Katharinen
Fels 148
Klostergarten 149
Steinkreuz 150

Mandel
Alte Römerstraße 151
Schloßberg 152
Dellchen 153
Palmengarten 154
Becherbrunnen 155

Roxheim
Berg 156
Hüttenberg 157
Sonnenberg 158
Höllenpfad 159
Mühlenberg 160
Birkenberg 161

Rüdesheim
Wiesberg 162
Goldgrube 163
einzellagenfreie Fläche 164

Weinsheim
Katergrube 165
Kellerberg 166
Steinkraut 167

Sponheim
Mühlberg 168
Abtei 169
Grafenberg 170
Klostergarten 171
Schloßberg 172 T

Burgsponheim
Schloßberg 172 T
Höllenpfad 173
Pfaffenberg 174

Bockenau
Geisberg 175
Stromberg 176
Im Neuberg 177
Im Felseneck 178

Hüffelsheim
Mönchberg 179
Steyer 180
Gutenhölle 181

GROSSLAGE PARADIES-GARTEN Δ

Auen
Kaulenberg 182
Römerstich 183

Martinstein
Schloßberg 184

Weiler bei Monzingen
Herrenzehntel 185
Heiligenberg 186

Merxheim
Vogelsang 187
Römerberg 188
Hunolsteiner 189

Monzingen
Frühlingsplätzchen 190
Rosenberg 191
Halenberg 192

Nußbaum
Sonnenberg 193
Höllenberg 194
Rotfeld 195

Kirschroth
Wildgrafenberg 196
Lump 197

Meddersheim
Liebfrauenberg 198
Rheingrafenberg 199
Präsent 200
Altenberg 201
Edelberg 202

Lauschied
Edelberg 203

Sobernheim
Marbach 204
Domberg 205

Sobernheim Ortsteil Steinhard
Spitalberg 206
Johannisberg 207 T

Waldböckelheim
Johannisberg 207 T
Kastell 208 T

Oberstreit
Auf dem Zimmerberg 209

Altes Haus in Monzingen

Weinlese vor dem Rotenfels

Rebenmeer im Nahegau

Boos
Kastell 208 T
Herrenberg 210 T

Staudernheim
Herrenberg 210 T
Goldgrube 211

Odernheim am Glan
Kloster Disibodenberg 212
Hessweg 213
Montfort 214
Weinsack 215
Kapellenberg 216

Rehborn
Herrenberg 217
Schikanenbuckel 218
Hahn 219

Raumbach
Schwalbennest 220
Schloßberg 221
Allenberg 222

Desloch
Vor der Hölle 223
Hengstberg 224

Meisenheim
Obere Heimbach 225

Lettweiler
Rheingasse 226
Inkelhöll 227

Unkenbach
Würzhölle 228
Römerpfad 229

Obermoschel
Sonnenplätzchen 230
Schloßberg 231
Langhölle 232
Geißenkopf 233 T
Silberberg 234 T

Niedermoschel
Geißenkopf 233 T
Silberberg 234 T
Hahnhölle 235
Layenberg 236

Feilbingert
Feuerberg 237
Königsgarten 238
Bocksberg 239
Kahlenberg 240
Höchstes Kreuz 241

Hochstätten
Liebesbrunnen 242

Kalkofen
Graukopf 243

Alsenz
Elkersberg 244
Pfaffenpfad 245
Falkenberg 246
Hölle 247

Oberndorf
Weißenstein 248
Feuersteinrossel 249
Aspenberg 250
Beutelstein 251

Mannweiler-Cölln
Weißenstein 248 a
Schloß Randeck 252
Seidenberg 253
Rosenberg 254

Bayerfeld-Steckweiler
Adelsberg 255
Schloß Stolzenberg 256
Aspenberg 257
Mittelberg 258

Gaugrehweiler
Graukatz 259

Oberhausen
Graukatz 259 a

Münsterappel
Graukatz 259 b

Niederhausen
Graukatz 259 c

Winterborn
Graukatz 260

GROSSLAGE BURGWEG

Altenbamberg
Laurentiusberg 261
Treuenfels 262
Kehrenberg 263
Schloßberg 264
Rotenberg 265

Bad Münster-Ebernburg Ortsteil Ebernburg
Schloßberg 266
Erzgrube 267
Köhler-Köpfchen 268
Stephansberg 269
Feuerberg 270
Luisengarten 271
Götzenfels 272
Königsgarten 273

– Ortsteil Münster
Steigerdell 274
Höll 275
Rotenfelser im Winkel 276
Felseneck 277

Traisen
Bastei 278
Kickelskopf 279
Rotenfels 280
Nonnengarten 281

Norheim
Götzenfeld 282
Sonnenberg 283
Onkelchen 284
Oberberg 285
Kirschheck 286
Dellchen 287
Klosterberg 288
Kafels 289

Niederhausen
Pfingstweide 290
Felsensteyer 291
Rosenberg 292
Rosenheck 293
Pfaffenstein 294
Steinwingert 295
Stollenberg 296
Kertz 297
Klamm 298
Hermannshöhle 299
Hermannsburg 300
Steinberg 301

Schloßböckelheim
Kupfergrube 302
Felsenberg 303
Mühlberg 304
In den Felsen 305
Heimberg 306
Königsfels 307

Waldböckelheim
Mühlberg 308
Muckerhölle 309
Kirchberg 310
Römerberg 311
Hamm 312
Kronenfels 313
Drachenbrunnen 314
Marienpforter Klosterberg 315

Oberhausen
Felsenberg 316 T
Kieselberg 317
Leistenberg 318
Rothenberg 319 T

Duchroth
Felsenberg 316 T
Rothenberg 319 T
Königsfels 320
Kaiserberg 321
Vogelschlag 322
Feuerberg 323

Rheinhessen

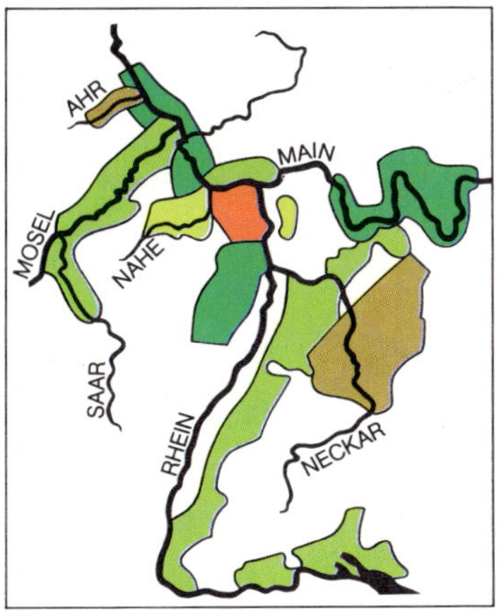

Rheinhessisches Hügelland von der Höhe bei Mommenheim

Schaut man sich das Weinbaugebiet Rheinhessen mal auf einer politischen Karte an, dann stellt man fest, daß es nicht in Hessen, sondern im Bundesland Rheinland-Pfalz liegt. Umrahmt von der glitzernden Nahe und vom geschwungenen Flußlauf des Rheins, liegt Rheinhessen beinahe unberührt wie eine stille Insel da. Wer hier einen Frühling im Blütenschnee der Obstbäume erlebt, einen Herbst, wenn die gedämpfte Sonne von Hügel zu Hügel schleicht und die Täler in warmen Farben leuchten läßt, der vergißt dieses Weinland nicht mehr und kehrt gerne wieder zurück.

Im Westen vom Hunsrück und Pfälzer Wald, im Norden und Osten von Taunus und Odenwald abgeschirmt vor kühlen Wettereinbrüchen, gedeiht hier der Wein im reizarmen, milden Klima. Rheinhessen und Rheinpfalz sind die beiden größten und ertragreichsten Gebiete Deutschlands. Und im Export ist Rheinhessen sogar die Nr. 1. Das ist nicht allein der in England und Amerika so beliebten „Liebfrauenmilch" zuzuschreiben. Die unterschiedlichen Bodenarten, Rebsorten und Lagen sorgen für eine reichhaltige Palette von bekömmlichen Qualitätsweinen bis zu großen Spitzengewächsen.

Freunde zarter, harmonischer Weine kommen in Rheinhessen ebenso auf ihre Kosten wie alle, die ansprechende Gewächse oder würzige, kräftige Weine schätzen. Wenn Sie in diesem Land nicht nur Wein und Landschaft genießen, sondern nebenher ein wenig der unruhigen Geschichte der Rheinhessen nachspüren möchten, werden Sie bestimmt nicht enttäuscht.

Von Bingen den Rhein entlang und über die Hügel

Bingium hieß das römische Kastell zu Drusus' Zeiten, und es stand dort, wo heute die Burg Klopp den Bingenern als Rathaus dient. Im Burgturm finden Sie das Heimatmuseum von Bingen und viele Anregungen, Ihre Fahrt durch Rheinhessen mit einer kleinen Geschichtsreise zu verbinden. Der Weinfreund denkt in Bingen natürlich gleich an „Schloßberg", „Schwätzerchen" und Scharlachberg. Kräftige Weine mit pikanter Würze wachsen hier auf den Quarzitschiefer- und Porphyrböden der Umgebung.

Vielleicht lesen Sie zur Einstimmung Ihrer Weinreise Goethes berühmte „Weinpredigt", die er zur Einweihung der wiedererbauten St. Rochus-Kapelle schrieb. Wußten Sie übrigens, daß in Bingen-Büdesheim ein anderer bekannter Dichter – nämlich Stefan George – geboren wurde? Sein Geburtshaus steht heute noch.

St.-Rochus-Kapelle

Interessant ist eine Besichtigung der Wein- oder Sektkellereien. Hier am Schnittpunkt der vier Weinbaugebiete, Nahe, Mittelrhein, Rheinhessen und Rheingau auf der anderen Rheinseite, sind der Weinhandel und die weinverwandte Industrie häufig vertreten.

Wenn Sie von Bingen aus auf der B 9 in Richtung Mainz fahren, müssen Sie einen Aufenthalt in der Rotweinstadt Ingelheim einplanen. Es gibt hier nicht nur viel zu sehen: Überreste der Kaiserpfalz Karls des Großen, eines karolingischen Bades und einer römischen Wasserleitung – auch zu genießen gibt es hier einiges. Z. B. falls gerade Spargelzeit ist. Zu jeder Zeit aber schmeckt der frische Portugieser, der hier reichlich wächst. Oder halten Sie's lieber mit dem Spätburgunder? Auch Frühburgunder gedeiht in Ingelheim.

Scheurebe

Hauptrebsorten in Rheinhessen:

Müller-Thurgau:	33,8 %
Silvaner:	24,3 %
Scheurebe:	6,7 %
Riesling:	4,9 %
Portugieser:	4,0 %

„Schöne Mainzerin" um 1510, Mainzer Dom

15 km weiter, und Sie sind im Goldenen Mainz, der Stadt, für die seit eh und je der Wein Lebenselement und Handelsobjekt ist. Viele Weinstuben mit originellen Namen sind Beweis genug. Bei „Weck, Worscht und Wein" erleben Sie hier die Mainzer unter sich. Ein Völkchen, dem man nachsagt, „freisinnig, oft verwegen, derb und fröhlich" zu sein. Ihr Stadtbummel wird unweigerlich geschichtsträchtig. Der Dom, viele Kirchen und Museen – nicht zuletzt die Stätten, wo Gutenberg gelebt und gewirkt hat – bieten mehr, als an einem Tag zu bewältigen ist.

Entlang der Rheinfront, bekannt für seine edlen Spitzenweine, gelangen Sie auf der Bundesstraße 9 zu den Weinorten Laubenheim, Bodenheim und Nackenheim, dem Geburtsort von Carl Zuckmayer und eng verbunden mit seinem „Fröhlichen Weinberg". Als überzeugter Rheinhesse charakterisierte er die Weine seiner Heimat als „Lachweine" und hielt unter den Schoppenweinen die rheinhessischen für die „liebenswürdigsten und bekömmlichsten". Probieren Sie diese Weine aus der Gegend von Nackenheim, Nierstein, Oppenheim, die auf Rotsandstein- und sandigen Tonböden wachsen. Auch in Guntersblum betreibt man den Weinbau seit der Römerzeit. Hier sollten Sie die parallel zur Bundesstraße 9 verlaufende Landstraße über Alsheim, Mettenheim und Osthofen wählen, die bis nach Worms führt.

Machen Sie eine kleine Spazierpause, und genießen Sie vom Weinberg aus den zauberhaften Blick in die Rheinebene. Rebengärten ringsum, seidenweiche Luft und die Sonne, die sich im Rhein spiegelt – das ist die Atmosphäre, die Sie von einer Fahrt von Mainz bis Worms in der Erinnerung speichern sollten.

Das Niersteiner Winzerfest ...

... mit dem Ritter Hundt von Saulheim

Daten und Fakten

Geographische Lage: *In einem riesigen Weindreieck sind die Städte Bingen, Mainz und Worms die Eckpunkte. Im Norden und Osten bildet der Rhein die natürliche Grenzlinie, im Westen ist es eine gedachte Linie durch das rheinhessische Hügelland.*
Klima: *Taunus und Odenwald im Norden und Osten halten die kalten Winde von der unter 300 m NN liegenden Weinbauzone ab.*
Böden: *Das Mainzer Becken, eine einstmals vom Meer bedeckte Erweiterung des Rheintalgrabens, weist die unterschiedlichsten Sedimente und Verwitterungsböden auf. Gigantische Staubstürme haben in den Zwischeneiszeiten Löß abgelagert, der den Hauptanteil der Böden ausmacht. Feinsandiger Mergel tritt in Schichten bis zu 50 m Mächtigkeit auf. Quarzit- und Porphyrverwitterungsböden beschränken sich auf den Westen Rheinhessens. Alle Böden geben den Weinen, unterschiedlich nuanciert, eine milde, blumige Art mit, das Hauptkennzeichen der Rheinhessen-Weine.*

Tiefgründiger Lehmboden

Rebfläche: *Mit 22 565 ha bestockter Rebfläche ist Rheinhessen eines der beiden größten deutschen Weinanbaugebiete. Ein geschlossener Rebstreifen liegt entlang der Rheinfront. Großflächige Weinbauinseln findet man im Innern der Hügellandschaft. 3 Bereiche, 26 Großlagen, 435 Einzellagen.*
Rebsorten: *Die Hauptrebsorte dieses Gebietes war traditionsgemäß bisher der Silvaner (5492 ha). Heute hat der Müller-Thurgau (7618 ha) ihm jedoch den Rang abgelaufen. Auf den Lößstandorten erreicht er seine größte Fülle. Auf den schweren Mergelböden wachsen kernige und rassige Rieslingweine (1096 ha). Die auf dem Rotliegenden der Rheinfront gewachsenen sind von besonders feinwürziger Art. Bedeutung gewinnt die Alzeyer Scheurebe (1516 ha) und der Morio-Muskat (1127 ha). Der Portugieser (897 ha) hat seinen festen Platz und liefert gefälligen Weißherbst oder süffige, glatte Rotweine. Am bekanntesten sind die blauen Spätburgunder (90 ha) von Ingelheim. Stark vertreten sind auch Neuzüchtungen wie Faber, Bacchus, Huxelrebe, Kerner, Perle, Siegerrebe und einige andere.*
Ertrag: *Mit ca. 2,2 Mio. hl (Durchschnitt der Jahre 1975 bis 1977) liefert Rheinhessen 23,3 % des deutschen Mostertrages.*
Betriebsstruktur: *Der bäuerliche Gemischtbetrieb herrscht vor neben einer Anzahl größerer Weingüter. Bedeutende Handelskellereien und Winzergenossenschaften sorgen für zügigen Absatz der oft reichen Ernte. In Stadtnähe und an Durchgangsstraßen nimmt die Zahl der Selbstmarkter zu.*

Wie aus Mönch „Milch" wurde

Obgleich Worms im Krieg zu 65 Prozent zerstört wurde, finden sich aus allen Epochen der Geschichte noch Spuren: Reste der alten Stadtmauer, der Dom, bemerkenswerte Kirchen, die älteste Synagoge Deutschlands und

Kelter aus dem 17. Jh. bei Ockenheim

Blick auf Katharinenkirche von Oppenheim

der älteste Judenfriedhof Europas sind nur einige der erhaltenen Sehenswürdigkeiten. Und als Weinstadt ist Worms weltbekannt, vor allem durch die „Liebfrauenmilch“. Der Name geht auf den Weingarten des Liebfrauenstifts zurück, wo die Mönche Wein anbauten: aus „Minch“ = Mönch wurde irgendwann dann „Milch“.

Im Wonnegau der Geschichte wegen

Viel typischer als in den Städten kann man die alte Weintradition abseits der Rheinstraße in den malerischen kleinen Ortschaften finden. So lohnt sich von Osthofen ein Abstecher nach Westhofen oder – nördlich gelegen – Bechtheim, wo überall schon seit der Karolingerzeit Wein angebaut wird. Schon der Name dieses Bereichs – Wonnegau – verspricht Weinfreuden, die Sie sich nicht entgehen lassen sollten. Und immer wieder stoßen Sie überraschend auf Spuren der Geschichte. Z. B. im südlicheren Flörsheim-Dalsheim auf eine alte Ringmauer oder in Mölsheim auf das Renaissance-Schloß. Alzey im Norden lädt ein zu einem deftigen Winzerfrühstück in der zauberhaften Altstadt. Hier und in den Nachbarorten Albig, Bornheim, Gau-Odernheim wachsen an den Südhängen qualitätsreiche Weine. Nicht weit liegt Armsheim mit seiner Dorfkirche aus dem Jahr 1431, einer der schönsten in Rheinhessen.

Die „Schoppenstecher“

Der Tradition verbunden, dem Fortschritt verpflichtet

Inmitten des Hügellandes, in Gau-Bickelheim, hat die Zentralkellerei der Rheinischen Winzergenossenschaften ihren Sitz. 5000 kleine Winzerbetriebe beliefern diese hochmoderne Kellerei. Das Faßlager kann 28 Mill. Liter Wein aufnehmen. Wer wissen will, wie es heute in einer solch modernen Großkellerei zugeht, der kann sich dort einmal umsehen. Gleich gegenüber der Genossenschaft liegt der Wißberg, auf dem ein ausgezeichneter Rheinhessenwein gedeiht. Freilich – gute Weine gibt's in allen Orten des Umkreises. Vielleicht ist Neu-Bamberg für eine Rast besonders einladend. Ein alter Torturm begrüßt Sie, der vorgeschichtliche Ringwall und die Burgruine wollen betrachtet sein.

Auf dem Weg zurück nach Mainz durchfahren Sie das weinreiche Wörrstadt mit seinem Neun-Röhren-Brunnen und der historischen Wehranlage. Seit 4000 v. Chr. leben hier Menschen. Der Ort war schon befestigt, ehe er 779 seinen Namen „Werstadt“ erhielt.

Einen Besuch an die Selz einzuplanen, ist kein großer Umweg. Aber ob nun in Elsheim, Schwabenheim oder Groß-Winternheim – überall wachsen die Reben. Und in jeder Ecke des Weinlandes Rheinhessen schmecken die Weine ein wenig anders, je nachdem von welchem Boden, von welchen Reben sie gewonnen wurden. Die Varianten sind in Rheinhessen besonders groß, weil Rebneuzüchtungen hier die Weinvielfältigkeit zusätzlich erhöhen. Groß ist das Vergnügen, alle diese Weine zu probieren.

Mehr über Rheinhessen – auch über seine Winzerfeste – erfahren Sie von:
Rheinhessenwein e. V.
117er Ehrenhof 5
6500 Mainz

Tips für Touristen

Alzey: *Rathaus, Nikolaikirche, Stadtmauer, Hexenturm, Wartturm auf dem Wartberg; Museum im Burggrafenamt.*
Bingen: *Burg Klopp (Museum im Burgturm), Rochuskapelle, Mäuseturm.*
Bodenheim: *Rathaus, Adelshöfe, Wallfahrtskapelle Maria Oberndorf.*
Dalsheim: *Ringmauer (700 Jahre alt) mit 7 Wehrtürmen.*
Dittelsheim-Heßloch: *Weinkastell auf dem Kloppberg.*
Guntersblum: *Kirche mit romanischem Turm, Adelshöfe, alte Weinkeller.*
Ingelheim: *Reste der Kaiserpfalz und mittelalterlicher Stadtbefestigungen, Remigiuskirche, Burgkirche, Napoleonsäule; Historisches und Zoologisches Museum.*
Laubenheim: *Alte Wohnbauten, Barock-Kirche, Schott'sche Villa (R. Wagner).*
Mainz: *Dom St. Martin, Diözesanmuseum, Gutenbergmuseum, Stephanskirche, ehem. Kurfürstliches Schloß, ehem. Großherzogliches Palais, Zeughaus, Peterskirche, Augustinerkirche, Zitadelle Eichelstein, Rest der römischen Wasserleitung.*
Nackenheim: *Fachwerk-Rathaus, Kirche, Museum.*
Neu-Bamberg: *Historische Bauwerke, Burgruine (1251), Naherholungsgebiet.*
Nierstein: *Signalturm, Bergkirche St. Kilian, Martinskirche, Friedhofsbefestigung, Fronhof, Sironabad, Rathaus, Adelshöfe, berühmte Weinkeller.*
Oppenheim: *St.-Katharinen-Kirche (Oppenheimer Rose), St.-Bartholomäus-Kirche, Gautor, Lutherhaus, Rathaus, Katharinen-Museum.*
Osthofen: *Bergkirche, alte Wohnhäuser.*
Worms: *Dom, St.-Paulus-Kirche und Paulusstift, St.-Martin-Kirche, Liebfrauenkirche, Reformationskirche zur hl. Dreifaltigkeit, Bergkirche, Peterskirche, Lutherdenkmal, Synagoge, Judenfriedhof, Museum im Andreasstift.*

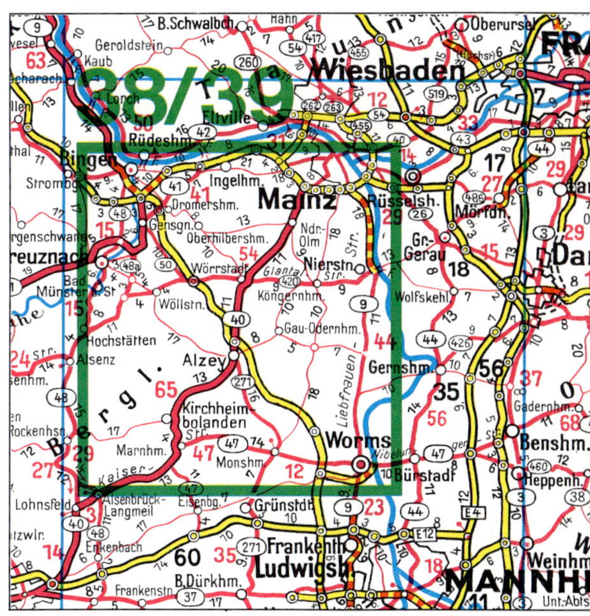

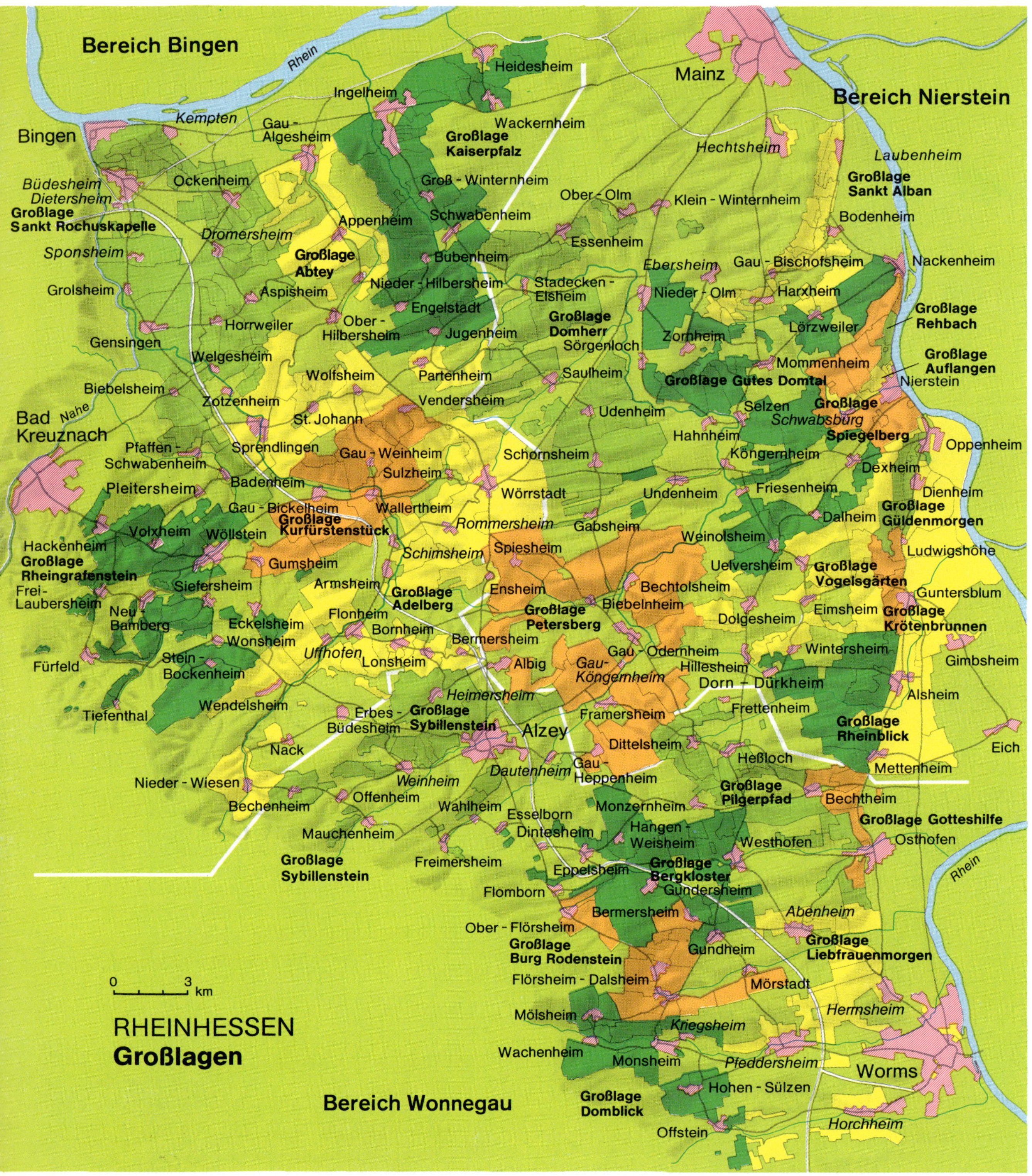

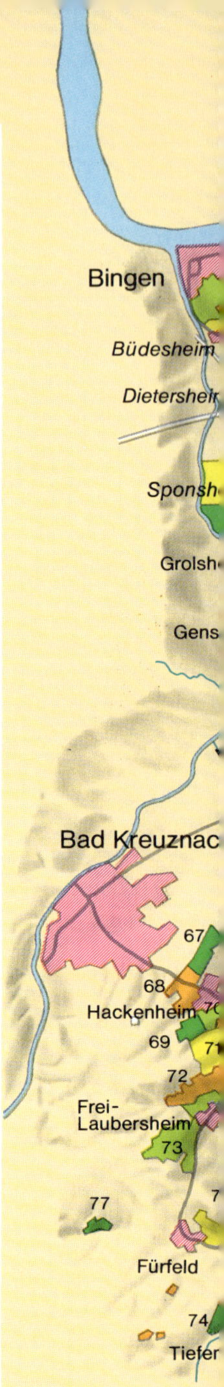

Bereich Bingen

GROSSLAGE SANKT ROCHUSKAPELLE

Bingen Ortsteil Kempten
Schloßberg-Schwätzerchen 1
Kirchberg 2
Kapellenberg 3
Pfarrgarten 4 T

– Ortsteil Gaulsheim
Pfarrgarten 4 T
Bubenstück 5
Osterberg 6
Rosengarten 7
Scharlachberg 8
Schwarzenberg 10

– Ortsteile Büdesheim und Dietersheim
Schelmenstück 9

– Ortsteil Sponsheim
Palmenstein 11

Grolsheim
Ölberg 12

Gensingen
Goldberg 13

Horrweiler
Goldberg 13 a
Gewürzgärtchen 14

Welgesheim
Kirchgärtchen 15

Biebelsheim
Honigberg 16
Kieselberg 17

Pfaffen-Schwabenheim
Hölle 18
Mandelbaum 19
Sonnenberg 20

Zotzenheim
Johannisberg 21
Klostergarten 22

Badenheim
Galgenberg 23
Römerberg 24

Aspisheim
Johannisberg 25
Sonnenberg 26

Bingen, Ortsteil Dromersheim
Honigberg 27
Kapellenberg 28
Klosterweg 29
Mainzerweg 30

Ockenheim
Laberstall 31
Hockenmühle 32
St. Jakobsberg 33
Klosterweg 34
Kreuz 35
Schönhölle 36

GROSSLAGE ABTEY

Gau-Algesheim
Steinert 37
Johannisberg 38
Goldberg 39
Rothenberg 40
St. Laurenzikapelle 41

Appenheim
Daubhaus 42
Hundertgulden 43
Eselspfad 44
Drosselborn 45

Nieder-Hilbersheim
Honigberg 46
Steinacker 47
Mönchpforte 48 T

Ober-Hilbersheim
Mönchpforte 48 T

Sprendlingen
Klostergarten 49
Honigberg 50
Hölle 51
Sonnenberg 52
Wißberg 53

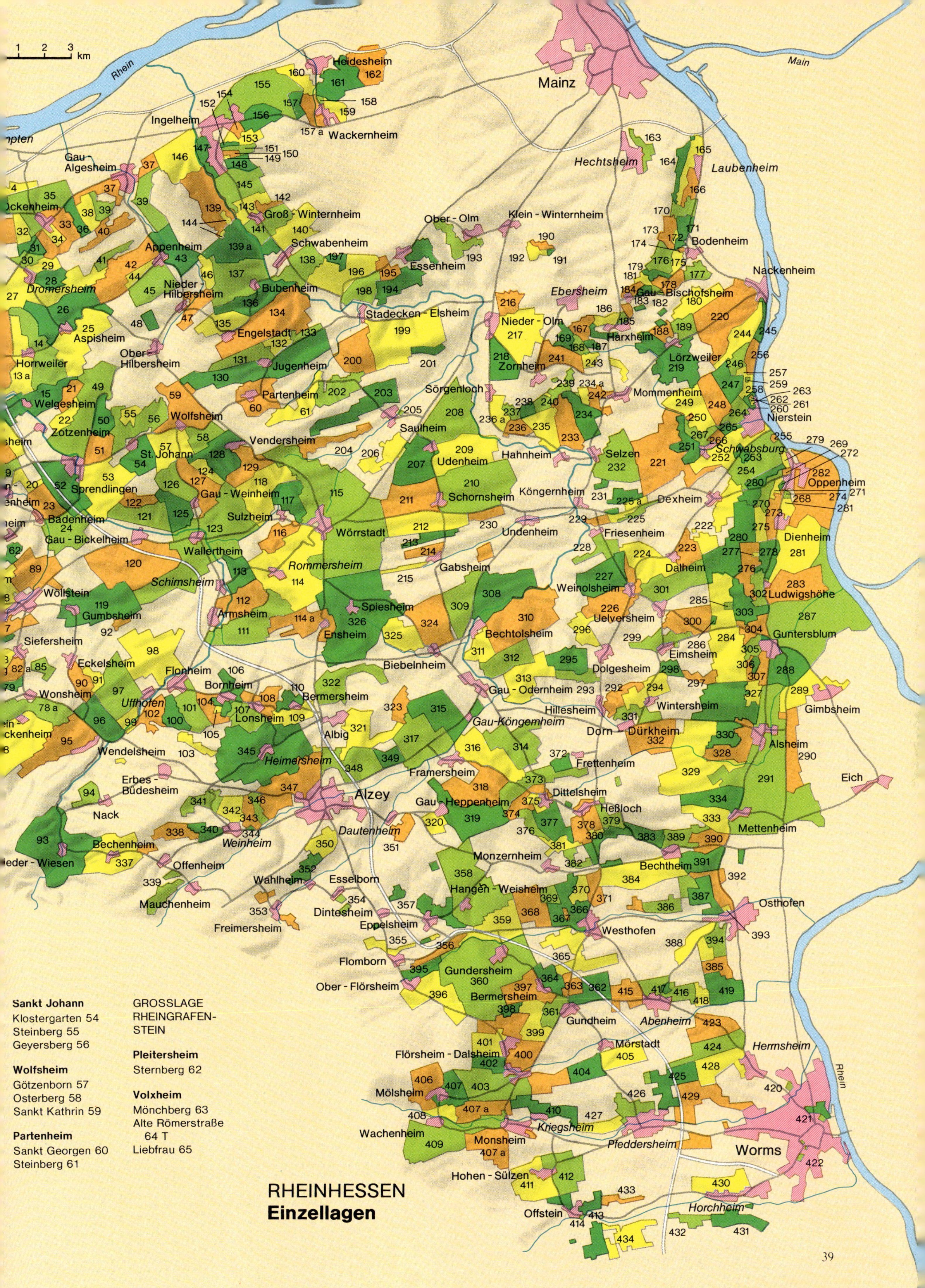

Sankt Johann
Klostergarten 54
Steinberg 55
Geyersberg 56

Wolfsheim
Götzenborn 57
Osterberg 58
Sankt Kathrin 59

Partenheim
Sankt Georgen 60
Steinberg 61

GROSSLAGE RHEINGRAFENSTEIN

Pleitersheim
Sternberg 62

Volxheim
Mönchberg 63
Alte Römerstraße 64 T
Liebfrau 65

RHEINHESSEN
Einzellagen

Hackenheim
Klostergarten 66
Sonnenberg 67
Galgenberg 68
Gewürzgarten 69
Kirchberg 70

Freilaubersheim
Alte Römerstraße 64 T
Kirchberg 70 a
Fels 71
Rheingrafenberg 72
Reichskeller 73

Tiefenthal
Graukatz 74

Fürfeld
Kapellenberg 75
Eichelberg 76
Steige 77

Stein-Bockenheim
Sonnenberg 78

Wonsheim
Sonnenberg 78 a
Hölle 79
Martinsberg 85 T

Neu-Bamberg
Eichelberg 76 a
Kletterberg 80
Kirschwingert 81
Heerkretz 82

Siefersheim
Heerkretz 82 a
Goldenes Horn 83
Höllberg 84
Martinsberg 85 T

Wöllstein
Haarberg-Katzensteg 86
Ölberg 87
Äffchen 88
Hölle 89

Eckelsheim
Kirchberg 90
Eselstreiber 91
Sonnenköpfchen 92

GROSSLAGE ADELBERG

Nieder-Wiesen
Wingertsberg 93

Nack
Ahrenberg 94

Wendelsheim
Heiligenpfad 95
Steigerberg 96

Flonheim
Pfaffenberg 97
Bingerberg 98
La Roche 99
Rotenpfad 100
Klostergarten 101
Geisterberg 102 T

Erbes-Büdesheim
Geisterberg 102 T
Vogelsang 103

Bornheim
Hähnchen 104
Hütte-Terrassen 105
Kirchenstück 106
Schönberg 107 T

Lonsheim
Schönberg 107 T
Mandelberg 108

Bermersheim v. d. H.
Klostergarten 109
Hildegardisberg 110

Armsheim
Goldstückchen 111
Geiersberg 112
Leckerberg 113

Ensheim
Kachelberg 114 a

Wörrstadt
Kachelberg 114
Rheingrafenberg 115

Sulzheim
Greifenberg 116
Honigberg 117
Schildberg 118

GROSSLAGE KURFÜRSTENSTÜCK

Gumbsheim
Schloßhölle 119 T

Gau-Bickelheim
Bockshaut 120 T
Saukopf 121
Kapelle 122

Wallertheim
Vogelsang 123
Heil 124

Wöllstein
Schloßhölle 119 T
Bockshaut 120 T

Gau-Weinheim
Wißberg 125
Kaisergarten 126
Geyersberg 127

Vendersheim
Sonnenberg 128
Goldberg 129

GROSSLAGE KAISERPFALZ

Jugenheim
St. Georgenberg 130
Goldberg 131
Hasensprung 132
Heiligenhäuschen 133

Engelstadt
Adelpfad 134
Römerberg 135

Bubenheim
Kallenberg 136
Honigberg 137

Schwabenheim
Sonnenberg 138
Schloßberg 139 a
Klostergarten 140

Ingelheim
(mit Ortsteil Groß-Winternheim)
Schloßberg 139
Klosterbruder 141
Bockstein 142
Heiligäuschen 143
Schloß Westerhaus 144
Sonnenhang 145
Rheinhöhe 146
Sonnenberg 147
Burgberg 148
Kirchenstück 149
Täuscherspfad 150
Horn 151
Pares 152
Steinacker 153
Höllenweg 154
Rotes Kreuz 155
Lottenstück 156
Rabenkopf 157

Wackernheim
Rabenkopf 157 a
Schwalben 158
Steinberg 159

Heidesheim
Geißberg 160
Steinacker 161
Höllenberg 162

Bereich Nierstein

GROSSLAGE SANKT ALBAN

Mainz Ortsteil Hechtsheim
Kirchenstück 163

– Ortsteil Laubenheim
Johannisberg 164
Edelmann 165
Klosterberg 166

– Ortsteil Erbersheim
Sand 167
Hüttberg 168
Weinkeller 169

Bodenheim
Mönchspfad 170
Burgweg 171
Ebersberg 172
Heitersbrünnchen 173
Reichsritterstift 174
Westrum 175
Hoch 176
Kapelle 177
Leidhecke 178
Silberberg 179
Kreuzberg 180

Gau-Bischofsheim
Glockenberg 181
Pfaffenweg 182
Kellersberg 183
Herrnberg 184

Harxheim
Börnchen 185
Schloßberg 186
Lieth 187

Lörzweiler
Ölgild 188
Hohberg 189

GROSSLAGE DOMHERR

Klein-Winternheim
Geiershöll 190
Villenkeller 191
Herrgottshaus 192

Ober-Olm
Kapellenberg 193

Essenheim
Teufelspfad 194
Römerberg 195

Stadecken-Elsheim
Bockstein 196
Tempelchen 197
Blume 198
Lenchen 199
Spitzberg 200

Saulheim
Probstey 201
Schloßberg 202
Hölle 203
Haubenberg 204
Pfaffengarten 205
Heiligenhaus 206

Udenheim
Goldberg 207
Sonnenberg 208
Kirchberg 209

Schornsheim
Mönchspfad 210
Ritterberg 211
Sonnenhang 212

Gabsheim
Dornpfad 213
Kirchberg 214
Rosengarten 215

Dazu kommen einzellagenfreie Rebflächen in den Gemarkungen Budenheim, Mainz-Finthen und Mainz-Drais.

GROSSLAGE GUTES DOMTAL

Nieder-Olm
Klosterberg 216
Sonnenberg 217
Goldberg 218

Lörzweiler
Königstuhl 219

Nackenheim
Schmittskapellchen 220

Nierstein
Pfaffenkappe 221

Dexheim
Doktor 222

Dalheim
Steinberg 223
Kranzberg 224
Altdörr 225

Weinolsheim
Hohberg 226
Kehr 227

Friesenheim
Altdörr 225 a
Bergpfad 228
Knopf 229

Undenheim
Goldberg 230

Köngernheim
Ortsteil von Gau-Odernheim
Goldgrube 231

Selzen
Rheinpforte 232
Gottesgarten 233
Osterberg 234

Hahnheim
Knopf 235
Moosberg 236

Sörgenloch
Moosberg 236 a

Zornheim
Vogelsang 237
Guldenmorgen 238
Mönchbäumchen 239
Dachgewann 240
Pilgerweg 241

Mommenheim
Osterberg 234 a
Silbergrube 242
Kloppenberg 243

GROSSLAGE SPIEGELBERG

Nackenheim
Engelsberg 244
Rothenberg 245

Nierstein
Rosenberg 246
Klostergarten 247
Findling 248
Kirchplatte 249
Schloß Hohenrechen 250
Ebersberg 251
Bildstock 252
Brückchen 253
Paterberg 254
Hölle 255

GROSSLAGE REHBACH

Nierstein
Pettenthal 256
Brudersberg 257
Hipping 258
Goldene Luft 259

GROSSLAGE AUFLANGEN

Nierstein
Kranzberg 260
Zehnmorgen 261
Bergkirche 262
Glöck 263
Ölberg 264
Heiligenbaum 265
Orbel 266
Schloß Schwabsburg 267

GROSSLAGE GÜLDENMORGEN

Oppenheim
Daubhaus 268
Zuckerberg 269
Herrenberg 270 T
Sackträger 271
Schützenhütte 272
Kreuz 273 T
Gutleuthaus 274

Das Erbe der Römer

Die wechselvollen Zeiten begannen für diesen Landstrich - wie fast in allen deutschen Weinlanden - schon 58 v. Chr. mit den Römern. Immer wieder wurden die Rheinufer umkämpft. Römer und Germanen stritten sich darum: Franken, Alemannen und Sachsen drangen auf das linksrheinische Gebiet vor. Die Völkerwanderung brachte Unruhe, Attila fiel ins Land ein - der Ursprung des Nibelungenliedes datiert in jene Zeit und ist bis heute, in Worms und Alzey, lebendig geblieben. Nach der Blütezeit unter Karl dem

Teilansicht des Alzey-Schlosses

Dienheim
Herrenberg 270 T
Kreuz 273 T
Falkenberg 275
Siliusbrunnen 276
Höhlchen 277
Tafelstein 278 T

Uelversheim
Tafelstein 278 T

GROSSLAGE KRÖTENBRUNNEN

Oppenheim
Schloßberg 279
Schloß 280 T
Paterhof 281 T
Herrengarten 282 T

Dienheim
Schloß 280 T
Paterhof 281 T
Herrengarten 282 T

Ludwigshöhe
Honigberg 283

Guntersblum
Steinberg 284
Sonnenhang 285
Sonnenberg 286
Eiserne Hand 287
Sankt Julianenbrunnen 288

Gimbsheim
Sonnenweg 289
Liebfrauenthal 290

Alsheim
Goldberg 291 T

Eich
Goldberg 291 T

Mettenheim
Goldberg 291 T

Hillesheim
Altenberg 292
Sonnenheil 293

Wintersheim
Frauengarten 294

Dolgesheim
Kreuzberg 295
Schützenhütte 296

Großen kamen im 9. Jahrhundert die Normannen und schon ein paar Jahrzehnte später die Ungarn. In der kaiserlosen Zeit des 13. Jahrhunderts beherrschte das Raubrittertum den Rhein, bis der Habsburger Rudolf für Ordnung sorgte.

Der Rheinhessenwein hat überlebt

Nichts hat die Zeiten so überdauert, ja sich zu einer einmaligen Kultur entwickelt, wie der Weinbau hierzulande. Es scheint, als hätte man sich am Wein als dem einzig Beständigen geradezu festgehalten und immer wieder aufgerichtet. Dem Charakter nach eher den Pfälzern als den Rheinländern verwandt, waren die Rheinhessen stets für alles Neue aufgeschlossen. Sie nahmen viele kulturelle Elemente aus ganz Europa auf. Aber erst ihre erdhafte, beständige Natur integrierte diese Einflüsse zur typischen Rheinhessen-Eigenart.

Wie man aus Funden schließen kann, haben die Römer den Rheinhessen den Weinbau gebracht. Das war etwa im 2. Jahrhundert n. Chr. Daß es bereits im 8. Jahrhundert eine Anzahl wohlgehegter Weinberge gab, beweisen etwa 30 erhaltene Kauf- und Schenkurkunden aus jener Zeit. War Karl der Große auch nicht der Begründer des Weinbaus, so trug er doch – wie in vielen anderen Weinbaugebieten – wesentlich zu seiner Verbreitung bei, vor allem in der Gegend seiner Ingelheimer Kaiserpfalz. Die Verdienste der Klöster sind aus der Weinbaugeschichte nicht wegzudenken. Ihre besondere Eigenart verdanken die rheinhessischen Weine wohl doch der unermüdlichen Arbeit der Winzer. „Wer kein Weinbauer ist, ist auch kein Rheinhesse", so heißt es hier noch heute. Wenn Sie die Gegend zwischen Bingen und Worms oder landeinwärts das Hügelland besuchen, werden Sie diesen Ausspruch überall bestätigt finden. Kaum ein Rheinhesse, der nicht – mindestens nebenher – seinen Weinberg besorgen würde.

Römische Funde in Mainz: 1. Becher „Simplicizeses" („Zum Wohl"), 2. Gläserne Henkelkanne, 3. Glasbecher mit farbigen Noppen

Eimsheim
Hexelberg 297
Sonnenhang 298
Römerschanze 299

Uelversheim
Aulenberg 300
Schloß 301

GROSSLAGE VOGELSGÄRTEN

Ludwigshöhe
Teufelskopf 302

Guntersblum
Kreuzkapelle 303
Steig-Terrassen 304
Bornpfad 305
Authental 306
Himmelthal 307

GROSSLAGE PETERSBERG

Bechtolsheim
Wingertstor 308
Sonnenberg 309
Homberg 310
Klosterberg 311

Gau-Odernheim
Herrgottspfad 312
Ölberg 313
Fuchsloch 314
Vogelsang 315

Framersheim
Zechberg 316
Kreuzweg 317
Hornberg 318

Gau-Heppenheim
Schloßberg 319
Pfarrgarten 320

Albig
Schloß Hammerstein 321 T
Hundskopf 322
Homberg 323

Alzey
Schloß Hammerstein 321 T

Biebelnheim
Pilgerstein 324
Rosenberg 325

Spiesheim
Osterberg 326

GROSSLAGE RHEINBLICK

Alsheim
Fischerpfad 327
Frühmesse 328
Römerberg 329
Sonnenberg 330

Dorn-Dürkheim
Hasensprung 331
Römerberg 332

Mettenheim
Michelsberg 333
Schloßberg 334

Bereich Wonnegau

GROSSLAGE SYBILLENSTEIN

Bechenheim
Fröhlich 337

Offenheim
Mandelberg 338

Mauchenheim
Sioner Klosterberg 339

Weinheim
Ortsteil von Alzey
Mandelberg 340
Hölle 341
Kirchenstück 342
Kapellenberg 343
Heiliger Blutberg 344

Heimersheim
Ortsteil von Alzey
Sonnenberg 345
Rotenfels 347

Alzey
Kapellenberg 346
Römerberg 348
Pfaffenhalde 349 (Schafhausen)
Wartberg 350

Dautenheim
Ortsteil von Alzey
Himmelacker 351

Wahlheim
Schelmen 352

Freimersheim
Frankenstein 353

GROSSLAGE BERGKLOSTER

Esselborn
Goldberg 354

Flomborn
Feuerberg 355
Goldberg 356

Eppelsheim
Felsen 357

Hangen-Weisheim
Sommerwende 358

Gundersheim
Höllenbrand 359
Königstuhl 360

Gundheim
Sonnenberg 361
Mandelbrunnen 362
Hungerbiene 363

Bermersheim
Hasenlauf 364

Westhofen
Rotenstein 365
Steingrube 366
Benn 367
Morstein 368
Brunnenhäuschen 369
Kirchspiel 370
Aulerde 371

GROSSLAGE PILGERPFAD

Frettenheim
Heil 372

Dittelsheim-Heßloch
Leckerberg 373
Pfaffenmütze 374
Mönchhube 375
Kloppberg 376
Geiersberg 377
Liebfrauenberg 378
Edle Weingärten 379
Mondschein 380

Monzernheim
Goldberg 381
Steinhöhl 382

Bechtheim
Hasensprung 383
Heiligkreuz 384

Osthofen
Rheinberg 385
Klosterberg 386
Liebenberg 387
Kirchberg 388

GROSSLAGE GOTTESHILFE

Bechtheim
Rosengarten 389
Geyersberg 390
Stein 391

Osthofen
Hasenbiß 392
Neuberg/Leckzapfen 393
Goldberg 394

GROSSLAGE BURG RODENSTEIN

Ober-Flörsheim
Blücherpfad 395
Deutschherrenberg 396

Bermersheim
Seilgarten 397

Flörsheim-Dalsheim
Hubacker 398
Sauloch 399
Steig 400
Bürgel 401
Goldberg 402
Frauenberg 403

Mörstadt
Nonnengarten 404
Katzebuckel 405

GROSSLAGE DOMBLICK

Mölsheim
Zellerweg am schwarzen Herrgott 406
Silberberg 407 T

Wachenheim
Rotenberg 408
Horn 409

Monsheim
Silberberg 407 T
Rosengarten 410

Hohen-Sülzen
Sonnenberg 411
Kirchenstück 412

Offstein
Engelsberg 413
Schloßgarten 414

GROSSLAGE LIEBFRAUENMORGEN

Worms
St. Cyriakusstift 420
Liebfrauenstift-Kirchenstück 421
Remeyerhof 422

– Ortsteil Abenheim
Goldapfel 415
Klausenberg 416
Kapellenstück 417
Bildstock 418

– Ortsteil Herrnsheim
Rheinberg 419
Lerchelsberg 423
Sankt Annaberg 424
Hochberg 425 T
Römersteg 428

– Ortsteil Pfeddersheim
Hochberg 425 T
St. Georgenberg 426
Kreuzblick 432

– Ortsteil Wies-Oppenheim
Am Heiligen Häuschen 427

– Ortsteil Leiselheim
Nonnenwingert 429

– Ortsteil Horchheim
Goldberg 430

– Ortsteil Weinsheim
Burgweg 431
Hochberg 425 T
St. Georgenberg 426 T

– Ortsteil Heppenheim
Affenberg 433
Schneckenberg 434

Rheinpfalz

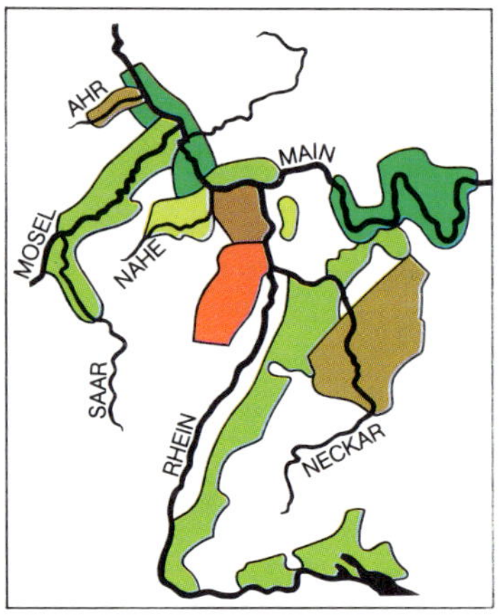

Wenn man heute von der „Deutschen Weinstraße" spricht, dann kann nur jene Nordsüdroute gemeint sein, die sich am Fuße des Haardtgebirges von Bockenheim bis hin zum Deutschen Weintor bei Schweigen an der elsässischen Grenze hinzieht. Es ist die älteste „Bummelroute für Weinkenner", 80 km lang und mindestens zweitausend Jahre alt, mit Ortschaften, die ihren Namen auf dem Weinetikett in alle Welt getragen haben.

Die Deutsche Weinstraße – diese Bezeichnung ist seit über 40 Jahren amtlich anerkannt – hat in den meisten übrigen deutschen Anbaugebieten Nachahmung gefunden. Als „Deutsche Weinstraße" ist sie jedoch einmalig geblieben.

Vom Zeller Schnepfenflug im Zellertal über Forster Mariengarten bis zum Nußdorfer Bischofskreuz und Bergzaberner Kloster Liebfrauenberg findet man in der Rheinpfalz edle Rieslingweine, duftige Müller-Thurgau, volle Silvaner, blumige Gewürztraminer und würzige Morio-Muskat-Weine. Vom Qualitätswein bis zur Trockenbeerenauslese kann man alle Güteklassen durchprobieren.

Schon zur Zeit Karls des Großen war die Pfalz der bedeutendste Lieferant der Tafel- und Krönungsweine. Und vor ihm hatten schon die Römer den warmen, durchlässigen Boden als idealen Rebboden erkannt. So wurde die Rheinpfalz des „Heiligen Römischen Reiches deutscher Nation" Weinkeller. Es ist in der Tat ein Stück südliche Atmosphäre, das sich dem Besucher darbietet. Viel Sonnenwärme und eine mittlere Jahrestemperatur von 11° C lassen eine oft subtropische Vegetation mit Feigen-, Mandel- und Edelkastanienbäumen, mit Mais, Tabak und Zitronen gedeihen.

Dazu die Heiterkeit und Gastlichkeit der Bewohner, die man in jeder Weinstube, in deftigen Winzerlokalen und in den erlesenen Speiserestaurants studieren kann. Und wer sich zu guten Tropfen eine Pfälzer Spezialität bestellen will, der probiere den Pfälzer Saumagen mit Weinkraut oder in der entsprechenden Saison eine Martinsgans oder Hasenbraten mit Kastaniengemüse und Rosenkohl. Weitere Spezialitäten sind „Kartoffelsupp mit Quetschekuche" (Zwetschenkuchen), Pfälzer Zwiebelkuchen und der berühmte Weiße Käs.

Man fühlt sich wie Gott in der Pfalz, wenn man zur Weinlese die idyllischen Ortschaften durchreist, die wie Perlen in der breiten Schärpe der Weingärten zwischen Rhein und Haardt liegen. Überall in den Ortschaften wird der „Federweiße" ausgeschenkt, ein milchig-trüber Wein, der auf dem Höhepunkt seiner Gärung besonders viele Vitamine enthält und überhaupt als sehr gesund gilt.

Müller-Thurgau

Hauptrebsorten in der Rheinpfalz:

Müller-Thurgau:	24,4 %
Silvaner:	20,1 %
Riesling:	13,7 %
Portugieser:	10,3 %

Vom Zellertal zur Mittelhaardt

Zwar beginnt die Deutsche Weinstraße in Bockenheim, wo alljährlich der Pfälzer Dichterwettstreit stattfindet und wo es einen guten Roten und einen beachtlichen Riesling gibt. Aber etwas nördlicher, in Richtung Kirchheim-Bolanden, sollte man das Zellertal nicht außer acht lassen. Die schweren Böden rings um Zell, Niefernheim und Harxheim bringen würzige und gehaltvolle Weißweine hervor.

Im Wetterschutz des Pfälzer Waldes sind nur die Südhänge dem Weinbau erschlossen. Hier gibt es recht kernige Weine, die von Kennern hoch geschätzt werden.

Neuleiningen

Das ehemals befestigte Bockenheim hat im Laufe der Geschichte manche Belagerung überstanden. Die Reste der Emichsburg, Renaissanceportal und Glockenturm zeugen noch von der kampfreichen Vergangenheit.

Der Weinfreund sollte aber auch die kleinen Nachbarorte nicht vergessen, beispielsweise das etwas versteckt liegende Kindenheim.

Mittelpunkt der Unterhaardt-Region ist Grünstadt, die ehemalige Residenz der Grafen zu Leiningen. Um Grünstadt, Dirmstein, Kirchheim und Großkarlbach wachsen vorwiegend Weißweine, aber auch samtweiche Rotweine.

Südwestlich von Grünstadt erblickt man das malerische mittelalterliche Gebirgsdorf Neuleiningen mit Burgruine, Ringmauer und

Weinprobierkeller in Edesheim, Südliche Weinstraße

Eine Pfälzer Spezialität:

Pfälzer Saumagen

zubereitet nach einem alten Kallstadter Rezept

Ein kleiner Saumagen aus frischer Schlachtung (für ca. 12 Personen), der vom Metzger schon gereinigt zu beziehen ist, wird gut gewässert. 750 g mageren Schweinebauch ohne Schwarte und 750 g mageren Schweinevorderschinken ohne Knochen und Schwarte in 1 cm große Würfel schneiden, ebenso 750 g geschälte Kartoffeln. Die Kartoffeln in Wasser einmal aufkochen. Schweinebauch, Schweinevorderschinken, Kartoffelwürfel, 1000 g feines helles Bratwurstbrät, 2-3 eingeweichte Brötchen, wenn der Saumagen besonders zart gewünscht wird, 4-6 Eier, gut mischen und mit Salz, Pfeffer, Muskat und Majoran abschmecken. Die Masse in den Saumagen füllen, jedoch nicht zu prall, da dieser sonst leicht aufplatzt. Die 3 Magenöffnungen abbinden. Nun muß der Magen gut 3 Stunden in heißem Wasser ca. 80° ziehen, keinesfalls darf er kochen. Er muß dabei frei schwimmen und öfter gedreht werden. Danach kurz abtropfen, eventuell (aber nicht unbedingt) knusprig nachbraten.

Der Saumagen wird mit Weinkraut und Bauernbrot serviert. Am besten schneidet man ihn am Tisch in Scheiben und legt vor.

Gekrönt wird das Mahl durch Kallstadter Saumagen Riesling im Glase. Wohl bekomm's!

Bockenheim

Türmen. Die Gräfin Eva hat die Burg in den Bauernkriegen durch ihre berühmte Gastlichkeit vor der Zerstörung bewahrt. Wie manches andere historische Bauwerk der Pfalz fiel Neueiningen später den Kriegszügen Ludwigs XIV. zum Opfer.

Von Grünstadt aus sollte man eine Fußwanderung durch das Leininger Tal am Eckbach entlang machen, das bei Sausenheim beginnt. Nach ca. 10 km erreicht man Altleiningen mit seiner großartigen Burgruine, der ältesten Stammburg der Grafen zu Leiningen.

Ein Blick in Gottes eigenes Land

Von Altleiningen aus führt ein Fußmarsch auf den Peterskopf, der das Dorf überragt. Von hier aus haben Sie einen herrlichen Rundblick über Gottes eigenes Land, denn wie anders kann man dieses von der Natur so üppig ausgestattete Land nennen. Die Mandelbaumallee, die vom Peterskopf über Leistadt hinunterführt, endet schließlich im fröhlichen Kallstadt, wo nicht nur so weltbekannte Weine wie der „Saumagen" angebaut werden, sondern auch der Saumagen als Wurstspezialität original zubereitet wird.

Im benachbarten Freinsheim, dem „pfälzischen Rothenburg", bieten sich dem Besucher die schönsten Überreste einer mittelalterlichen Stadt. Das wuchtige Eisentor mit seinen beiden Türmen, das barocke Rathaus und die spätgotische Kirche mit Renaissanceportal sowie die Reste der Befestigungsanlagen machen den Reiz des Ortes aus und nicht minder seine Edelweinlagen.

Auf zu Deutschlands größtem Weinfest!

Wenige Kilometer weiter führt die Deutsche Weinstraße, dieser „Saumpfad der Seligkeit", über Ungstein zum Heilbad Bad Dürkheim, das von den bewaldeten Höhen des Haardtgebirges und dem breiten Band der Weinberge eingerahmt ist.

Wer nicht gerade unter Rheuma, Gicht oder Basedow leidet, der sollte mit einem Michelsberg, einem Spielberg oder Rittergarten eine anregende Weinkur machen. Vor der Spielbank sollte er aber überlegen, ob er sein Geld dem Glück oder nicht doch besser einem rassigen Tropfen opfert.

Der Bad Dürkheimer Wurstmarkt, Deutschlands größtes Weinfest, findet jedes Jahr im September statt. Er ist die berühmteste Buden- und Rummelstadt der Rheinpfalz und das „Iwwerdruckvendill" der Pfälzer. Den Duft von Wein und Wurst muß man gerochen haben, die Fröhlichkeit und Herzlichkeit der Pfälzer muß man miterlebt haben, das größte Faß mit 1,7 Mill. Liter Volumen muß man gesehen haben.

Stadttor von Freinsheim

Aber auch die Kultur kommt in Bad Dürkheim nicht zu kurz. Sehenswert ist die Schloßkirche mit Gruftkapelle und in der Umgebung vor allem die Klosterruine Limburg, die auf den Grundmauern des Stammsitzes der salischen Kaiser errichtet wurde.

Zwischen Bad Dürkheim und Ungstein führen die Spuren – wie so oft in der Rheinpfalz – zu den Römern. Genauer gesagt, zu einer römischen Villa.

Jeder Ort ein Weinjuwel

Südlich von Bad Dürkheim tauchen Ortsnamen auf, die einem so wohlbekannt klingen: Wachenheim zu Füßen der Ruine Wachtenburg, wo neben bekannten Weinspezialitäten auch Mandeln, Feigen, Maulbeeren und Edelkastanien reifen.

Forst mit seinen edelrassigen Spitzenweinen bietet dem Touristen jeweils am Sonntag Lätare auf der Straße das Hansel-Fingerhut-Spiel, ein Streitspiel zwischen Sommer und Winter.

Daten und Fakten

Geographische Lage: *Ein geschlossener Rebgürtel von 6 bis 10 km Breite erstreckt sich entlang der Bergrücken der Haardt und des Pfälzer Waldes über eine Länge von 80 km. Südlich Worms beginnt er und endet an der Grenze zum Elsaß.*
Klima: *Am Westrand des Oberrheingrabens, geschützt durch die Wasgauberge, das Haardtgebirge und durch das Donnersbergmassiv im Westen, ergibt sich ein gemäßigtes Klima, ideal für den Weinbau.*
Böden: *Von den Verwitterungsprodukten des Buntsandsteins, aus denen die Bergrücken des Pfälzer Waldes bestehen, bis zu den eingestreuten Muschelkalk-, Granit-, Porphyr- und Schiefertoninseln weist das Gebiet eine Vielfalt von Böden auf, die würzige, gehaltvolle Weine hervorbringen.*
Rebfläche: *Eine der größten in sich geschlossenen bestockten Rebflächen Deutschlands mit 21 338 ha. 2 Bereiche, 26 Großlagen, 335 Einzellagen.*
Rebsorten: *Fast die Hälfte der Weißweinproduktion bestreiten der Müller-Thurgau (5227 ha) und der Silvaner (4272 ha). Der Riesling (2919 ha), in den wärmsten Lagen angebaut, weist bei fruchtiger Säure eine herzhaft-duftige Art auf. Die Morio-Muskat-Rebe wächst auf 1619 ha. Die Riesling-Ergänzungssorte Kerner (1178 ha) breitet sich auf geringeren Standorten zunehmend aus. Von den Rotweinsorten ergibt der anbaumäßig anspruchslose Portugieser (2195 ha) warme, milde Weine.*
Ertrag: *Im Durchschnitt der Jahre 1975 bis 1977 2,4 Mio hl, das sind 25,5 % des deutschen Mostertrages.*
Betriebsstruktur: *Zwei Drittel der Betriebe sind Nebenerwerbs-, ein Drittel Vollerwerbsbetriebe. Rebmonokultur stark betont, im Anbaugebiet wenig Industrie. Rund 27 % der Traubenernte werden von Winzergenossenschaften aufgenommen. 20–25 % werden von den Weingütern vermarktet. Der Rest wird von den Erzeugern an den Handel verkauft. Traditionsreiche Gutsbetriebe.*

Fachwerkhaus in Kallstadt

Deidesheim mit seiner berühmten Feigengasse, wo jedes Haus einen früchtetragenden Feigenstock besitzt, führt jedes Jahr am Pfingstdienstag die historische Geißbockversteigerung durch, ehemals ein Tribut der Tuchmacherstadt Lambrecht für Weiderechte. Der Brauch ist fast 600 Jahre alt und wurde selbst von Napoleon bestätigt. Dem Gourmet ist Deidesheim hingegen nicht nur durch seine vortrefflichen Weine, sondern durch seine hervorragenden Speiserestaurants bekannt.

Behagliche Gaststätten besitzt aber auch Ruppertsberg und einige berühmte Edelweinlagen, die gewiß schon die Römer erprobt haben, denn hier stand ein Römerkastell. In Königsbach ist es ein Rotwein, der dem Dürkheimer ebenbürtig ist, und in Gimmeldingen die berühmte „Meerspinne", die den Gaumen erfreuen.

Auch Haardt und Mußbach sind von Boden und Klima besonders begünstigt. Überragt vom Haardter Schloß, gedeihen hier „Mandelring" und „Letten", aber auch Zitronen und Feigen und sogar der Kaiser- und Mammutbaum. Wer aber, der schon von Pfälzer Weinen gehört hat, kennt nicht die „Mußbacher Eselshaut", einen Wein, den gewiß schon Karl der Große über die Zunge laufen ließ.

Blick vom Slevogt-Hof

Hochburg des Pfälzer Weines: Neustadt

Neustadt ist die Weinmetropole der Rheinpfalz, Sitz der Landes-Lehr- und Forschungsanstalt für Wein- und Obstbau, und im Oktober zur Weinlese wird hier sowohl die pfälzische wie die deutsche Weinkönigin gekürt.

Die gotische Stiftskirche mit den Grabstätten pfälzischer Kurfürsten weist auf die Bedeutung Neustadts im Mittelalter hin. Pfalzgraf Johann Casimir stiftete eine calvinistisch-theologische Hochschule, und die damals herausgegebene „Neustädter Bibel" ist in den Kreisen der Reformierten wohlbekannt.

Von Neustadt lohnt ein Abstecher ins 25 km entfernte Speyer, nicht nur, um den romanischen Kaiserdom zu bewundern, in dessen Gruft acht deutsche Kaiser ruhen, sondern auch, um dem einzigartigen Weinmuseum einen Besuch abzustatten. Diese im historischen Museum der Pfalz bestehende Sammlung zeigt die Entwicklung der 2000jährigen Weinkultur anhand von Küferarbeiten, Trinkgefäßen und anderen kunstgewerblichen Utensilien.

Die Attraktion ist eine Glasamphore aus einem römischen Steinsarg, in der sich unter einer stark verharzten Ölschicht noch ein wenig flüssiger, goldener Wein erhalten hat.

Römische Amphore mit 1600 Jahre altem Wein

Wein und Historie hängen eng zusammen

Der Neustadter Ortsteil Hambach hat in der Geschichte der deutschen Demokratie Berühmtheit erlangt.

Das Hambacher Schloß (Maxburg) erinnert heute noch an das „Hambacher Fest", auf dem 1832 die erste demokratisch-republikanische Massenversammlung stattfand. 30 000 Teilnehmer legten hier ein Bekenntnis für Deutschlands Einheit und Freiheit ab. So wurde das Hambacher Schloß zur Geburtsstätte der deutschen Demokratie.

Unterhalb des Hambacher Schlosses, von dem der Blick weit über die Rheinebene schweift, liegt Neustadt-Diedesfeld. Hier endet der Bereich Mittelhaardt/Deutsche Weinstraße.

Im Sonnengau „Südliche Weinstraße"

In Maikammer, einer der größten deutschen Weinbaugemeinden, beginnt der Bereich Südliche Weinstraße. Von hier gelangen Sie zum reizvollen St. Martin, dem einzigen Ort, der den Namen dieses Heiligen trägt. An seinem Namenstag, am 11. 11., wird vor der Kirche das traditionelle Martins-Spiel aufgeführt.

Von Schloß Ludwigshöhe bei Edenkoben, dem Sommersitz des Bayernkönigs Ludwig I. („in der schönsten Quadratmeile meines Reiches"), führt eine Sesselbahn zur „Aussichtsterrasse der Deutschen Weinstraße", dem ehemaligen Raubritter-Nest Rietburg.

Unter der Rietburg liegt das Traminerdorf Rhodt mit seiner malerischen Kastanienallee. Besondere Attraktion ist der über 300 Jahre alte Traminer Wingert, der älteste Weinberg Deutschlands, der am Ortsausgang in Richtung Edesheim liegt.

Aus Burrweiler kommt der „Burrweiler Schäwer" – ein Wein, der auf Schieferboden wächst. In Gleisweiler wird man an oberitalienische Landschaften erinnert. Hier herrscht subtropische Vegetation, und der Festungsbaumeister Ludwigs XIV. ließ hier seinen Sonnentempel erbauen. Er hatte auch die achteckige Festung Landau erbaut, die fast 200 Jahre Festungsstadt war und heute eine liebliche Gartenstadt und Weinmetropole der Südlichen Weinstraße ist. Hier finden die südpfälzischen Herbsttage mit dem „Fest des Federweißen" statt mit einem Festzug der Bauern und Winzer.

Frankweiler

Tips für Touristen

Annweiler: *Ehemalige Reichsfeste Trifels mit Palast und Nachbildungen der Reichskleinodien (Kaiserkrone, Reichsapfel, Zepter); historische Fresken im Hohenstaufensaal.*
Bad Bergzabern: *Heilklimatischer Kurort, Staatsbad, Thermalbewegungsbad, historischer Stadtkern.*
Bockenheim: *Reste der Emichsburg, alte Wehrkirche, heidnische Kultstätte Katzenstein und Heiligenkirche (2,5 km).*
Deidesheim: *Mittelalterlicher Marktplatz mit schönem Rathaus und alter Kirche, Andreasbrunnen, Hospital mit gotischer Kapelle, bischöfl. Schloß, Feigengasse, Gasthof „Zur Kanne".*
Bad Dürkheim: *Gotische Schloßkirche, Johanniskirche mit Leiningscher Gruftkapelle, Heilquellen, Spielbank, Wanderung zur Ruine Hardenburg, zur Klosterruine Limburg und zum Brunholdistuhl mit Heidenmauer.*
Edenkoben: *Heimatmuseum, Weinlehrpfad, ehem. Zisterzienserinnen-Kloster Heilsbruck, Kropsburg. Großes Weinfest der südlichen Weinstraße im September.*
Edesheim: *Großer repräsentativer Probierkeller der südlichen Weinstraße.*
Freinsheim: *Eisernes Tor, barockes Rathaus, spätgotische Kirche mit Renaissance-Portal.*
Grünstadt: *Oberhof, ehemals Residenz der Leininger, Martinskirche, Naturhöhenpark.*
Landau: *Reste der ehem. Befestigungsanlagen, Stiftskirche, Augustinerkirche, Tiergarten, Gartenanlagen und Parks.*
Maikammer-Alsterweiler: *Am Fuße der Kalmit, der höchsten Erhebung des Haardt-Gebirges (638 m). Schöne Fachwerkhäuser. In der Alsterweiler Kapelle ein gut erhaltenes Triptychon.*
St. Martin: *Zahlreiche sehenswerte Baudenkmäler, Erkerhäuser und Altertümer. Oberhalb des Ortes: Kropsburg (800 Jahre alt).*
Neustadt: *Gotische Stiftskirche, Rathaus, Casimirianum. Ortsteil Hambach: Hambacher Schloß. Deutsches Weinlesefest Anfang Oktober.*
Rhodt unter Rietburg: *Malerisches Weindorf. Weinschlössel (um 1780) mit wertvoller Gemäldegalerie, St.-Georgs-Kirche aus dem 13. Jahrhundert.*
Schweigen-Rechtenbach: *Deutsches Weintor, Weinlehrpfad, Wanderungen im Wasgau.*
Speyer: *Altpörtel (Stadttor), Rathaus, Dreifaltigkeitskirche, Kaiserdom, Judenbad, Weinmuseum.*
Wachenheim: *Ruine Wachtenburg, Hochwild-Schutzpark beim Forsthaus Rotsteig.*

Leinsweiler

Bad Bergzabern, der Kneipp- und heilklimatische Kurort an der Weinstraße, breitet die ganze subtropische Pracht seiner Vegetation aus. Mais, Tabak und Zitronen sind die Attribute der Natur eines sanft-milden Klimas. Nicht zu vergessen – den Wein.

Wenige Kilometer weiter läßt Dörrenbach mit seiner Wehrkirche und seinen hübschen Fachwerkhäusern noch einmal das Mittelalter vor uns erstehen.

In Schweigen-Rechtenbach endet schließlich die Deutsche Weinstraße am 1936 errichteten Weintor. Wer sich mit den Pfälzer Lagen und Sorten vertraut machen will, kann sich dort am „Weinlehrpfad" unter anderem über die verschiedensten Rebsorten und Erziehungsarten eingehend informieren.

Und wer noch mehr über den Pfälzer Wein wissen will und über Wein- und Winzerfeste, der wende sich an:

„Rheinpfalz-Weinpfalz" e. V.
Friedrich-Ebert-Str. 11–13
6730 Neustadt/Weinstraße

In Nußdorf, einem Stadtteil von Landau, ist heute noch das Bauernhaus zu sehen, von dem aus die Nußdorfer 1525 unter dem Bundschuh das Signal zum Bauernkrieg gaben.

Auf dem Geilweilerhof im benachbarten Siebeldingen ist die Bundesforschungsanstalt für Rebenzüchtung zu Hause. Bekannteste Neuzüchtung ist der Morio-Muskat, eine Kreuzung aus Silvaner und Weißburgunder.

Ein Land der Burgen

Gab es schon im Gebiet der Unter- und Mittelhaardt ehemals manch stolze Burg, so findet man an der Südlichen Weinstraße davon noch mehr. Über Eschbach erscheint wie eine morgenländische Stadt mit Türmen und Zinnen die Madenburg, die der Fürstbischof von Speyer im Renaissancestil wieder aufbauen ließ und die später von den Franzosen zerstört wurde. Ein kleines Stück westwärts liegt Annweiler mit dem Trifels, wo die Stauferkaiser die Reichskleinodien – Krone, Zepter und Reichsapfel – beherbergten und in der Richard Löwenherz gefangen saß.

Weinbaulehrpfad Edenkoben

Auf dem Weg nach Leinsweiler, wo der berühmte Berliner Maler-Professor Max Slevogt – einer der Begründer des deutschen Impressionismus – seinen Alterssitz fand, liegt Birkweiler.

Nach einem Abstecher in die große und bekannte Weinbaugemeinde Ilbesheim erreichen wir Klingenmünster mit der Burgruine, eine der ältesten Burgfesten der Pfalz.

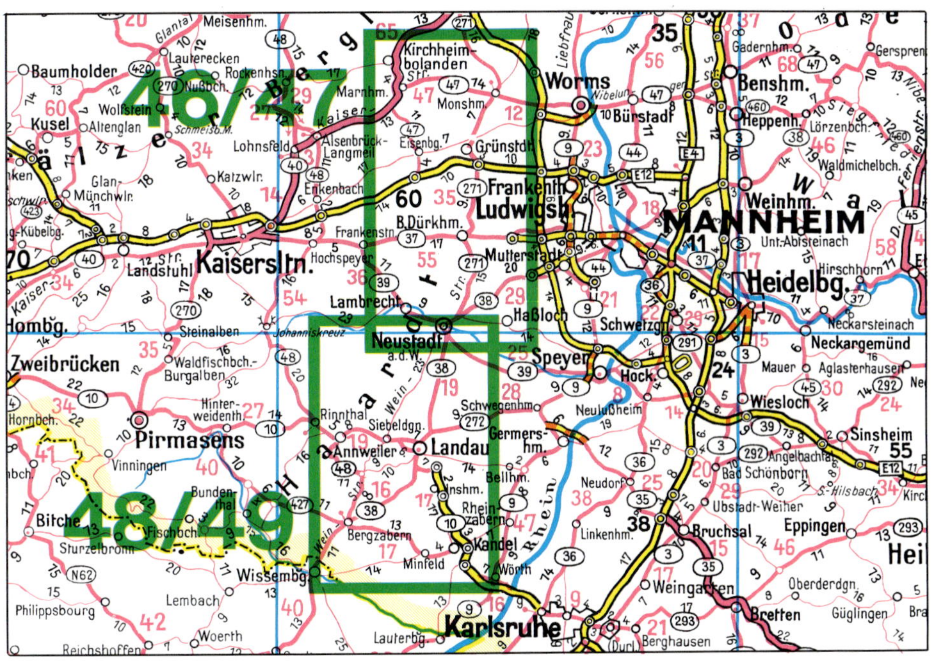

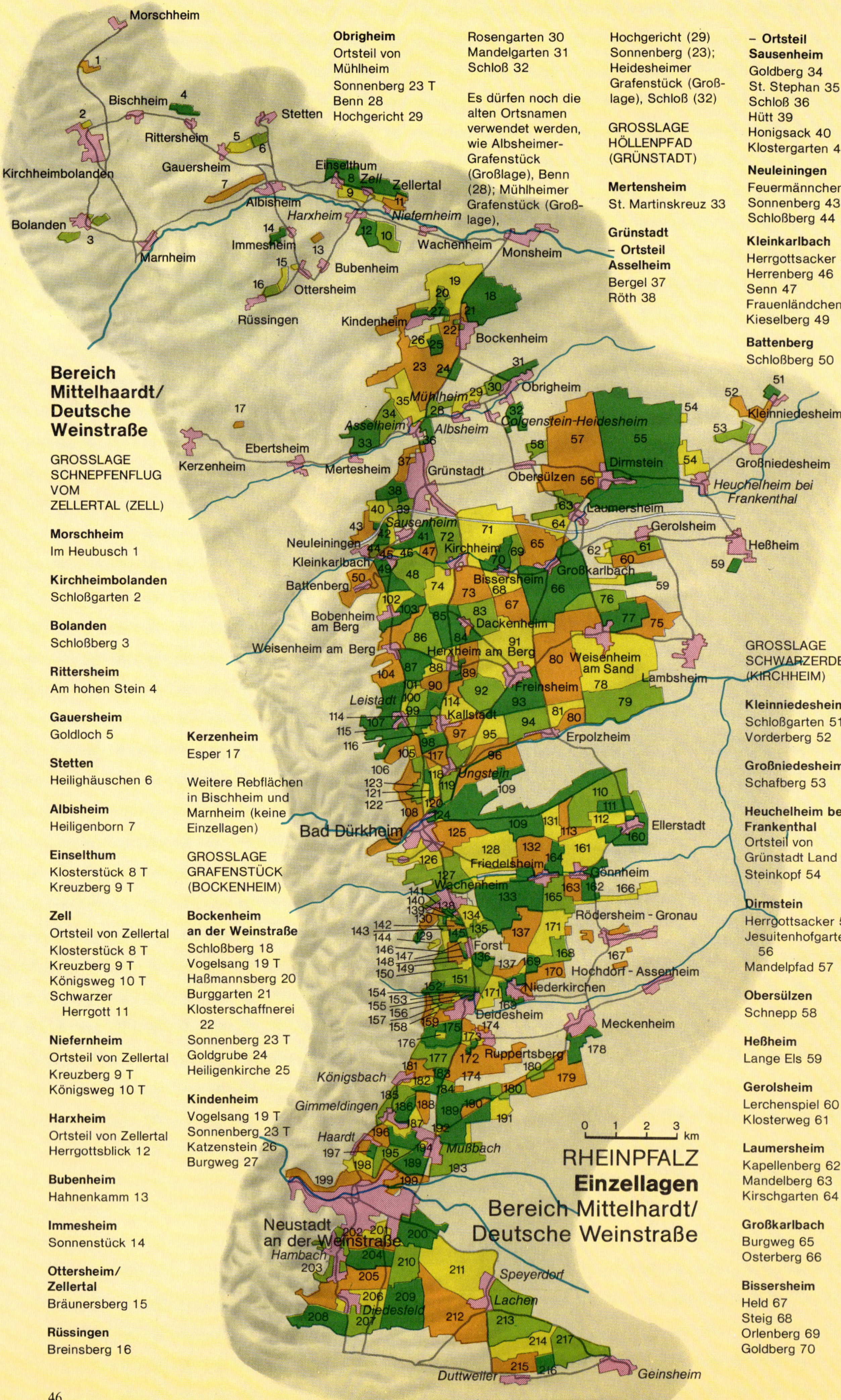

RHEINPFALZ
Einzellagen
Bereich Mittelhardt/ Deutsche Weinstraße

Bereich Mittelhardt/ Deutsche Weinstraße

GROSSLAGE SCHNEPFENFLUG VOM ZELLERTAL (ZELL)

Morschheim
Im Heubusch 1

Kirchheimbolanden
Schloßgarten 2

Bolanden
Schloßberg 3

Rittersheim
Am hohen Stein 4

Gauersheim
Goldloch 5

Stetten
Heilighäuschen 6

Albisheim
Heiligenborn 7

Einselthum
Klosterstück 8 T
Kreuzberg 9 T

Zell
Ortsteil von Zellertal
Klosterstück 8 T
Kreuzberg 9 T
Königsweg 10 T
Schwarzer Herrgott 11

Niefernheim
Ortsteil von Zellertal
Kreuzberg 9 T
Königsweg 10 T

Harxheim
Ortsteil von Zellertal
Herrgottsblick 12

Bubenheim
Hahnenkamm 13

Immesheim
Sonnenstück 14

Ottersheim/ Zellertal
Bräunersberg 15

Rüssingen
Breinsberg 16

Kerzenheim
Esper 17

Weitere Rebflächen in Bischheim und Marnheim (keine Einzellagen)

GROSSLAGE GRAFENSTÜCK (BOCKENHEIM)

Bockenheim an der Weinstraße
Schloßberg 18
Vogelsang 19 T
Haßmannsberg 20
Burggarten 21
Klosterschaffnerei 22
Sonnenberg 23 T
Goldgrube 24
Heiligenkirche 25

Kindenheim
Vogelsang 19 T
Sonnenberg 23 T
Katzenstein 26
Burgweg 27

Obrigheim
Ortsteil von Mühlheim
Sonnenberg 23 T
Benn 28
Hochgericht 29
Rosengarten 30
Mandelgarten 31
Schloß 32

Es dürfen noch die alten Ortsnamen verwendet werden, wie Albsheimer-Grafenstück (Großlage), Benn (28); Mühlheimer Grafenstück (Großlage), Hochgericht (29) Sonnenberg (23); Heidesheimer Grafenstück (Großlage), Schloß (32)

GROSSLAGE HÖLLENPFAD (GRÜNSTADT)

Mertensheim
St. Martinskreuz 33

Grünstadt – Ortsteil Asselheim
Bergel 37
Röth 38

– Ortsteil Sausenheim
Goldberg 34
St. Stephan 35
Schloß 36
Hütt 39
Honigsack 40
Klostergarten 41

Neuleiningen
Feuermännchen 42
Sonnenberg 43
Schloßberg 44

Kleinkarlbach
Herrgottsacker 45
Herrenberg 46
Senn 47
Frauenländchen 48
Kieselberg 49

Battenberg
Schloßberg 50

GROSSLAGE SCHWARZERDE (KIRCHHEIM)

Kleinniedesheim
Schloßgarten 51
Vorderberg 52

Großniedesheim
Schafberg 53

Heuchelheim bei Frankenthal
Ortsteil von Grünstadt Land
Steinkopf 54

Dirmstein
Herrgottsacker 55
Jesuitenhofgarten 56
Mandelpfad 57

Obersülzen
Schnepp 58

Heßheim
Lange Els 59

Gerolsheim
Lerchenspiel 60
Klosterweg 61

Laumersheim
Kapellenberg 62
Mandelberg 63
Kirschgarten 64

Großkarlbach
Burgweg 65
Osterberg 66

Bissersheim
Held 67
Steig 68
Orlenberg 69
Goldberg 70

Kirchheim an der Weinstraße
Kreuz 71
Römerstraße 72
Steinacker 73
Geißkopf 74

GROSSLAGE ROSENBÜHL (FREINSHEIM)

Lambsheim
Burgweg 75 T

Weisenheim am Sand
Burgweg 75 T
Hahnen 76
Hasenzeile 77
Halde 78
Altenberg 79
Goldberg 80 T

Freinsheim
Goldberg 80 T

Erpolzheim
Goldberg 80 T
Kieselberg 81

GROSSLAGE KOBNERT (KALLSTADT)

Dackenheim
Mandelröth 83
Kapellgarten 84
Liebesbrunnen 85

Weisenheim am Berg
Mandelgarten 86
Sonnenberg 87

Herxheim am Berg
Kirchenstück 88
Himmelreich 89
Honigsack 90

Freinsheim
Musikantenbuckel 91
Oschelskopf 92
Schwarzes Kreuz 93

Erpolzheim
Kirschgarten 94

Ungstein
Ortsteil von Bad Dürkheim
Osterberg 95
Bettelhaus 96

Kallstadt
Kronenberg 97
Steinacker 98

Leistadt
Ortsteil von Bad Dürkheim
Kalkofen 99
Kirchenstück 100
Herzfeld 101

GROSSLAGE FEUERBERG (BAD DÜRKHEIM)

Bobenheim am Berg
Ohligpfad 102
Kieselberg 103

in Weltreich

…, davor das

…BERLEITHNER
…inson, Hallwag.

Welcher Wein wozu?

Das knapp 30 Seiten kurze Werk ist so handlich, daß man es sogar zum Weinkauf und beim Restaurantbesuch in die Tasche stecken kann. Noch einfacher macht es dem willigen Käufer die dazugehörige Quick-Card, die zu den Gerichten mittels kleiner Rauten den passenden Wein angibt. Das Büchlein bietet kurze Einführungen in die Geschmacksgegensätze, Harmonien und Aromenkunde. Ein weiteres Kapitel ordnet Gerichten und Lebensmitteln den passenden Wein zu, wobei allerdings die Zubereitungsarten etwas zu kurz kommen. Und zu guter Letzt werden die wichtigsten Weiß- und Rotweinrebsorten vorgestellt. Zum nächsten Curry also ein herber, trockener Rosé-Wein – sieht auch hübsch aus! S.K.

Rolf Kriesi (Hrsg.): Welcher Wein zu welcher Speise? Vinum Falken Handy; 16,90 Mark.

Weine 1999

Ein praktischer und aktueller Wegweiser, um sich genußvoll und zu fairen Preisen durch ein Jahr zu trinken. „Weine 1999" benennt und beschreibt über 500 Weine aus 18 Anbauländern, die für unter zwanzig Mark ein gutes Preis-Leistungs-Verhältnis bieten. Autorin Dagmar Ehrlich, bekannt als Expertin beim Gourmet-Magazin „Der Feinschmecker", probierte etwa 2500 Weine. Ausschlaggebend für ihre Auswahl waren die Harmonie, ein klares Profil, jedoch auch der Individualismus eines Weines. Neben den Geruchs- und Geschmacksbeschreibungen liefert sie kurze Erläuterungen zu den Winzern und ein wenig Historie. Als Ergänzung hat Koch Andree Köthe Rezepte mit Weinempfehlung dazugestellt. Ein verbraucherfreundliches, kundiges Werk. S.K.

Dagmar Ehrlich: Weine 1999, Wegweiser für den Einkauf, Verlag Girschek; 34,80 Mark.

Weine der neuen Welt

In den vergangenen 20 Jahren haben die Weinanbaugebiete der neuen Welt wie in Argentinien, Australien, Chile, Kalifornien, Neuseeland und Südafrika gewaltige Qualitätssteigerungen vollbracht. Diese neuen Weine bieten sowohl eine qualitative als auch eine preisliche Alternative zu französischen und italienischen Weinen – wenn man sich auskennt. Drei Neuerscheinungen informieren über Anbaugebiete, Klima, Bodenverhältnisse, Rebsorten und Kellertechnik. Vom Phänomen der Flying Winemakers in Australien bis zur Kuriosität des mexikani-

Riesling-Gipfel in Hamburg

…n Deutsch- insbesondere aus dem Polish
…ben, so ist Hill und Waterväle District.

gen Zug auf dem Schachbrett brüten, irgend etwas anderes spielen, vielleicht einfach nur diskutieren. Und das immer unter hilfsbereiter Aufsicht.

„Der offene Bereich ist unser wichtigster", sagt Simone Bock, „hier kann sich jeder frei bewegen, ohne jeden Zwang. Überhaupt haben wir im

chen übliche Streit entbrennt natü… lich immer mal. Meist geht's um ei… Mädchen."

In einer Strukturübersicht über de… Stadtteil Steilshoop hat Simone Boc… aufgelistet: „Wenig Probleme un… Konflikte verursacht die multikultu… relle Zusammensetzung. Ein Gewalt… potential ist weniger zwischen den Ju… gendlichen vorhanden als im Bereic… von Sachdelikten, die vor allem in de… Beschädigung von öffentlichen un… privaten Gebäuden und in Form vo… Einbrüchen in Erscheinung tritt."

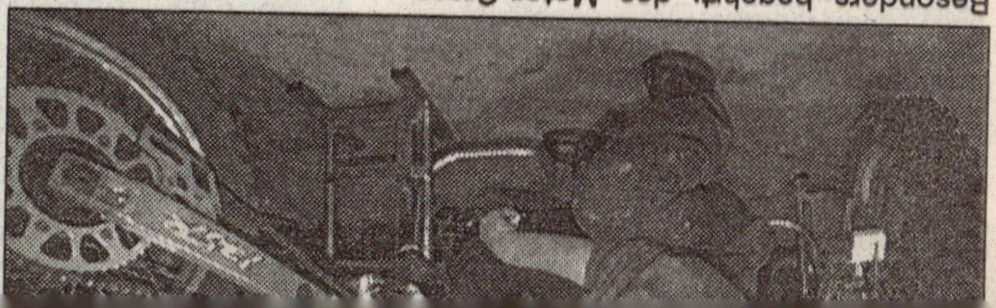

Besonders begehrt: das Motor-Cross-Projekt. Jugendliche lernen, die Geländesportmotorräder zu fahren, zu warten, zu reparieren und Teamgeist zu entwickeln.

Liebe Leserinnen, liebe Leser!

„Die Zeitbombe tickt, alle sind gefordert", hieß unser eindringlicher Appell vor einem Jahr, mit dem wir das neue Hamburger Abendblatt-Projekt „Brennpunkt Jugend" aus der Taufe hoben. Warum? Weil mitten unter uns, in unserer ach so reichen Stadt, ein Teil unserer Jugend erbärmlich heranwachsen muß: ohne Schulabschluß, ohne Lehrstelle, ohne Arbeit und ohne Perspektiven, ohne Zuwendung und ohne Betreuung, ohne Vorbilder, Werte und Orientierung. „Brennpunkt Jugend" will solche Defizite aufspüren und vor allem handeln, d. h.: Einrichtungen unterstützen, in denen junge Menschen Geborgenheit erfahren, Möglichkeiten der Begegnung, Rat und Hilfe erhalten und Angebote für eine aktive Freizeitgestaltung. Denn nichts ist verderblicher für junge Menschen, als sich in einer Gesellschaft überflüssig und an den Rand geschoben zu fühlen, herumlungern zu müssen. Hier sind wir alle gefordert. Wenn Sie, liebe Leser, „Brennpunkt Jugend" unterstützen möchten, bitten wir um eine Spende auf das Konto „Kinder helfen Kindern", Haspa, 1280/144 666, BLZ 200 505 50. Danke.

Es grüßt Sie herzlich

Ihre
Renate [illegible]

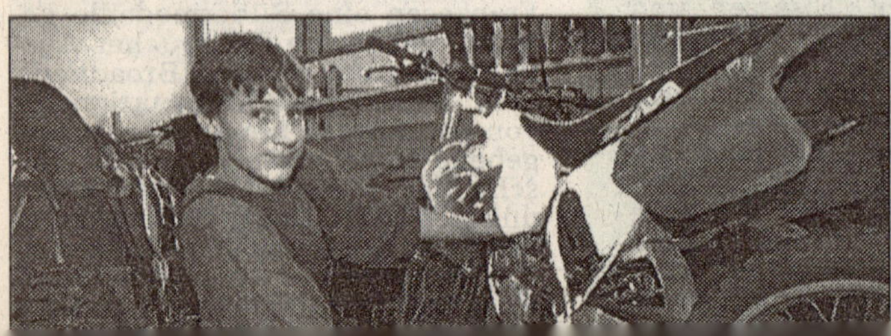

„Brennpunkt Jugend", ein Projekt des Hamburger
jungen Menschen geholfen werden soll, hat einen
gesetzt: Das Haus der Jugend in Steilshoop, gera
geworden. Das Geburtstagsgeschenk von „Brennp
30 000 Mark für Jugendliche, für die sich oft keine

Wo Jugend willkomme

Der Weg dorthin ist bunt – ein wenig Grün, vom Sommer zurückgelassen, und viel Graffiti. Doch das gehört wohl zum Gesicht der Großstädte heute. Eingepackt in all den Farben das Haus der Jugend, Gropiusring 43, Steilshoop. Ein Stadtteil, über den jeder in der Hansestadt seine Meinung hat, oft genug von Vorurteilen geprägt. Betonburgen, 18 000 Menschen aus über 30 Nationen auf eineinhalb Quadratkilometern, Anteil der aus anderen Staaten Zugewanderten 16,7 Prozent, bei den Jugendlichen liegt die Zahl deutlich höher.

Gerade haben sie gemeinsam Geburtstag gefeiert. Ihr Haus der Jugend wurde 25 Jahre alt. Es ist nicht das älteste unter den noch bestehenden 40 in Hamburg, aber das größte. Geleitet wird es von Simone Bock, und für die ist das nicht nur ein Job zum Brötchenerwerb, sondern Herzenssache.

Man muß nur mal ein paar Worte mit ihr wechseln, um zu spüren, wie sehr sie die Freuden und Sorgen der jungen Steilshooper zu den ihren gemacht hat. Das gilt auch für ihre Helfer: den pädagogischen Leiter, sieben Erzieher/innen, 40 Frauen und Männer, die auf Honorarbasis arbeiten, dazu noch viele „Ehrenamtliche".

Dringend erforderlich sind sie alle: Denn das Leben in diesem Haus der Jugend tobt. Weit über tausend Jugendliche sorgen Woche für Woche dafür, vor allem im sogenannten offenen Bereich. Darunter versteht man den großen Clubraum, der montags bis freitags von 9 bis 22 Uhr geöffnet ist, sonnabends und sonntags Gruppen beherbergt und ein Treffpunkt für Kinder und Jugendliche von zehn bis achtzehn ist, die sich dort beim Tischfußball „einen ausstoßen" oder über den richti

„Wer erst einmal den Weg zu uns gefund
hoop engagiert leitet. „Stolz sind wir auf

Simone Bock: „Nein, wir haben ke ne Probleme. Wenn es mal eine Kris gibt, dann wird sie durch irgendwe che Ereignisse von draußen hereinge tragen. In der Regel verstehen sich di Angehörigen verschiedener Natione untereinander gut, es gibt sogar viel

dblattes, mit dem
n Schwerpunkt
Jahre alt
Jugend“:
r zuständig fühlt.

che
sind

: auch schnell Anschluß“, sagt Simone Bock, die das Haus der Jugend in Steils-
ß an Identifikation der Jugendlichen mit ‚ihrem‘ Haus.“ Fotos: ANDREAS LAIBLE (2)

il“, sagt sie, „der wie kaum ein
: unter Vorurteilen zu leiden
soll nichts schöner geredet
, als es ist, aber ich denke,
oop und besonders auch das
er Jugend dort verdienen es,
gesehen zu werden. Und da

beitet wird, für die sich oft keiner mehr zuständig fühlt.“

Nicht zuletzt deshalb hat „Brennpunkt Jugend“, das vom Hamburger Abendblatt ins Leben gerufene Hilfsprogramm, dem Haus der Jugend Steilshoop für seine Arbeit 30 000

Meine Frau liegt noch im Koma

Vor einigen Jahren ist meine Frau nach einem Anästhesiefehler bei der Geburt unseres Kindes in ein noch andauerndes Wachkoma gefallen. Bisher gibt es in Hamburg noch keine offene Angehörigengruppe. Deshalb bin ich Frau Kluge von der Kontakt- und Informationsstelle (KISS) sehr dankbar für die Organisation einer Veranstaltung für Angehörige von Koma-Patienten über Möglichkeiten und Grenzen der Selbsthilfe, zu der wir gemeinsam einladen: am Dienstag, 17. 11., 16 bis 18 Uhr im Zentrum für Schwerst-Schädel-Hirn-Verletzte des AK Eilbek, Friedrichsberger Str. 60. Prof. Dr. Dauch, Leiter des Zentrums, wird von der fachlichen Seite her berichten. Wir möchten möglichst viele Betroffene für diese Veranstaltung gewinnen und eine Selbsthilfegruppe gründen. Informationen gibt gern Frau Kluge, Tel. 39 57 67. Walter Ullmer

Einladung zum „Charitiy-Bazaar“

Zu unserem 48. Wohltätigkeitsbasar „Charity-Bazaar“ am Montag, 16.11., 15–21 Uhr im Radisson SAS Hotel Hamburg (Dammtor) laden wir herzlich ein. Spielstände, Büchermarkt, Lotterien, Flohmarkt, „Dinner for Two“ und ab 19 Uhr eine Versteigerung großer Sachspenden versprechen abwechslungsreiche Stunden. Hausgemachte Leckereien sorgen für das leibliche Wohl. Mit dem Erlös unterstützen wir bedürftige Kinder in Hamburg und fördern den Austausch zwischen amerikanischen und deutschen Studenten.

Uta Krohn, Vizepräsidentin
Deutsch-Amerikanischer Frauen-Club HH e.V.

Gedenken an die Verstorbenen

Beim Abendgottesdienst im Michel am Totensonntag (22.11., 18 Uhr) werden die Namen der Verstorbenen des letzten Jahres verlesen. Zu ihrem Gedenken entzünden Angehörige oder Freunde eine Kerze. Es musiziert der Knaben- und Jugendchor St. Michaelis zusammen mit der Kantorei Groß Flottbek, Solisten und dem Jugendorchester St. Michaelis. Die Ansprache hält Hauptpastor Helge Adolphsen.
Anmeldung der Namen der Verstorbenen: Tel. 37 67 80

Im Gefängnis der Einsamkeit

Wir möchten einsame Menschen zu unserem Wochenendseminar „Im Gefängnis der Einsamkeit: erleben – leiden – hinauswagen“ vom 20.–22.11. einladen.

Infos und Anmeldung im Beratungs- und Seelsorgezentrum St. Petri, Kreuslerstraße 6, 20095 Hamburg, Tel. 33 58 44, Mo–Fr 11–18 Uhr, Do 11–19 Uhr, Sa/So 11.30–15 Uhr). Pastor Nils Gerke

Rußland helfen – aber wie?

Wie kann man die Entwicklung demokratischer Verhältnisse in Rußland über humanitäre Soforthilfe hinaus unterstützen und stabilisieren? Mit diesem Thema befaßt sich ein Seminar der „Neuen Gesellschaft“ vom 20. bis 22.11. in den Räumen der „Neuen Gesellschaft“, Rothenbaumchaussee 19. Weitere Auskünfte über Tel. 47 75 25

„Durch Tourneen überleben wir“

Der Peter-und-Paul-Chor aus St. Petersburg freut sich auf viele Besucher seiner Konzerte im November und Dezember in Hamburg. Die Künstler sind auf Auslandstourneen angewiesen, um in ihrem Land mit ihren Familien zu überleben. Das erste Konzert findet am 20.11., 20 Uhr in der St.-Petri-und-Pauli-Kirche in Ber-

König Riesling hat

Deutschland ist Riesling-Land – das weiß fast jeder Wein- Kenner. Die große Überraschung: Australien liegt auf Platz 2! Im Dezember treffen sich Riesling-Profis aus aller Welt in Hamburg.

Von SABINE KNAPPE

Es gibt diese Momente im Leben passionierter Weißweintrinker, in denen eine verzweifelte Wut in ihnen aufsteigt. Ob dieser Wut schon ahnungslose Kellner zum Opfer gefallen sind, ist nicht bekannt. Verwunderlich wäre es nicht. Der klassische Dialog in Tausenden deutscher Lokale ist immer derselbe. „Was haben Sie denn für einen Weißwein?" „Pinot Grigio", sagt das unbedarfte Gegenüber und will schon zur Theke eilen. Ist der Gast schneller, kann er noch einmal nachhaken. „Sonst noch einen?" „Chardonnay, der ist auch schön weich." „Haben Sie vielleicht einen deutschen Wein, einen Riesling?" fragt dann nur noch jemand, der den Wunsch hat zu provozieren.

Das waren noch Zeiten, als kluge Staatsmänner wie Clemens Wenzeslaus, Fürstbischof von Trier, den labbrigen Most satt hatte, den ihm seine Bauern als Zehnten ablieferten. 1787 ordnete er an, daß in seinem Reich nur noch Riesling angebaut werden dürfe. Damit begründete er den Ruhm der Moselrieslinge, die noch in den fünfziger Jahren unseres Jahrhunderts die begehrtesten und teuersten Weine Deutschlands waren. Ihr Preis übertraf sogar den von Spitzengewächsen aus dem Bordeaux.

Der „Rüßling", wie er in Urkunden aus der Zeit genannt wurde, stellt seine Ansprüche an den Trinker. Geschmacklich ist

chen Sorten, die noch dazu als Massenweine produziert werden wie eben Pinot Grigio, der den Soave ablöste, und Chardonnay, der uns sicher noch länger erhalten bleibt. Der Riesling von der Mosel besitzt zum Beispiel in jungen Jahren einen Feuersteinoder Petrolton, der an Asphalt erinnert und den man mögen muß. Fällt er fruchtig aus, erinnert sein Geruch an Pfirsich. Seinen Geschmack verdankt er dem Schieferboden, auf dem er wächst. Riesling ist die Traube, die geschmacklich am deutlichsten die geologische Beschaffenheit des Herkunftsortes widerspiegelt. Dabei erzielen die Winzer die besten Ergebnisse auf mineralischen Urgesteinböden oder dem schütteren Schiefer. Bei diesen Böden entwickelt der Weinstock lange Wurzeln und hält auch Regengüsse aus, die dank der Wasserdurchlässigkeit an diesen vorbeirauschen.

Schon vor 158 Jahren bauten deutsche Auswanderer in Australien Riesling an.

Ein weiterer Eckpfeiler für das Gelingen eines Rieslingweines ist das Klima. Der Riesling braucht eine Vegetationsperiode von mindestens hundert Tagen. Je mehr Zeit er hat, desto nuancenreicher kann er werden. Manchmal werden die kleinen grünlich-gelben Beeren erst ab

Ein Riesling-Weinberg im herbstlichen Rheingau im typische Blatt und die Traube der Riesling-Rebe.
Fotos: GESELLSCHAFT FÜR RHEINGAUER WEINKU aus dem Buch „Rebsorten und ihre We

der Riesling hält es gut aus. Später, warmer Herbstnebel kann zu einer wundersamen Verwandlung führen. Dann befällt die Edelfäule Botrytis die Trauben, läßt sie schrumpfen und den Zuckergehalt auf bis zu 45 Prozent steigen. Daraus entstehen

Gilt der

Weisenheim am Berg
Vogelsang 104

Kallstadt
Annaberg 105
Kreidkeller 106

Bad Dürkheim
Herrenmorgen 107
Steinberg 108
Nonnengarten 109

Ellerstadt
Sonnenberg 110
Dickkopp 111
Bubeneck 112

Gönnheim
Martinshöhe 113

GROSSLAGE SAUMAGEN (KALLSTADT)

Kallstadt
Nill 114
Kirchenstück 115
Horn 116

GROSSLAGE HONIGSÄCKEL (UNGSTEIN)

Ungstein
Ortsteil von Bad Dürkheim
Weilberg 117
Herrenberg 118
Nußriegel 119

GROSSLAGE HOCHMESS (BAD DÜRKHEIM)

Ungstein
Ortsteil von Bad Dürkheim
Michelsberg 120 T

Bad Dürkheim
Michelsberg 120 T
Spielberg 121
Rittergarten 122
Hochbenn 123

GROSSLAGE SCHENKENBÖHL (WACHENHEIM)

Bad Dürkheim
Abtsfronhof 124
Fronhof 125
Fuchsmantel 126 T

Wachenheim
Fuchsmantel 126 T
Königswingert 127
Mandelgarten 128
Odinstal 129
Schloßberg 130

GROSSLAGE SCHNEPFENFLUG AN DER WEINSTRASSE (FORST AN DER WEINSTRASSE)

Friedelsheim
Kreuz 131
Schloßgarten 132
Bischofsgarten 133 T

Wachenheim
Bischofsgarten 133 T
Luginsland 134

Forst an der Weinstraße
Bischofsgarten 133 T
Süßkopf 135
Stift 136

Deidesheim
Letten 137

GROSSLAGE MARIENGARTEN (FORST AN DER WEINSTRASSE)

Wachenheim
Böhlig 138
Belz 139
Rechbächel 140
Goldbächel 141
Gerümpel 142
Altenburg 143

Forst an der Weinstraße
Musenhang 144
Pechstein 145
Jesuitengarten 146
Kirchenstück 147
Freundstück 148
Ungeheuer 149
Elster 150

Deidesheim
Herrgottsacker 151
Mäushöhle 152
Kieselberg 153
Kalkofen 154
Grainhübel 155
Hohenmorgen 156
Leinhöhle 157
Langenmorgen 158
Paradiesgarten 159

GROSSLAGE HOFSTÜCK (DEIDESHEIM)

Ellerstadt
Kirchenstück 160

Gönnheim
Sonnenberg 161
Mandelgarten 162
Klostergarten 163

Friedelsheim
Rosengarten 164
Gerümpel 165

Hochdorf-Assenheim
Fuchsloch 166 T

Rödersheim-Gronau
Fuchsloch 166 T

Niederkirchen
Osterbrunnen 168
Klostergarten 169
Schloßberg 170

Deidesheim
Nonnenstück 171

Ruppertsberg
Linsenbusch 172
Hoheburg 173
Gaisböhl 174
Reiterpfad 175
Spieß 176
Nußbien 177

Meckenheim
Wolfsdarm 178
Spielberg 179
Neuberg 180

GROSSLAGE MEERSPINNE (NEUSTADT AN DER WEINSTRASSE ORTSTEIL GIMMELDINGEN)

Königsbach an der Weinstraße
Ortsteil von Neustadt an der Weinstraße
Ölberg 181
Idig 182
Jesuitengarten 183
Reiterpfad 184

Gimmeldingen an der Weinstraße
Ortsteil von Neustadt an der Weinstraße
Bienengarten 185
Kapellenberg 186
Mandelgarten 187
Schlössel 188

Mußbach an der Weinstraße
Ortsteil von Neustadt an der Weinstraße
Eselshaut 189
Glockenzehnt 190
Kurfürst 191
Spiegel 192
Bischofsweg 193
Johannitergarten 194

Haardt an der Weinstraße
Ortsteil von Neustadt an der Weinstraße
Mandelring 195
Herzog 196
Herrenletten 197
Bürgergarten 198

Neustadt an der Weinstraße
Mönchgarten 199

GROSSLAGE REBSTÖCKEL (NEUSTADT AN DER WEINSTRASSE, ORTSTEIL DIEDESFELD)

Neustadt an der Weinstraße
Grain 200
Erkenbrecht 201

Hambach an der Weinstraße
Ortsteil von Neustadt an der Weinstraße
Kaiserstuhl 202
Kirchberg 203
Feuer 204
Schloßberg 205

Diedesfeld an der Weinstraße
Ortsteil von Neustadt an der Weinstraße
Ölgässel 206
Johanniskirchel 207
Paradies 208

GROSSLAGE PFAFFENGRUND (NEUSTADT AN DER WEINSTRASSE, ORTSTEIL DIEDESFELD)

Diedesfeld
Ortsteil von Neustadt an der Weinstraße
Berg 209

Hambach an der Weinstraße
Ortsteil von Neustadt an der Weinstraße
Römerbrunnen 210

Lachen/Speyerdorf
Ortsteil von Neustadt an der Weinstraße
Langenstein 211
Lerchenböhl 212
Kroatenpfad 213

Duttweiler
Ortsteil von Neustadt an der Weinstraße
Kreuzberg 214
Mandelberg 215
Kalkberg 216

Geinsheim
Ortsteil von Neustadt an der Weinstraße
Gässel 217

Bereich Südliche Weinstraße

GROSSLAGE
MANDELHÖHE
(MAIKAMMER)

Maikammer
Alsterweiler
Kapellenberg 218
Kirchenstück 219
Immengarten 220
Heiligenberg 221

Kirrweiler
Römerweg 222
Mandelberg 223
Oberschloß 224

GROSSLAGE
SCHLOSS
LUDWIGSHÖHE
(EDENKOBEN)

St. Martin
Kirchberg 225
Baron 226
Zitadelle 227

Edenkoben
Bergel 228
Heilig Kreuz 229
Klostergarten 230
Heidegarten 231
Kirchberg 232
Blücherhöhe 233
Mühlberg 234
Schwarzer Letten
235
Kastaniengarten
236

GROSSLAGE
ORDENSGUT
(EDESHEIM)

Rhodt unter Rietburg
Klosterpfad 237
Schloßberg 238
Rosengarten 239

Weyher in der Pfalz
Michelsberg 240
Heide 241

Hainfeld
Letten 242
Kapelle 243
Kirchenstück 244

Edesheim
Forst 245
Mandelhang 246
Schloß 247
Rosengarten 248

GROSSLAGE
TRAPPENBERG
(HOCHSTADT)

Böbingen
Ortelberg 249

Altdorf
Gottesacker 250
Hochgericht 251

Venningen
Doktor 252

Groß- und Kleinfischlingen
Kirchberg 253

Freimersheim
Bildberg 254

Essingen
Roßberg 255
Sonnenberg 256
Osterberg 257

Ottersheim
Kahlenberg 258

Knittelsheim
Gollenberg 259 T

Bellheim
Gollenberg 259 T

Bornheim
Neuberg 261

Hochstadt
Roter Berg 262

Zeiskam
Klostergarten
263 T

Lustadt
Klostergarten
263 T

Weingarten
Schloßberg 264

Schwegenheim
Bründelsberg*

Römerberg (bei Speyer)
Schlittberg*
Alter Berg*
Narrenberg*

ohne Lagennamen
Rebflächen in den
Gemarkungen
Gommersheim (22 ha)
und Offenbach
(0,6 ha).

GROSSLAGE
BISCHOFSKREUZ
(WALSHEIM)

Burrweiler
Altenforst 265
St. Annaberg 266
Schäwer 267
Schloßgarten 268

Gleisweiler
Hölle 269

Flemlingen
Herrenbuckel 270
Vogelsprung 271
Zechpeter 272

Böchingen
Rosenkranz 273

Nußdorf
Ortsteil von Landau
in der Pfalz
Herrenberg 274
Kaiserberg 275
Kirchenstück 276

Walsheim
Forstweg 277
Silberberg 278

Roschbach
Simonsgarten 279
Rosenkränzel 280

Knöringen
Hohenrain 281

Dammheim
Ortsteil von Landau
in der Pfalz
Höhe 282

GROSSLAGE
KÖNIGSGARTEN
(GODRAMSTEIN)

Landau in der Pfalz
Altes Löhl 283

Godramstein
Ortsteil von Landau
in der Pfalz
Klostergarten 284
Münzberg 285

Frankweiler
Kalkgrube 286
Biengarten 287

Albersweiler
Latt 288
(St. Johann)
Kirchberg 289

Siebeldingen
Mönchspfad 290
Im Sonnenschein
291
Rosenberg 292 T

Birkweiler
Rosenberg 292 T
Kastanienbusch
293
Mandelberg 294

Ranschbach
Seligmacher 295 T

Arzheim
Ortsteil von Landau
Rosenberg 292 T
Seligmacher 295 T

6 ha Rebfläche
ohne Lagennamen
in der Gemarkung
Gräfenhausen.

GROSSLAGE
HERRLICH
(ESCHBACH)

Leinsweiler
Sonnenberg 296 T

Eschbach
Hasen 297

Göcklingen
Kaiserberg 298

Ilbesheim
Sonnenberg 296 T
Rittersberg 299

Wollmesheim
Ortsteil von Landau
in der Pfalz
Mütterle 300

Mörzheim
Ortsteil von Landau
in der Pfalz
Pfaffenberg 301

Impflingen
Abtsberg 302

Insheim
Schäfergarten 303

Rohrbach
Schäfergarten 303

Herxheim bei Landau in der Pfalz
Engelsberg 304

Herxheimweyher
Am Gaisberg 305

GROSSLAGE
KLOSTER
LIEBFRAUENBERG
(BAD BERGZABERN)

Klingenmünster
Maria Magdalena
306

Göcklingen
Herrenpfad 307 T

Heuchelheim-Klingen
Herrenpfad 307 T

Rohrbach
Mandelpfad 308 T

Billigheim-Ingenheim
Mandelpfad 308 T
(Billigheim)
Venusbuckel 309
(Billigheim)
Sauschwänzel 310
(Billigheim)
Steingebiß 311
(Appenhofen)
Pfaffenberg 312
(Ingenheim)
Rosenberg 313 T
(Mühlhofen)

Steinweiler
Rosenberg 313 T

Winden
Narrenberg 314 T

Hergersweiler
Narrenberg 314 T

Barbelroth
Kirchberg 315

Oberhausen
Frohnwingert 316

Niederhorbach
Silberberg 317

Gleiszellen-Gleishorbach
Kirchberg 318
Frühmess 319

Pleisweiler-Oberhofen
Schloßberg 320

Bad Bergzabern
Altenberg 321

Kapellen-Drusweiler
Rosengarten 322

GROSSLAGE GUTTENBERG (SCHWEIGEN)

Bad Bergzabern
Wonneberg 323 T

Dörrenbach
Wonneberg 323 T

Oberotterbach
Sonnenberg 324 T

Schweigen-Rechtenbach
Sonnenberg 324 T

Schweighofen
Sonnenberg 324 T
Wolfsberg 325

Kapsweyer
Lerchenberg 326

Steinfeld
Herrenwingert 327

Niederotterbach
Eselsbuckel 328

Dierbach
Kirchhöh 329

Vollmersweiler
Krapfenberg 330

Freckenfeld
Gräfenberg 331

Kandel
Galgenberg 332

Minfeld
Herrenberg 333

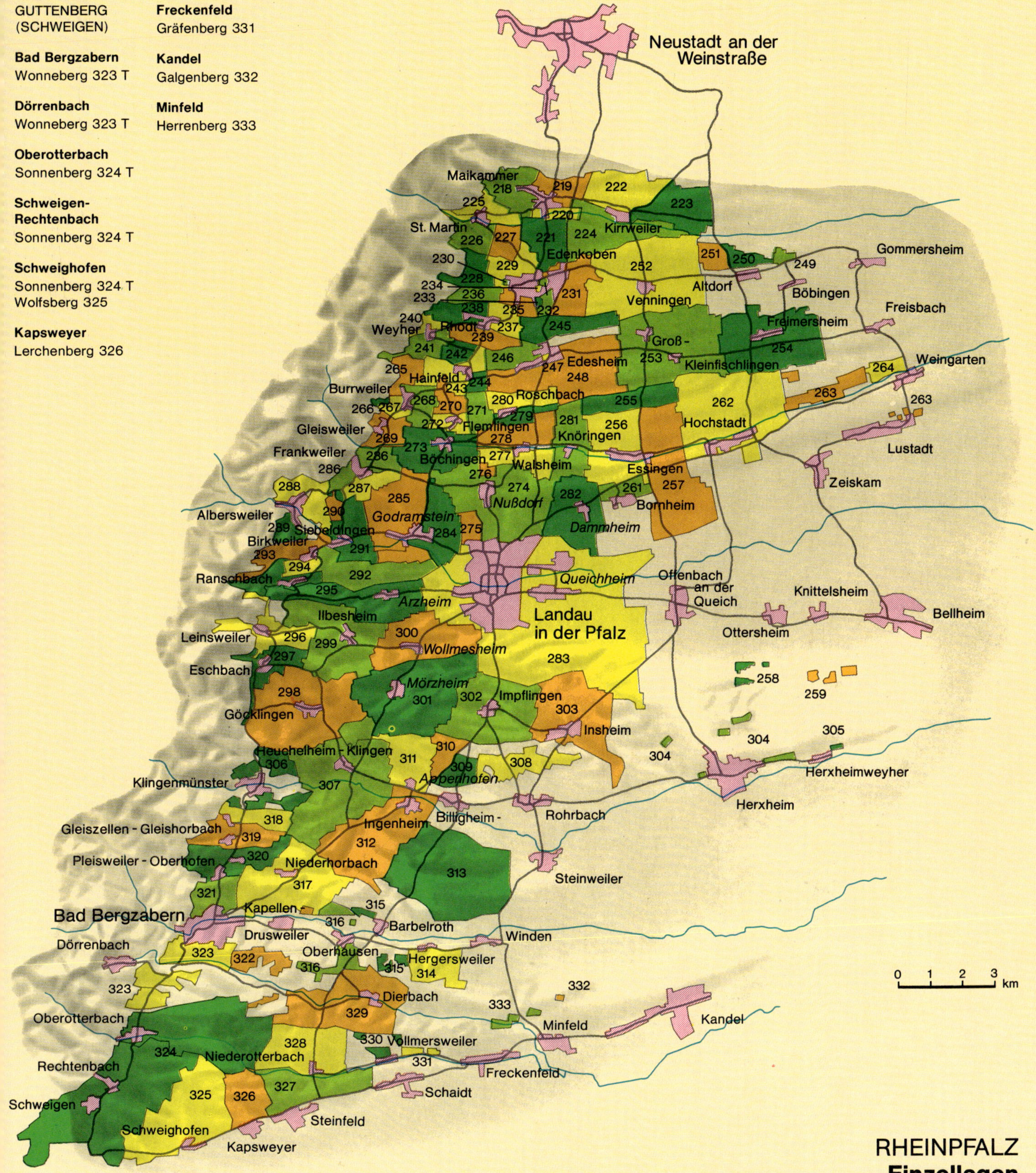

RHEINPFALZ
Einzellagen
Bereich Südliche Weinstraße

Hessische Bergstraße

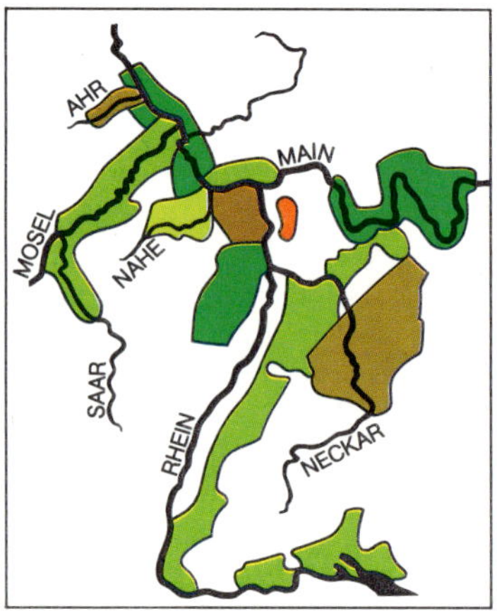

„Hier ist der Frühlingsgarten Deutschlands". Wer mit diesem Ausspruch die Hessische Bergstraße charakterisierte, weiß man nicht. Sicher ist, daß die frühe Forsythien-, Pfirsich-, Mandel- und Kirschblüte in Deutschland die erste Frühlingsvorstellung gibt. Ein solch mildes Klima bekommt natürlich auch dem Wein besonders gut.

Seinen guten Ruf verdankt dieses kleine Weinbaugebiet seinem Wein. Denn die erdhafte Säure, die blumig-herzhafte Art des Bergsträßer Weins ist so eigenständig, daß sie mit keinem anderen Wein zu vergleichen ist. Ja selbst innerhalb des kleinen Weinbaugebietes entlang der Bergstraße entwickelt der Wein auf den unterschiedlichen Böden noch recht eigenwillige Individualität. Nur müssen Sie sich schon selbst auf die alte „Strata montana" der Römer begeben, um in den Genuß der oft prämiierten Rieslinge, Silvaner oder Müller-Thurgauer zu kommen. Der Wein in der Gegend von Zwingenberg, Bensheim und Heppenheim wurde schon vor 1200 Jahren in alten Urkunden erwähnt. Ob nun im schmucken Alsbach, im alten Städtchen Zwingenberg, in Auerbach, Bensheim oder in Heppenheim – zu Füßen der 1065 erbauten Starkenburg – gemütliche Weinstuben finden Sie in Hülle und Fülle.

Der „Frühlingsgarten Deutschlands"

Weitere Anregungen – auch Informationen über Winzerfeste – erhalten Sie vom:
Weinbauverband
Hessische Bergstraße e. V.
Königsberger Str. 4
6148 Heppenheim/Bergstraße

Hauptrebsorten der Hess. Bergstraße

Riesling:	52,3 %
Müller-Thurgau:	19,3 %
Silvaner:	10,0 %

Daten und Fakten

Geographische Lage: *Zwischen Zwingenberg und Heppenheim. Dazu die „Odenwälder Weininsel" östlich von Darmstadt.*
Klima: *Der Odenwald schützt vor rauhen östlichen Witterungseinflüssen. Die süd- und westwärts gerichteten Weinlagen haben beste Sonneneinstrahlung und besonders während der Vegetationszeit ausreichende Niederschlagsmengen.*
Böden: *Die nicht zu schweren Böden mit unterschiedlich hohem Lößanteil geben den Weinen ihren feinen, duftigen Charakter.*
Rebfläche: *279 ha bestockte Rebfläche. 2 Bereiche, 3 Großlagen, 22 Einzellagen.*
Rebsorten: *Auf der Hälfte der Rebfläche wächst Riesling (146 ha); Müller-Thurgau (54 ha) und Silvaner (28 ha) sind weitere Schwerpunkte der Rebsorten. Die Weine sind feinfruchtig mit delikater Säure.*
Ertrag: *Im Durchschnitt der Jahre 1975 bis 1977 31 000 hl (0,3 % des deutschen Mostertrages).*
Betriebsstruktur: *Fast nur Kleinbetriebe, meist nebenberuflich bewirtschaftet.*

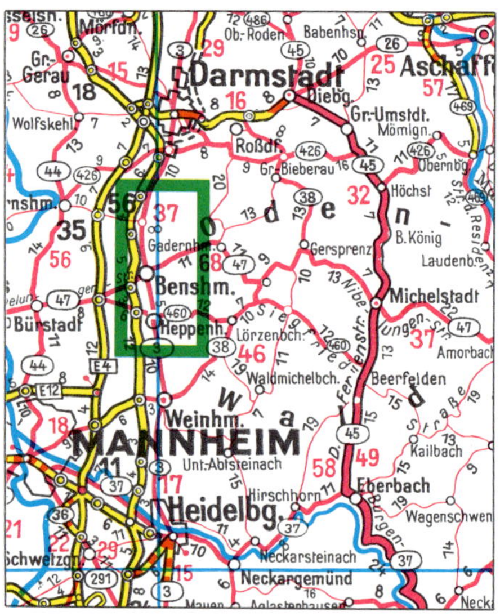

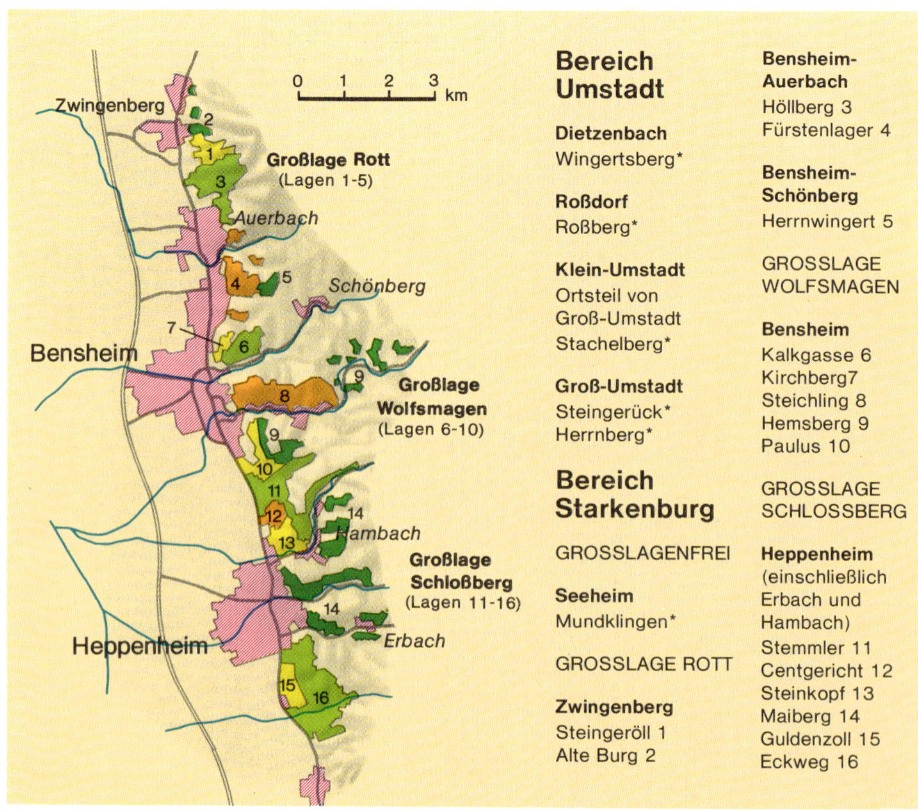

Tips für Touristen

Bensheim-Auerbach: *Staatspark, Fürstenlager.*
Bensheim: *Schloß Schönberg, alte Adelshöfe.*
Heppenheim: *Marktplatz mit Marienbrunnen, Rathaus mit Glockenspiel, Fachwerkhäuser; in der Nähe Starkenburg (1065).*
Lorsch: *Rest des karolingischen Reichsklosters (8. Jahrhundert).*
Zwingenberg: *Rest der Stadtbefestigung, Pfarrkirche (um 1200); in der Nähe Melibocus, höchste Erhebung der Bergstraße.*

Franken

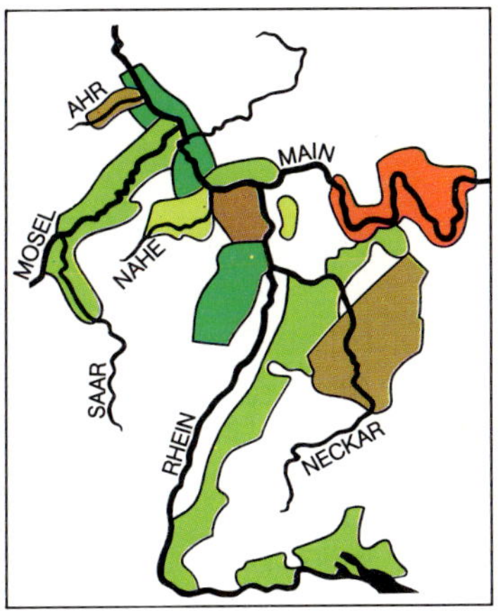

Die romantischen Schönheiten Frankens werden jährlich von Hunderttausenden besucht. Zahlreiche malerische Weinbaugemeinden an Main und Steigerwald imponieren durch alte Mauern, Tore, Türme, Rathäuser und Fachwerkbauten. Fränkische Weine werden seit Jahrhunderten von versierten Kennern und Liebhabern geschätzt.

Dieser „männlichste“ unter den Weinen will allmählich sein wahres Ich enthüllen. Was er schon äußerlich durch seine Bocksbeutelflasche zeigt, daß er nämlich mit keinem anderen Wein zu vergleichen ist, das offenbart er auch in seinem Geschmack. Einmalig herzhaft, erdhaft, kernig, verrät er den Boden, auf dem er gewachsen ist. Haben Sie sich erst einmal mit dem typischen Geschmack des eigenwilligen Gesellen richtig angefreundet, dann eröffnet er Ihnen seinen Nuancenreichtum: das Kernig-Feurige beim Würzburger Silvaner, das Wuchtige beim Steigerwaldwein, das Milde, Blumige beim Müller-Thurgau-Wein der Mainschleife

Von Reben umgeben: Escherndorf am Main

– es gibt viel zu entdecken. Nach einer Reise durch Franken mag es schon sein, daß Sie mit Goethe sagen: „... kein anderer will mir so schmecken“ und dem Frankenwein treu bleiben. Goethe hat es da auf ganz hübsche Mengen gebracht. 1816 bestellte er innerhalb zehn Wochen allein 192 Liter Frankenwein, und 1821 brachte er es auf 900 Liter Escherndorfer!

Tips für Touristen

Aschaffenburg: *Basilika, Rathaus, Theater, Pfarrkirche, Schloß, Pompejanum.*
Bamberg: *Dom, St.-Jacobs-Kirche, Benediktiner-Kloster St. Michael, St. Getreu, Obere Pfarrkirche, Karmeliter-Kloster, Stephansberg, St.-Martins-Kirche.*
Castell: *Schloßpark der Fürsten zu Castell-Castell, frühklassizistische Kirche.*
Dettelbach: *36 alte Türme, Wallfahrtskirche, Rathaus, Holzbrücke zwischen Pfarrkirchtürmen.*
Eibelstadt: *Ringmauer, Barock-Rathaus, spätgotische Kirche.*
Homburg: *Zehntscheuer (Echtergotik), Pippinsturm auf dem Burgberg.*
Iphofen: *Altfränkisches Stadtbild, Torbauten, spätgotische Veitskirche, prunkvolles Rathaus, Rödelseer Tor.*
Kitzingen: *Renaissance-Rathaus, gotische Pfarrkirche, der schiefe Falter- und der Marktturm, Reste der Stadtbefestigung, Mainbrücke, in Etwashausen Balthasar-Neumann-Kirche. Deutsches Fastnachts-Museum im Falterturm.*
Miltenberg: *Marktplatz mit Brunnen, Gasthaus zum Riesen, Stadtpfarrkirche, Laurentiuskapelle, Mildenburg.*
Ochsenfurt: *St.-Andreas-Kirche (mit Werken von Brenck und Riemenschneider), spätgotisches Rathaus, Palatium, Michaelskapelle, Kreuzkirche, Wolfgangskapelle, Heimatmuseum mit Brückenschlößle, Trachtenmuseum im Greising-Haus.*
Rödelsee: *Emporenkirche, frühklassizistische Kirche, Eichenkelter vor dem ehem. Crailsheimischen Schloß.*
Volkach: *Rathaus, Wallfahrtskirche St. Maria im Weingarten, Riemenschneiders „Madonna im Rosenkranz“, Pietà aus dem 15. Jahrhundert, Schelfenhaus mit Heimatmuseum.*
Würzburg: *Residenz, Dom, Neumünster-Kirche, Rathaus, Alte Mainbrücke, Marktplatz, Juliusspital, Stift Haug, Bürgerspital, Alte Universität, Neue Universität, Marienfeste mit Mainfränkischem Museum, Klosterkirche St. Burkard, Deutschhauskirche, Wallfahrtskirche „Käppele“ (B. Neumann), gut erhaltene Adelshöfe und Kurien.*

Silvaner

Hauptrebsorten in Franken:

Müller-Thurgau:	46,3 %
Silvaner:	31,4 %

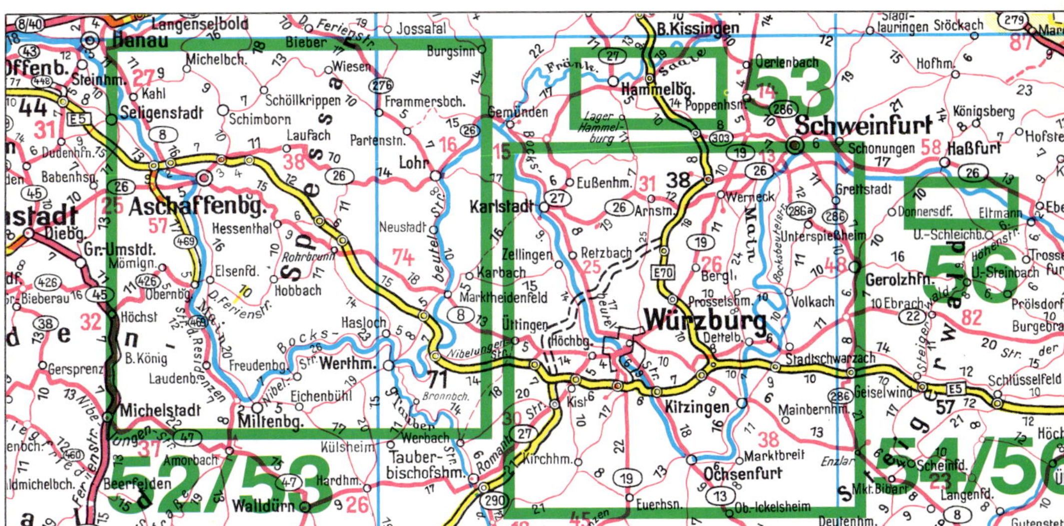

FRANKEN
Einzellagen
Abschnitt Aschaffenburg

Bereich Mainviereck

GROSSLAGE REUSCHBERG

Hörstein
Ortsteil von Alzenau
Abtsberg 1
übr. Rebflächen 2

GROSSLAGENFREI

Wasserlos
Ortsteil von Alzenau
Schloßberg 3
Luhmännchen 3 a

Michelbach
Ortsteil von Alzenau
Steinberg 4
Apostelgarten 5

Aschaffenburg
Pompejaner 6

Obernau
Sanderberg 7

Rottenberg
Gräfenstein 7 a

GROSSLAGE HEILIGENTHAL

Großostheim
Reischklingeberg 8
Harstell 9

dazu kommen Rebflächen in der Gemarkung Wenigumstadt

GROSSLAGENFREI

Großwallstadt
Lützeltalerberg 10

Rück
Ortsteil von Elsenfeld
Johannisberg 11
Jesuitenberg 12

Erlenbach am Main
Hochberg 13

Klingenberg am Main
Hochberg 14
Schloßberg 15

Großheubach
Bischofsberg 16

Engelsberg
Ortsteil von Großheubach
Klostergarten 17

Miltenberg
Steingrübler 18

Bürgstadt
Mainhölle 19
Centgrafenberg 20

Dorfprozelten
Predigtstuhl 21

Kreuzwertheim
Kaffelstein 22

Bereich Maindreieck

GROSSLAGENFREI

Homburg am Main
Kallmuth 23
Edelfrau 24

Lengfurt
Alter Berg 25
Oberrot 26

Erlenbach (bei Marktheidenfeld)
Krähenschnabel 27

Marktheidenfeld
Kreuzberg 27 a

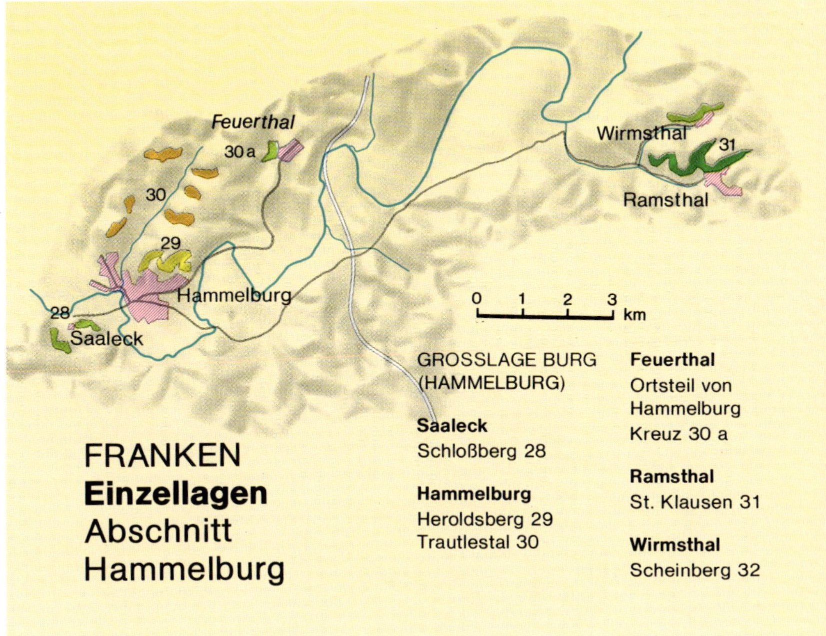

Ohne Kloster kein Frankenwein

Die Weinhistoriker sind sich nicht einig, ob die Franken den Wein vom Rhein mitbrachten oder ihn schon vorfanden. Seit jedenfalls die Franken von Westen her ins Land drangen und ihm seinen Namen gaben, ist auch der Wein hier zu Hause. Zwischen 775 und 780 werden in einigen Urkunden schon eine Reihe von Weingärten genannt: bei Münnerstadt, im Grabfeld, bei Halsheim an der Wern, bei Hammelburg, bei Klingenberg und auch um Würzburg.

Nachdem der irische Missionar St. Kilian – übrigens der Schutzheilige der Weinbauern – das Christentum ins Land gebracht hatte, folgten bald die Bistümer Eichstätt und Würzburg, gegründet von Bonifatius.

Aus der Geschichte des Frankenweins nicht wegzudenken ist das Würzburger Bürgerspital. 1319 als Stiftung gegründet und immer wieder durch Schenkungen um Weinberge vermehrt, „den Kranken und Schwachen zur Lab und Stärkung", war das Weingut durch die Jahrhunderte Vorreiter des Qualitätsweinbaus. Ein Indiz für diese Qualitätsanstrengung ist die Tatsache, daß man den Frankenwein bis auf den heutigen Tag oft als Steinwein bezeichnet, ein Name, der von der Lage Stein herrührt, in der das Bürgerspital wie die anderen beiden Würzburger Großweingüter seit alter Zeit über Weinbergsbesitz verfügt. Neben zahlreichen Weingütern gibt es hier auch viele selbstvermarktende Betriebe. 50 Prozent der jährlichen Weinmosternte werden von leistungsfähigen Winzergenossenschaften in berühmten fränkischen Weinorten erfaßt.

St. Kilian vor Feste Marienberg, Würzburg

GROSSLAGE ROSSTAL (KARLSTADT)

Gössenheim
Arnberg 33

Karlburg
Ortsteil von Karlstadt
übr. Rebflächen 34

Gambach
Ortsteil von Karlstadt
Kalbenstein 35

Mühlbach
übr. Rebflächen 36

Laudenbach
übr. Rebflächen 37

Eußenheim
First 38

Stetten
Stein 39

Arnstein
übr. Rebflächen 40

Karlstadt
Im Stein 41

Himmelstadt
Kelter 42

Retzstadt
Langenberg 43

GROSSLAGE RAVENSBURG (THÜNGERSHEIM)

Retzbach
Ortsteil von Zellingen
Benediktusberg 44

Thüngersheim
Johannisberg 45
Scharlachberg 46

Güntersleben
Sommerstuhl 47

Erlabrunn
Weinsteig 48

Oberleinach
übr. Rebflächen 49

Veitshöchheim
Wölflein 50

GROSSLAGENFREI

Veitshöchheim
Sonnenschein 51

Rimpar
Kobersberg 52

Böttigheim
Wurmberg*

Würzburg
Pfaffenberg 53
Stein 54
Stein/Harfe 55
Schloßberg 56
Innere Leiste 57
Abtsleite 58
Kirchberg 59

GROSSLAGE EWIG LEBEN

Randersacker
Teufelskeller 60
Sonnenstuhl 61
Pfülben 62
Marsberg 63

GROSSLAGE ÖLSPIEL

Sommerhausen
Steinbach 64
Reifenstein 65

Kleinochsenfurt
Ortsteil von Ochsenfurt
bestimmte Rebflächen 65 a

GROSSLAGE TEUFELSTOR

Eibelstadt
Kapellenberg 66
Mönchsleite 67

Randersacker
Dabug 68

GROSSLAGENFREI

Tauberrettersheim
Königin*

Röttingen
Feuerstein*

Bergtheim
Harfenspiel 69

Frickenhausen
Fischer 70
Kapellenberg 71
Markgraf Babenberg 72

Gaibach
Schloßpark 97 a

GROSSLAGE HOFRAT (KITZINGEN)

Segnitz
Zobelsberg 73
Pfaffensteig 74

Marktbreit
Sonnenberg 75

Sulzfeld
Maustal 76
Cyriakusberg 77

Kitzingen
Wilhelmsberg 78

Repperndorf
Kaiser Karl 79

Buchbrunn
Heißer Stein 80

Mainstockheim
Hofstück 81

GROSSLAGE HONIGBERG

Dettelbach
Berg-Rondell 82
Sonnenleite 83

Bibergau
Ortsteil von Dettelbach
übr. Rebflächen 84

GROSSLAGE KIRCHBERG (VOLKACH)

Neuses a. Berg
Glatzen 85

Escherndorf
Ortsteil von Volkach
Fürstenberg 86
Berg 87
Lump 88

Sommerach
Katzenkopf 89
Rosenberg 90

Vogelsburg
Ortsteil von Volkach
Pforte 92 a

Nordheim
Vögelein 91
Kreuzberg 92

Astheim
Ortsteil von Volkach
Karthäuser 93

Krautheim
Sonnenleite 94

Obervolkach
Landsknecht 95

Rimbach
übr. Rebflächen 96

Gailbach
Kapellenberg 97

Volkach
Ratsherr 98

Untereisenheim
Sonnenberg 99

Obereisenheim
Höll 100

Stammheim
Eselsberg 101

Wipfeld
Zehntgraf 102

sowie Rebflächen in den Gemarkungen Neusetz, Köhler (Ortsteil von Volkach) und Fahr.

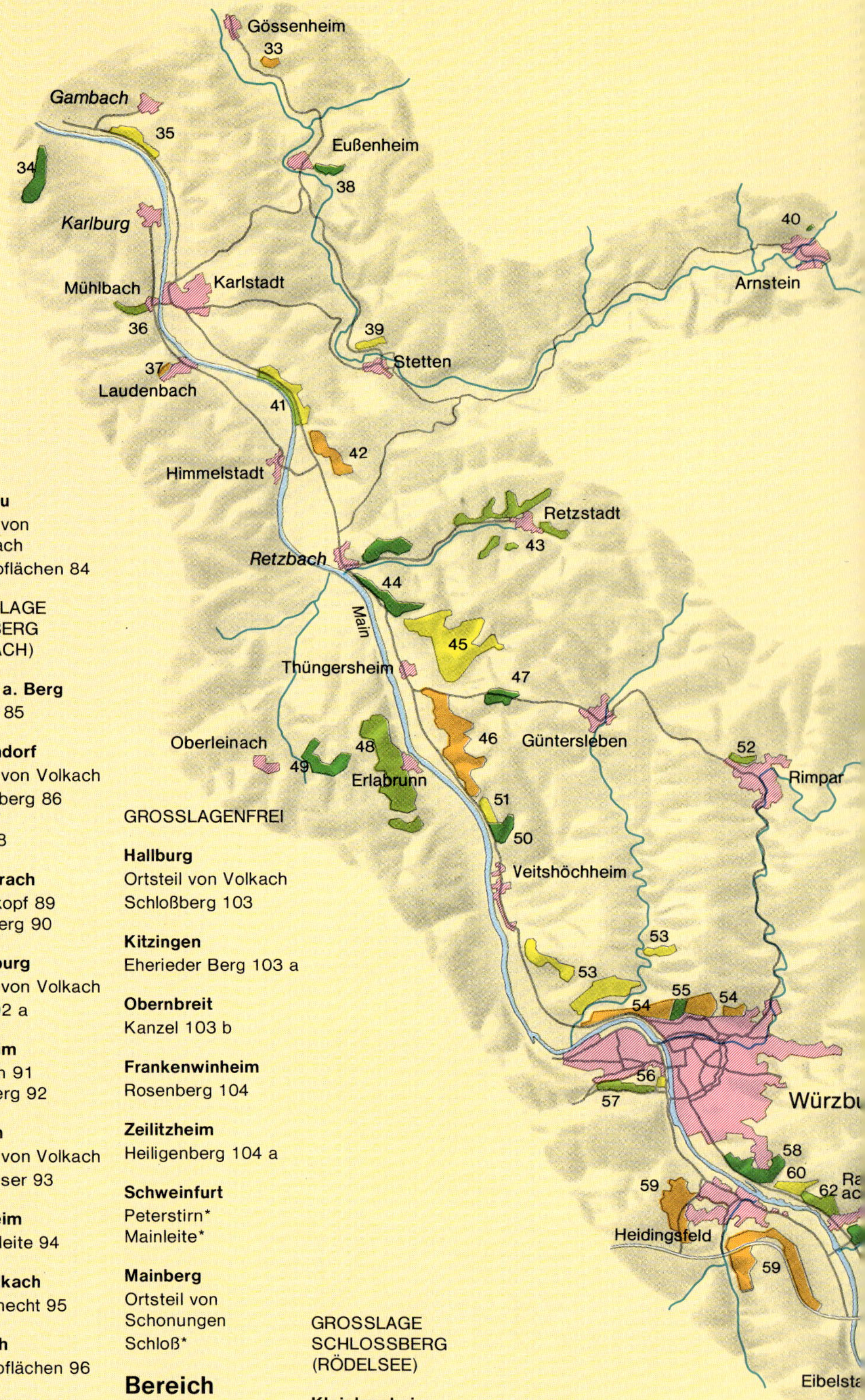

GROSSLAGENFREI

Hallburg
Ortsteil von Volkach
Schloßberg 103

Kitzingen
Eherieder Berg 103 a

Obernbreit
Kanzel 103 b

Frankenwinheim
Rosenberg 104

Zeilitzheim
Heiligenberg 104 a

Schweinfurt
Peterstirn*
Mainleite*

Mainberg
Ortsteil von Schonungen
Schloß*

Bereich Steigerwald

GROSSLAGE SCHILD (ABTSWIND)

Abtswind
Altenberg 105

Greuth
Bastel 105 a

GROSSLAGE HERRENBERG

Castell
Bausch 106
Honart 107
Kirchberg 108
Feuerbach 109
Kugelspiel 110
Reitsteig 111
Schloßberg 112
Trautberg 113

GROSSLAGE SCHLOSSBERG (RÖDELSEE)

Kleinlangheim
Wutschenberg 114

Wiesenbronn
Wachhügel 115
Geißberg 115 a

Großlangheim
Kiliansberg 116

Rödelsee
Schwanleite 117
Küchenmeister 118

Sickershausen
Ortsteil von Kitzingen
Storchenbrünnle 119

sowie Rebflächen in den Gemarkungen Mainbernheim und Hoheim (Ortsteil von Kitzingen)

GROSSLAGE BURGWEG (IPHOFEN)

Iphofen
Julius-Echter-Berg 120
Kronsberg 133
Kalb 121

Markt Einersheim
Vogelsang 122

Willianzheim
übr. Rebflächen 122 a

FRANKEN
Einzellagen
Abschnitt Würzburg

Vogelsburg an der Volkacher Mainschleife

Einladung zum Schoppen

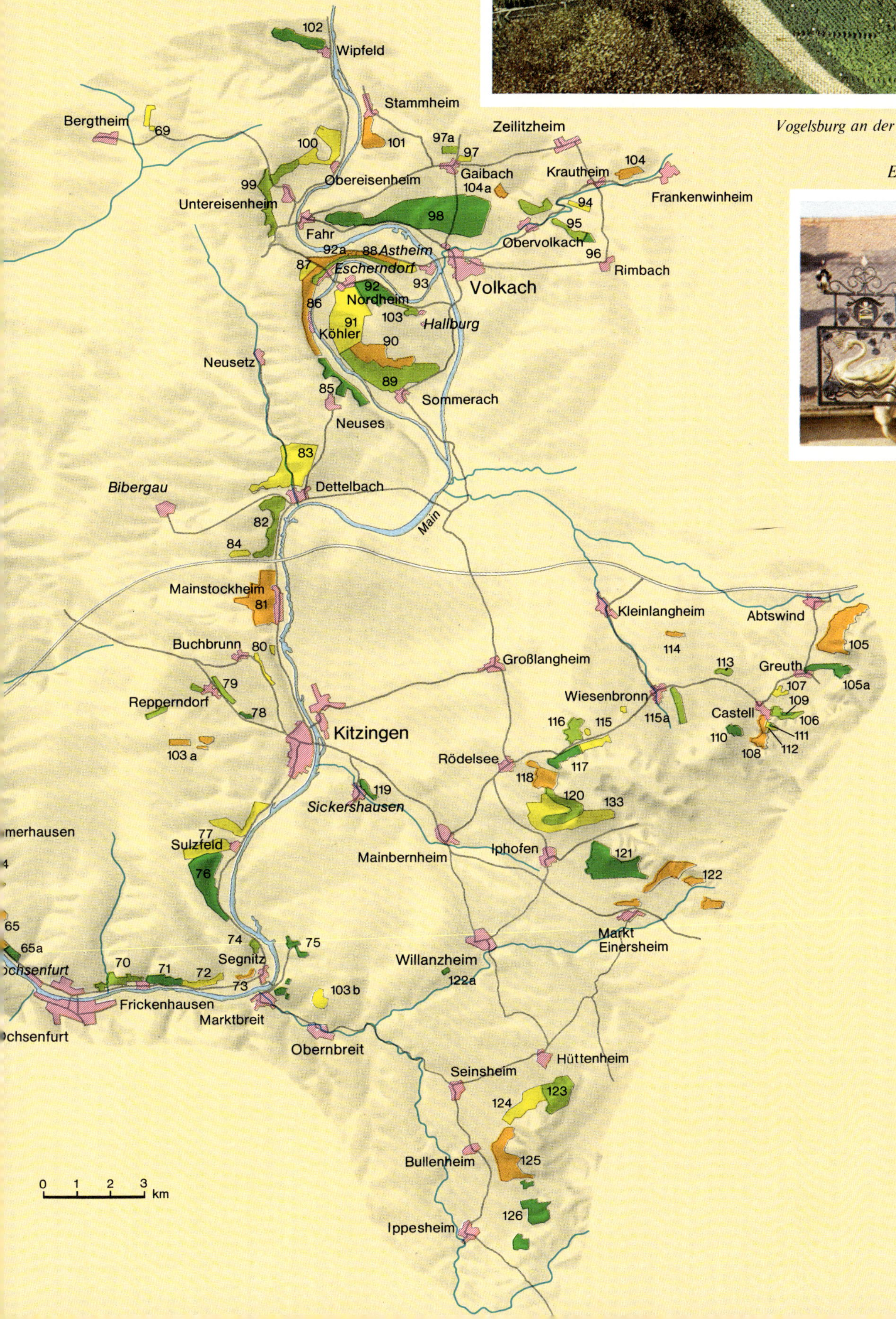

GROSSLAGE
SCHLOSSSTÜCK
(FRANKENBERG)

Hüttenheim
Tannenberg 123

Seinsheim
Hohenbühl 124

Bullenheim
Paradies 125

Ippesheim
Herrschaftsberg 126

Ergersheim
Altenberg*

Weimersheim
Ortsteil von Ipsheim
Roter Berg*

Die in dieser Karte gezeigten Einzellagen bilden zusammen die Großlage Kapellenberg

GROSSLAGE KAPELLENBERG

Schmachtenberg
Ortsteil von Zeil am Main
Eulengrund 129

Ziegelanger
Ortsteil von Zeil am Main
Ölschnabel 130

Steinbach
Nonnenberg 131

Zell am Ebersberg
Ortsteil von Kretzgau
Kronberg 132

Oberschwappach
Ortsteil von Kretzgau
Sommertal 133
Kronsberg 133 a

GROSSLAGENFREI

Zeil am Main
Mönchshang*

Eltmann
Schloßleite*

Altmannsdorf
Sonnenwinkel*

Michelau
Vollburg*

Oberschwarzach
Herrenberg*

Handthal
Stollberg*

Kammerforst
Ortsteil von Breitbach
Teufel*

Prichsenstadt
Krone*

Martinsheim
Langenstein*

Ipsheim
Burg Hoheneck*

Tiefenstockheim
Stiefel*

Gerolzhofen
Arlesgarten*

Donnersdorf
Falkenberg*

Dingolshausen
Köhler*

Männlichem Wein und lieblichen Madonnen auf der Spur

Von Westen her kommen Sie über die Autobahn Frankfurt-Nürnberg zum Spessart, am Wasserschloß Mespelbrunn vorbei nach Würzburg, an die Fränkische Saale oder die Tauber. Von Norden her führt die Autobahn aus Kassel Sie über Hammelburg mit seinen Weinbergen nach Mainfranken. Stellvertretend für viele andere Entdeckungsreisen auf den Spuren des Weins und der schönen Madonnen haben wir für Sie eine Rundreise ausgesucht, die von Würzburg – der Stadt Tilman Riemenschneiders – ausgeht. Auf manchen Autokarten ist die Tour in Richtung Randersacker als Bocksbeutelstraße ausgezeichnet (B 13). Über diesen Weinort, wo das Gartenhäuschen von Balthasar Neumann steht, gelangen Sie rasch an die gut erhaltene Ringmauer von Eibelstadt und weiter zum Markflecken Sommerhausen und ins altfränkische

Hofkellerei unter der Würzburger Residenz

Kelterhalle des Mainfränkischen Museums

Ochsenfurt mit den vielen Sehenswürdigkeiten. In Frickenhausen im Süden des Maindreiecks entdecken Sie mitten in den Weinbergen die malerische Valentinuskapelle.

Wohin Sie auch kommen, überall laden kunstvolle schmiedeeiserne Wirtshausschilder ein zum Frankenwein. Ob nun in Kitzingen, der heimlichen Hauptstadt des südlichen Maindreiecks, oder in Iphofen, das für den Weinbau am Steigerwald Bedeutung hat und mit seinen pittoresken Torbauten und dem altfränkischen Stadtbild lockt.

Mit erstklassigem Frankenwein können Sie sich auch in Rödelsee, Wiesenbronn und bei einem Besuch in Castell erquicken. Seine Weinkenntnisse kann man auf dem ersten Bayerischen Weinlehrpfad in Abtswind vervollständigen. Überall gibt es flurbereinigte Weinbergslagen. Zurück nach Würzburg gelangen Sie über Wiesentheid, Sommerach, Volkach, Nordheim und Escherndorf. Ortschaften, in denen Sie außer dem guten Wein

Maria im Rosenkranz, Volkach

Kunstwerke aus der Gotik, der Renaissance und dem Barock entdecken.

Barock und Rokoko gibt es auch bei einem Abstecher nach Veitshöchheim zu bewundern. In Würzburg begegnet man auf Schritt und Tritt Kunstwerken aus allen Epochen. Sie zu beschreiben, würde allein ein

Blick auf Sommerhausen

Buch füllen. Die Sammlungen des Mainfränkischen Museums auf der Festung Marienberg mit Prunkstücken aus der jahrhundertealten Weinkultur des Landes sind einmalig. Lassen Sie auch das imposante Juliusspital nicht aus, das „Käppele", den Dom, die Alte Universität, die ehemals fürstliche Residenz ... und vieles mehr, das sehenswert ist und wir hier gar nicht aufführen können. Und das gilt auch für viele Weinorte außerhalb der beschriebenen Route. Am besten, Sie fahren im Frühling, Sommer oder Herbst in das Land des Barocks zum Wein mit Herz, dem Frankenwein.

Termine der rund 50 fränkischen Weinfeste in verschiedenen Orten und ausführliche Anregungen für Ihre Weinreise bekommen Sie unverbindlich über:

Frankenwein-Frankenland e. V.
Postfach 764
8700 Würzburg 2

Daten und Fakten

Geographische Lage: *Das fränkische Weinbauareal liegt zwischen Aschaffenburg und Schweinfurt aufgelockert an südwärts gerichteten Talhängen des Mains und seiner Nebenflüsse sowie am Westhang des Steigerwaldes.*
Klima: *Die Hang- und Steillagen in den engen Flußtälern und an den geschützten West- und Südausläufern des Steigerwaldes haben ein für den Weinbau bevorzugtes Kleinklima. Der Einfluß des kontinentalen Klimas mit trockenen, warmen Sommern und kalten Wintern macht sich bereits bemerkbar. Der Winzer muß Maßnahmen gegen Früh- und Spätfröste treffen.*
Böden: *Gemäß seinen drei Bereichen weist das fränkische Weinbaugebiet auch drei Bodentypen auf. Im Bereich „Mainviereck" in Unterfranken an den Hängen des Spessarts finden wir hauptsächlich Verwitterungsböden des Buntsandsteins. In den mehr sandigen Böden wachsen volle Weiß- und Rotweine. Im Bereich „Maindreieck Homburg und Schweinfurt" bestimmt der Muschelkalk die Bodenbildung mit tiefgründigen Lehm- und Lößböden, die kernige, fruchtige Weine liefern. Im Bereich „Steigerwald" geben die Verwitterungsböden des Keupers dem Wein einen erdig-würzigen Geschmack.*
Rebfläche: *Die im Mittelalter fast zehnmal so große Anbaufläche ist heute auf 3403 ha in die klimatisch günstigen Anbauinseln zurückgegangen. 3 Bereiche, 17 Großlagen, 157 Einzellagen.*
Rebsorten: *Die klassische Rebsorte Frankens war der Silvaner (1067 ha), wurde aber in den letzten Jahren vom Müller-Thurgau (1576 ha) überrundet. Mit Abstand folgen der Riesling und eine ganze Palette neuerer Sorten wie Scheurebe, Perle, Kerner, Rieslaner, Bacchus und viele andere. Der Rotwein auf einer bestockten Rebfläche von nur 48 ha gilt als Weinspezialität.*
Ertrag: *Mit rund 350 000 hl (Durchschnitt der Jahre 1975 bis 1977) produziert Franken 3,7 % des deutschen Mostertrages.*
Betriebsstruktur: *Vorwiegend Kleinbetriebe, die den Weinbau in Verbindung mit anderen landwirtschaftlichen und gartenbaulichen Kulturen betreiben, von Winzergenossenschaften erfaßt werden, sowie einige große Güter. Rund 50 % der Weinproduktion Frankens werden heute von 9 Winzergenossenschaften vermarktet. Die Flurbereinigung von rund 2000 ha Rebfläche in den letzten Jahren wurde vorbildlich durchgeführt.*

Muschelkalk

Württemberg

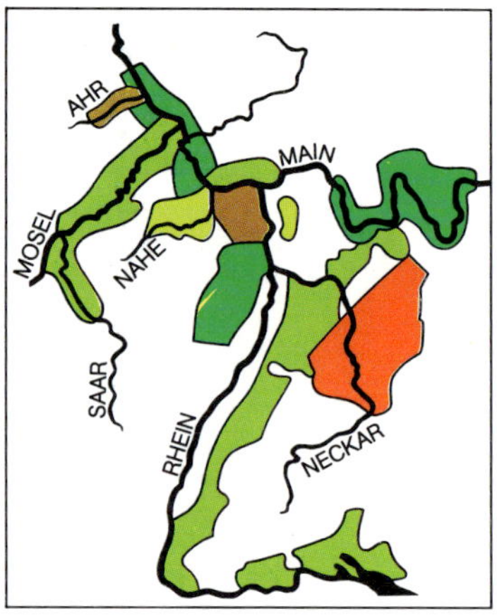

Im allgemeinen erstrecken sich die Weinanbaugebiete entlang den Flüssen. An Mosel und Rhein, Nahe und Ahr wachsen die Reben an steilen Hängen, die vom Ufer aufsteigen. Schon in den Seitentälern ist kaum noch ein Rebstock zu finden. Anders in Württemberg. Gewiß, auch hier wachsen die herrlichen Riesling- und Silvanertrauben, die Trollinger- und Müller-Thurgau-Sorten an den Hängen des Neckartales, durch das die Schwäbische Weinstraße führt; aber ebenso herrliche Spitzenweine findet man abseits in den Seitentälern des Neckars, im Remstal und Enztal, im Kocher-, Jagst- und Taubertal.

Und selbst dort, wo kein Fluß das Tal kennzeichnet, im Bottwartal, entlang der Burgenstraße, am Fuße des Stromberges und im Zabergäu gibt es Früh- und Spätburgunder, Schwarzriesling und die immer seltener werdenden Lembergertrauben, die nur in Württemberg angebaut werden.

Trotz dieses ausgedehnten Weinlandes ist der Württemberger Wein außerhalb des Landes kaum bekannt. Der Grund dafür liegt

Neckarschleife bei Mundelsheim

einfach darin, daß in ganz Württemberg fast dreimal soviel Wein getrunken wie erzeugt wird. Und da die Schwaben nach dem Grundsatz verfahren „Zum Durscht darf's gar net erst komme", ist das tägliche Viertele, das sich schnell zu einem Dreiviertele ausdehnt, für sie obligatorisch.

Man muß hinfahren und die Weine Württembergs an Ort und Stelle kennenlernen, am besten in den gemütlichen Wirtschäftle, die früher oft mit einer Bäckerei verbunden waren und heute ach so rar geworden sind. Und man muß sich an die Empfehlung des alten Schwaben und ersten Bundespräsidenten halten: „Wer Wein säuft – sündigt, wer Wein trinkt – betet."

Spätzle oder Knöpfle?

Als Nicht-Schwaben haben Sie sicher schon mal was von Spätzle gehört, vielleicht sie sogar gegessen – aber Knöpfle? Nun, Spätzle sehen wie verkrümmte Nudeln aus, Knöpfle hingegen sind eine Art winzige Knödel. Die Zusammensetzung ist in jedem Fall dieselbe, nur sobald sich die äußere Gestalt der Mehlspeise ändert, taucht ein anderer Name auf.

In einem Wochen-Magenfahrplan in Karl J. Webers „Demokritos" Anno 1843 heißt es:

Trollinger

Hauptrebsorten in Württemberg:

Riesling:	21,7 %
Trollinger:	21,0 %
Müller-Thurgau:	14,8 %
Schwarzriesling (Müllerrebe):	10,2 %

Daten und Fakten

Geographische Lage: *Das schwäbische Weinbaugebiet liegt zwischen Bodensee und Taubergrund mit den Zentren um Stuttgart und Heilbronn. Es ist sehr stark aufgesplittert. Die Rebflächen beschränken sich, eingestreut zwischen Äcker, Wald und Wiesen, auf die wärmsten Lagen des Neckartales und der Nebenflüsse Rems, Murr, Enz, Bottwar, Zaber, Kocher und Jagst.*

Klima: *Geschützt durch Schwarzwald und Schwäbische Alb bilden die klimatisch begünstigten Südflanken der Täler ideale Standorte für die Rebe.*

Böden: *Die geologischen Verhältnisse wechseln örtlich und in Abhängigkeit von der Höhenlage stark. Die verschiedenen Keuperformationen wie Löß-, Lehm-, Letten- und Gipskeuper sind bestimmend. Am mittleren Neckar und an den Unterläufen seiner dort einmündenden Nebenflüsse sind Muschelkalkinseln eingestreut. Der Großteil aller Böden ist tiefgründig und verfügt über eine gute Wasserführung. Sie liefern durchweg kräftige, markante Weine.*

Rebfläche: *Vor dem Dreißigjährigen Krieg auf rund 45 000 ha geschätzt, umfaßt sie heute 8761 ha bestockte Rebfläche. Ein Viertel sind Steillagen, der Rest hängig und flach geneigt. 3 Bereiche, 15 Großlagen, 206 Einzellagen.*

Rebsorten: *Nur in Württemberg anzutreffen sind: der Trollinger (1836 ha) und der Lemberger (339 ha). Der Spätburgunder (380 ha) bringt mit seinen Spielarten Schwarzriesling (829 ha), Samtrot (34 ha) und Frühburgunder (24 ha) – hier auch Clevener genannt – milde, süffige bis aromatisch kräftige Weine. Unter der einfachen Bezeichnung „Rotwein" wird der anspruchslose Portugieser (467 ha) vermarktet. Der Rieslinganteil ist mit 1905 ha in diesem als Rotweinland bekannten Weinbaugebiet überraschend hoch. Selbst der Müller-Thurgau (1297 ha) und Silvaner (709 ha) haben hier eine markante Art. Eine Trollinger-Riesling-Kreuzung aus Weinsberg ist der Kerner (450 ha).*

Ertrag: *Im Durchschnitt der Jahre 1975 bis 1977 900 000 hl, das sind 9,5 % des deutschen Mostertrages.*

Betriebsstruktur: *Der Kleinbetrieb herrscht vor. 18 341 Erzeuger teilen sich die Anbaufläche und nur 42 Betriebe haben eine Rebfläche von mehr als 5 ha. Das Genossenschaftswesen hat sich früh entwickelt und vermarktet heute 80 % der Ernte. Weitere 10 % laufen über den Handel, der Rest über die kleine Zahl der Selbstmarkter, darunter einige renommierte Güter.*

Gebietstypisches: *Ein Land der Rebsorten- und Weinspezialitäten. „Schillerwein" darf nur ein württembergischer, aus roten und weißen Trauben gekelterter, altgold- bis hellrotfarbiger Qualitätswein genannt werden. Der „Viertelestrinker" schätzt traditionsgemäß auch andere Sortenverschnitte wie Trollinger mit Lemberger oder Riesling mit Silvaner.*

Blick vom Stauffenberg auf Heilbronn

„Der echte Schwabe hat montags Nudeln, dienstags Hutzle, mittwochs Knöpfle, donnerstags Spätzle, freitags gedämpfte Grundbirn (= Kartoffeln), samstags Pfannkuchen und sonntags Brätle und Salätle".

Eine Württemberger Spezialität

Die schwäbische Weinstraße hat viele lohnende Abstecher

Im Norden beginnt sie am „Himmelreich" in Gundelsheim und läuft dann den Neckar entlang bis zum Bad Cannstatter „Zuckerle". Dazwischen zahlreiche Weinorte mit sehenswerten Burgen, Kirchen und Fachwerkhäusern, z. B. Bad Wimpfen mit seinem mittelalterlichen Stadtbild und Bad Friedrichshall – bekannt durch das 500 Jahre alte Wasserschloß.

Bei Heilbronn sollte man auf jeden Fall einen Abstecher nach Weinsberg machen oder noch weiter östlich ins Kochertal, wo Wein vorwiegend bei Ingelfingen, Criesbach und Niedernhall angebaut wird. Und dann weiter im Jagsttal, um dem Ritter Götz seine Aufwartung zu machen, oder über die Burgenstraße ins Hohenloher Land und ins Taubertal. Von Heilbronn lohnt sich eine Fahrt ins Zabertal mit den Rebhängen des Heuchelberges: von Nordheim, Neipperg, Schwaigern über Cleebronn nach Zaberfeld. Dann weiter bis zur Reichshalde bei der Fauststadt Knittlingen oder zum Kloster Maulbronn.

Auch das untere Enztal ist eine Weinreise wert. Doch bei Mundelsheim kann man wieder östlich ins Bottwartal vorstoßen, wo es einige Perlen mittelalterlicher Baukunst und köstlich mundende Weine gibt. Und wer dann in Marbach und Ludwigsburg einige Proben mittelalterlicher Baukunst und erlesener Weine kennengelernt hat, sollte, bevor er nach Esslingen kommt, wo die schwäbische Weinstraße endet, zuerst Fellbach, das „Tor zum Remstal", besuchen und dann das Remstal erforschen. Überall kann man hier in gemütlichen Gasthäusern oder Wirtschäftle einkehren.

Weitere Informationen – auch Termine der Wein- und Winzerfeste – erhalten Sie von der

„Werbegemeinschaft Württembergischer Weingärtnergenossenschaft"
Heilbronner Straße 41
7000 Stuttgart 1

Tips für Touristen

Bad Wimpfen: *Reste der Kaiserpfalz, Ritterstiftskirche St. Peter.*
Besigheim: *Mittelalterliche Stadtanlage, Rathaus mit Marktbrunnen, Kelter.*
Duttenberg-Heuchlingen: *Deutschordensschloß.*
Gundelsheim: *Deutschordensschloß, Wallfahrtskirche auf dem Michaelsberg.*
Heilbronn: *Türme und Wehranlagen, Kilianskirche, Rathaus, Deutschordenshof.*
Lorch: *Klosterkirche.*
Fellbach: *Mithrasrelief, Wehrkirche.*
Ludwigsburg: *Schloß, Gartenschau „Blühendes Barock" mit Märchengarten, Schloß Monrepos am See.*
Marbach: *Spätgot. Alexanderkirche, Altstadt mit Rathaus und Brunnen, Reste der Befestigung, Schiller-Nationalmuseum.*
Markgröningen: *Innenstadt.*
Neckarsulm: *Barockkirche, Deutschordensschloß mit Museum, Schloßkelter.*
Schorndorf: *Schloß (ehem. Zitadelle), Palm'sche Apotheke, Stadtkirche.*
Steinheim: *Urmenschmuseum, ev. Pfarrkirche, Schloß Schaubeck (20 Min.).*
Stuttgart: *Altes Schloß (Renaissance); Neues Schloß, Stiftskirche, Staatsgalerie, zahlreiche Museen, Fernsehturm.*
Stuttgart-Bad Cannstatt: *Stadtkirche, Rathaus, Fachwerkhäuser.*
Vaihingen: *Schloß Kaltenstein, Reste der Befestigung, Rathaus, alte Lateinschule.*
Weinsberg: *Römisches Bad, Burgruine, spätromanische Stadtkirche.*

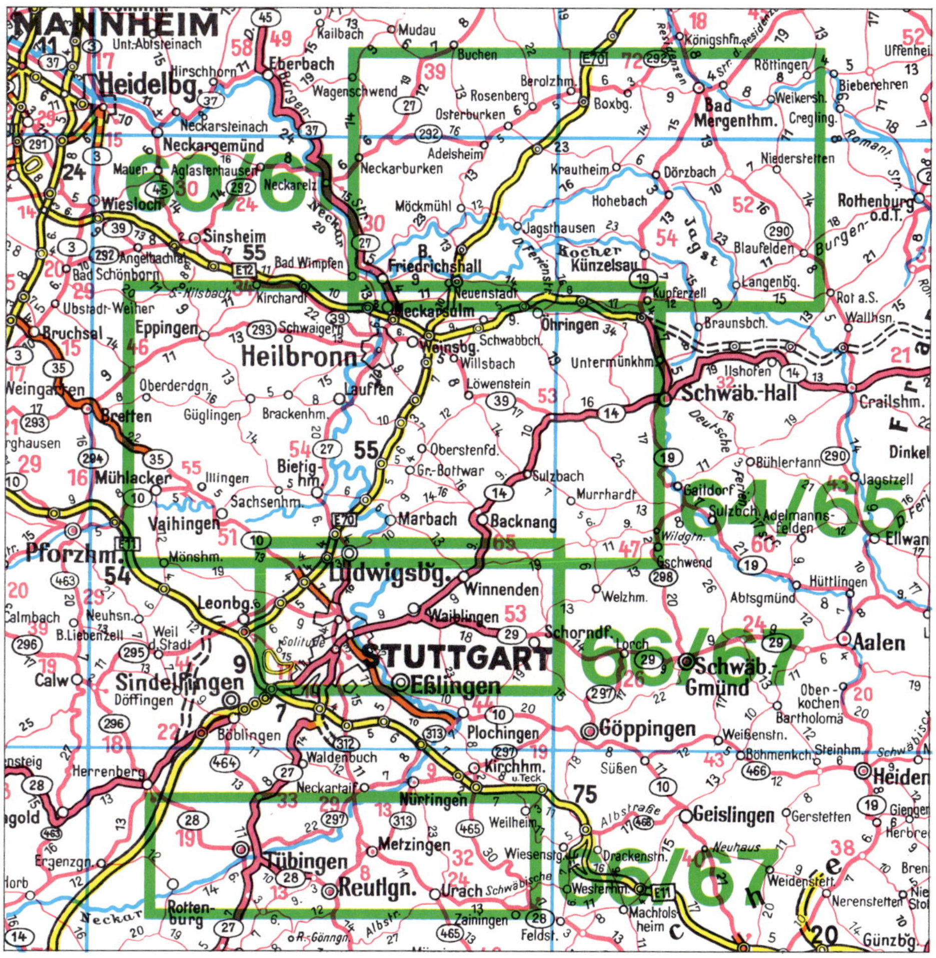

„Wein und Württembergs Geschichte" siehe Seite 62

WÜRTTEMBERG
Großlagen
Bereich Kocher-Jagst-Tauber

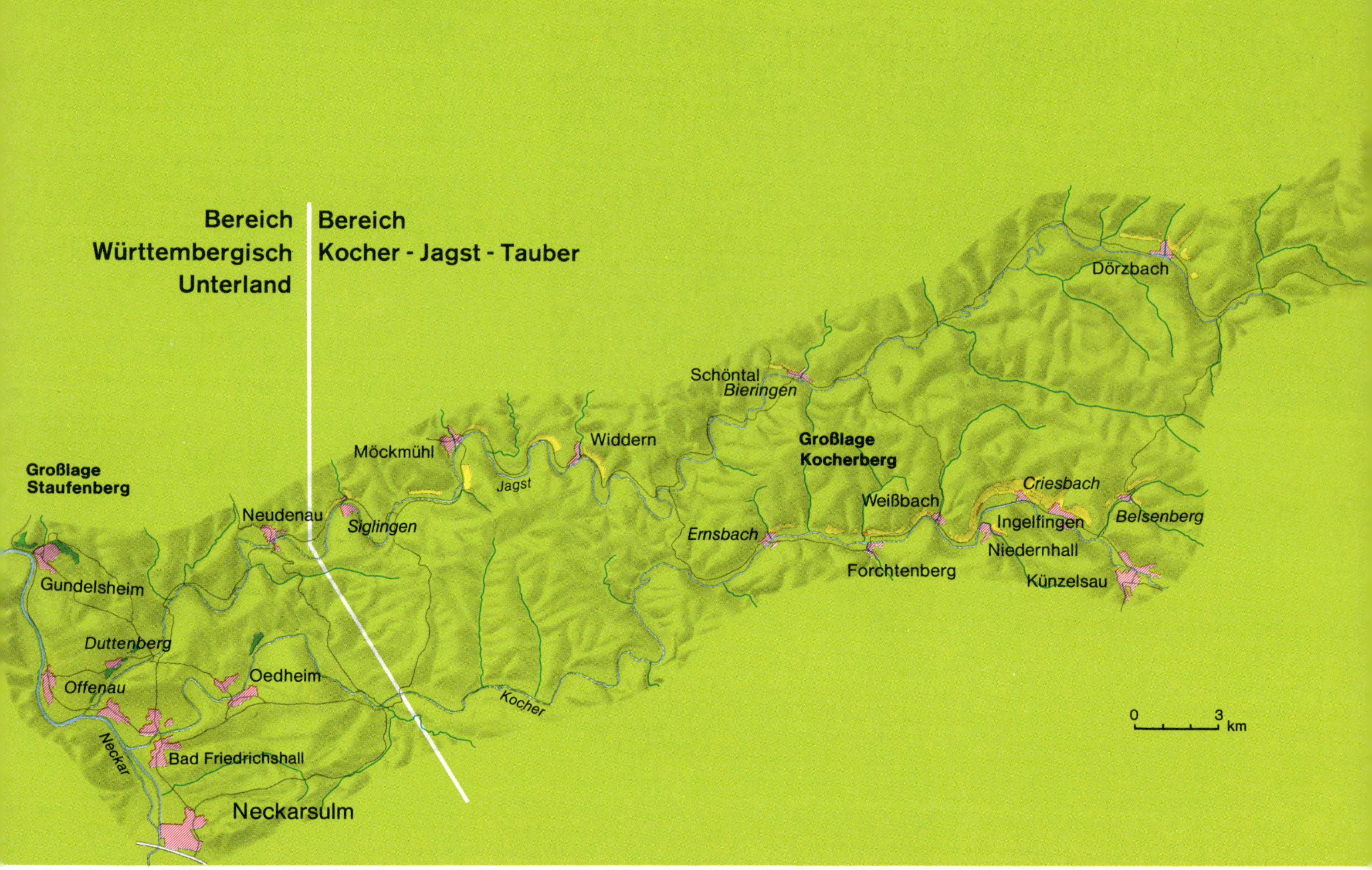

Figurinen der Ludwigsburger Porzellan-Manufaktur nach Vorbildern aus der Zeit um 1770

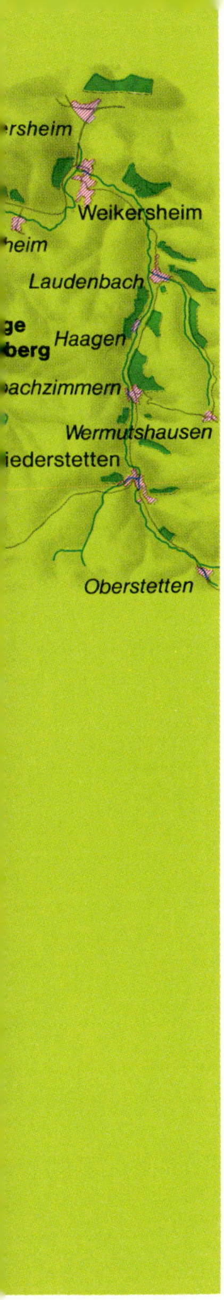

Bereich Kocher-Jagst-Tauber

GROSSLAGE TAUBERBERG

Bad Mergentheim Ortsteil Markelsheim
Mönchsberg 1 T
Probstberg 2 T

Weikersheim
Hardt 3
Schmecker 4
Karlsberg 5

– Ortsteil Elpersheim
Mönchsberg 1 T
Probstberg 2 T

– Ortsteil Laudenbach
Schafsteige 6 T

– Ortsteil Haagen
Schafsteige 6 T

– Ortsteil Schäftersheim
Klosterberg 4 a

Creglingen Ortsteil Reinsbronn
Röde*

Niederstetten
Schafsteige 6 T

– Ortsteil Wermutshausen
Schafsteige 6 T

– Ortsteil Vorbachzimmern
Schafsteige 6 T

– Ortsteil Oberstetten
Schafsteige 6 T

GROSSLAGE KOCHERBERG

Dörzbach
Altenberg 7

Künzelsau
Hoher Berg 8 T

– Ortsteil Belsenberg
Heiligkreuz 9

Ingelfingen
Hoher Berg 8 T

– Ortsteil Criesbach
Hoher Berg 8 T
Sommerberg 10
Burgstall 11 T

Niedernhall
Hoher Berg 8 T
Burgstall 11 T
Engweg 12 T

Weißbach
Engweg 12 T
Altenberg 13

Forchtenberg
Flatterberg 14 T

– Ortsteil Ernsbach
Flatterberg 14 T

Schöntal Ortsteil Bieringen
Schlüsselberg 15

Widdern
Hofberg 16 T

Möckmühl
Hofberg 16 T
Ammerlanden 17

Neudenau Ortsteil Siglingen
Hofberg 16 T

WÜRTTEMBERG
Einzellagen
Bereich Kocher-Jagst-Tauber

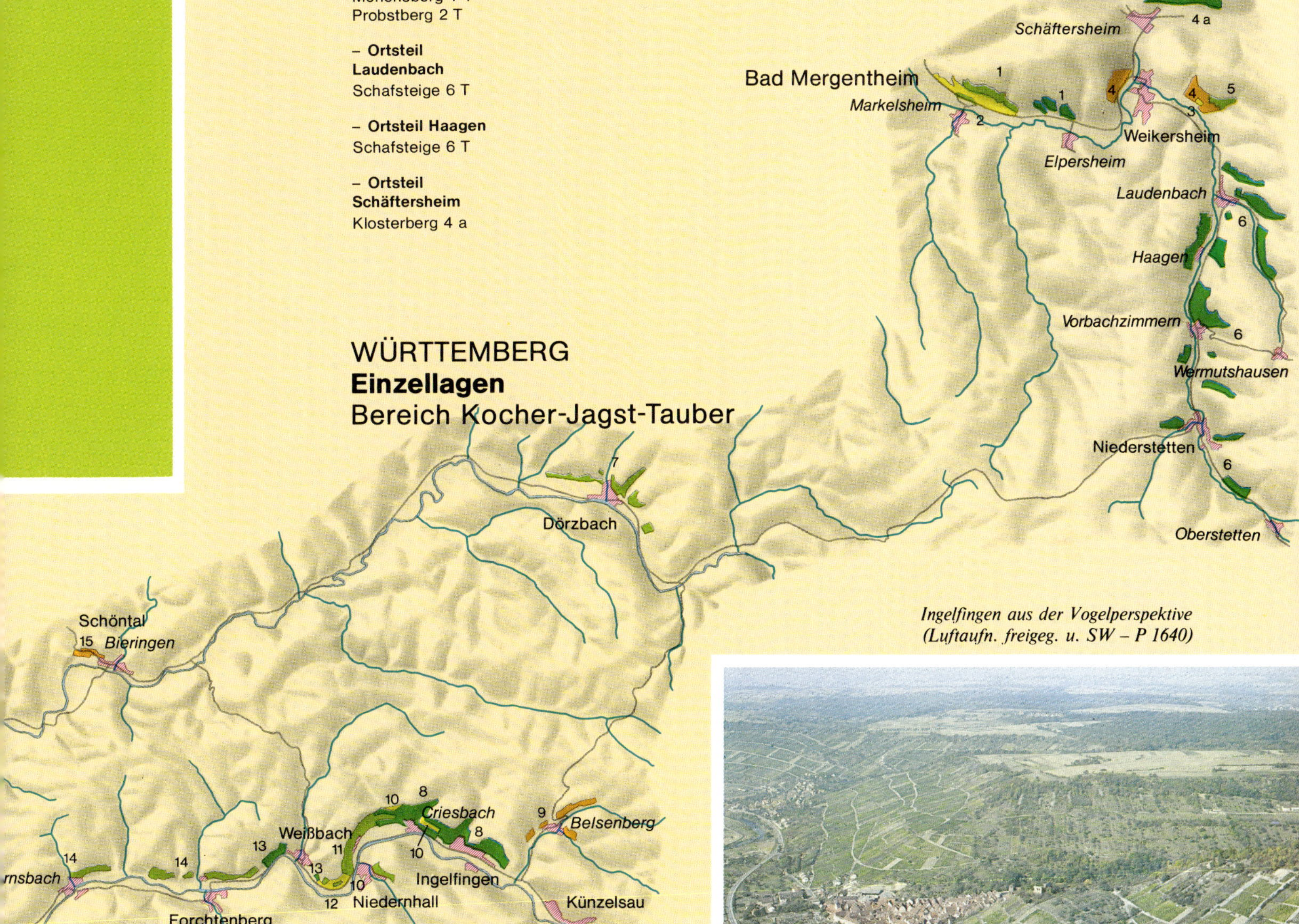

Ingelfingen aus der Vogelperspektive (Luftaufn. freigeg. u. SW – P 1640)

Kein Kilometer ohne Kultur

Ganz gleich, wohin man sich in Württemberg wendet, das Land steckt voller historischer Schauplätze und Kulturdenkmäler Die eiszeitlichen Funde bei Steinheim sind der Beweis dafür, daß das Land schon früh besiedelt war. Ausgrabungen aus der Jungsteinzeit, Hügelgräber aus der Bronzezeit bei Criesbach im Kochertal und die Relikte der keltischen Burgfestung auf dem Asperg sind die Zeichen einer Jahrtausende alten Kultur. Und die verkohlten Traubenkerne aus einer Jungsteinzeitsiedlung bei Weinsberg lassen vermuten, daß es dort damals schon Weinbau gab.

Das Kloster Lorsch an der Bergstraße besaß schon 793 Weinberge am Michaelsberg. Und tausendjähriger Weinbau kann urkundlich nachgewiesen werden in den Orten Benningen, Marbach, Steinheim, Schwaigern und Mockmühl.

Weibertreu und Bauernzorn

Mit den deutschen Kaisern und Königen setzte auch der Bau von Pfalzen und Burgen ein. Heilbronn war 841 königliche Pfalz. Bad Wimpfen war Kaiserpfalz der Stauferkaiser, deren Stammsitz Hohenstaufen knapp 50 Kilometer östlich Stuttgart liegt. Der Staufer Konrad III. war es auch, der 1140 Weinsberg belagerte. Er gewährte den Weibern der Stadt freien Abzug samt ihrem liebsten Besitz. Seine Verblüffung war groß, als die Weiber dann, jede mit ihrem Mann auf dem Buckel, aus dem Stadttor kamen.

„Durch treue Weiber, Wein und Sang hat Weinsberg seinen guten Klang," dichtete Justinus Kerner 700 Jahre später.

Ein Wein, nach dem man sich die Finger leckt

1147 kamen Zisterziensermönche in das Salzachtal. Und weil sie der Sage nach ein Maulesel führte und sie einen Brunnen fanden, errichteten sie das Kloster Maulbronn, das in seinem Bau von der Romanik bis zur Spätgotik alle Stilarten aufweist. Nach der Reformation wurde aus ihm eine protestantische Klosterschule, aus der so berühmte Schwaben wie Johannes Kepler,

Eros auf röm. Tonscherbe, 2./3. Jh., Walheim

Friedrich Hölderlin und Hermann Hesse hervorgingen. Zum Klosterbesitz gehörte der Elffingerberg, der seinen Namen von den elf Fingern haben soll, die die Mönche am liebsten gehabt hätten: denn zur Fastenzeit durften sie nur ihre Finger in eine Schale mit Wein tauchen und ablecken.

Freiheit und Unabhängigkeit

Im Remstal, genauer gesagt in Beutelsbach, wo noch heute ein hochkarätiger Riesling wächst, begann 1514 der Bauernaufstand des „Armen Konrad", den der Schwabe Wilhelm Hauff in seinem Roman „Lichtenstein" beschreibt. In Beutelsbach begann er, und nur wenige Kilometer tiefer im Remstal, in Schorndorf, hielt Herzog Ulrich Strafgericht über die Anhänger dieser ersten Freiheitsbewegung. Schorndorf brachte übrigens im Mittelalter 5 % der gesamten Landessteuern durch den Weinbau auf.

Der große Bauernaufstand 1525 hinterließ in Württemberg besonders starke Spuren. Die Burgen von Gundelsheim, Weinsberg und Neckarsulm wurden Opfer dieser Freiheitsbewegung. Denn mit der Freiheit und Unabhängigkeit nahmen es die Schwaben immer sehr genau. Immerhin wurde die früheste demokratische Verfassung 1514 in Tübingen aufgesetzt, und die zahlreichen freien Reichsstädte waren den württembergischen Herzögen immer ein Dorn im Auge.

Allerdings bleibt es unverständlich, daß die freien Esslinger, als sie 1349 das württembergische Strümpfelbach brandschatzten, 450 000 Liter jungen Wein einfach in die Gassen laufen ließen.

Strümpfelbach

Bereich Württembergisch Unterland

GROSSLAGE STAUFENBERG

Gundelsheim
Himmelreich 18

Bad Friedrichshall Ortsteil Duttenberg
Schön 19 T

– Ortsteil Offenau
Schön 19 T

Langenbrettach Ortsteil Brettach
Berg 20 T

Neuenstadt am Kocher, Ortsteil Cleversulzbach
Berg 20 T

Untereisesheim
Vogelsang 21

Oedheim
Kayberg 22 T

Neckarsulm
Scheuerberg 23

Erlenbach
Kayberg 22 T

Weinsberg
Ranzenberg 24 T
Schemelsberg 25

– Ortsteil Gellmersbach
Dezberg 26 T

Eberstadt
Dezberg 26 T

Ellhofen
Ranzenberg 24 T

Heilbronn
Stiftsberg 27 T
Wartberg 28
Stahlbühl 29

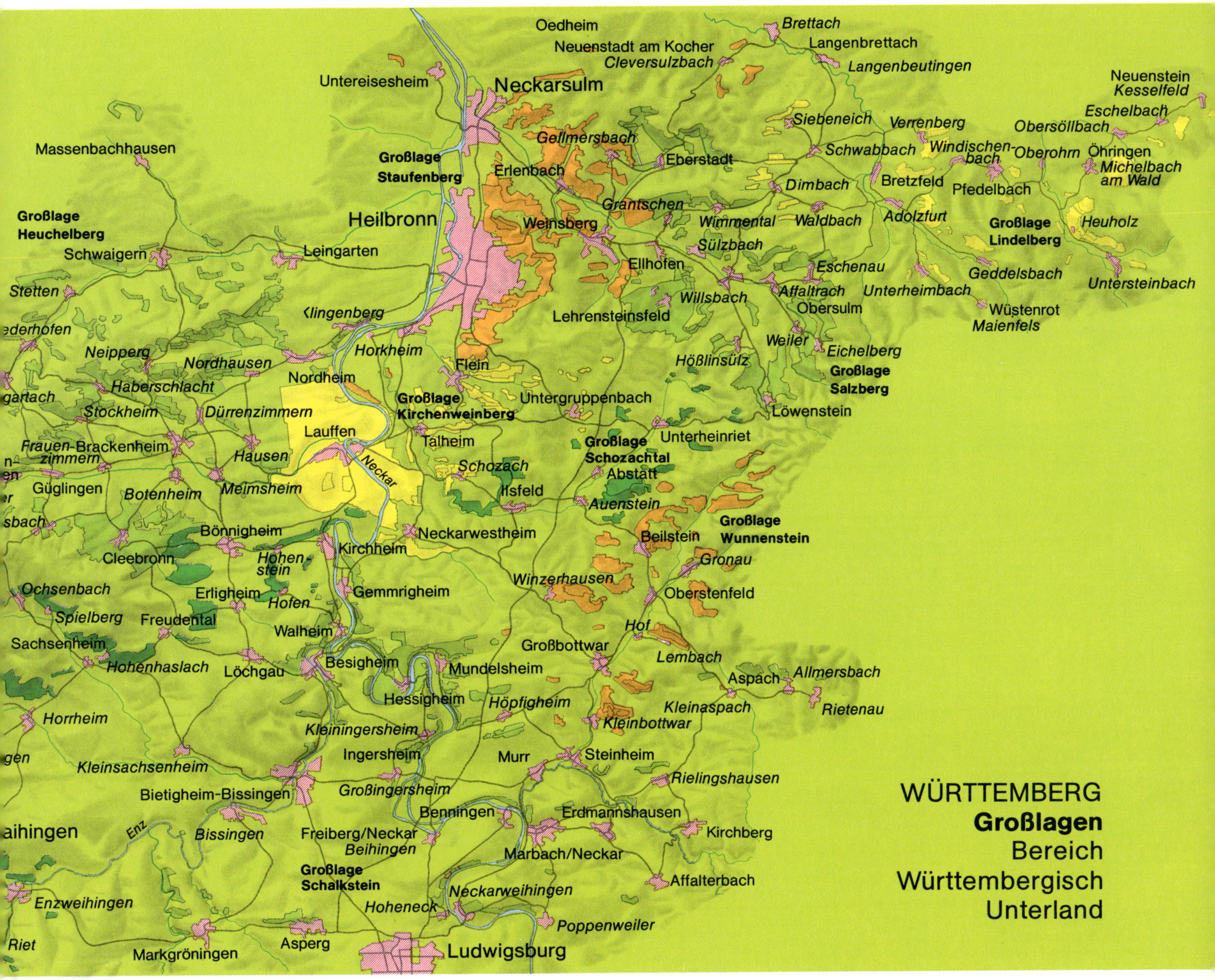

– Ortsteil Horkheim
Stiftsberg 27 T

Talheim
Stiftsberg 27 T

GROSSLAGE LINDELBERG

Neuenstein Ortsteil Kesselfeld
Schwobajörgle 30 T

– Ortsteil Eschelbach
Schwobajörgle 30 T

– Ortsteil Obersöllbach
Margarete 31 T

Öhringen Ortsteil Michelbach am Wald
Margarete 31 T
Dachsteiger 32 T

– Ortsteil Verrenberg
Goldberg 33 T
Verrenberg 35

Pfedelbach
Goldberg 33 T

– Ortsteil Untersteinbach
Dachsteiger 32 T

– Ortsteil Heuholz
Dachsteiger 32 T
Spielbühl 34

– Ortsteil Harsberg
Dachsteiger 32 T

– Ortsteil Oberohrn
Dachsteiger 32 T

– Ortsteil Windischenbach
Goldberg 33 T

Wüstenrot Ortsteil Maienfels
Schneckenhof 36 T

Bretzfeld
Goldberg 33 T

– Ortsteil Geddelsbach
Schneckenhof 36 T

– Ortsteil Unterheimbach
Schneckenhof 36 T

– Ortsteil Adolzfurt
Schneckenhof 36 T

– Ortsteil Siebeneich
Himmelreich 37 T
Schloßberg 38 T

– Ortsteil Schwabbach
Schloßberg 38 T

– Ortsteil Dimbach
Schloßberg 38 T

– Ortsteil Waldbach
Schloßberg 38 T

Langenbrettach Ortsteil Langenbeutingen
Himmelreich 37 T

GROSSLAGE SALZBERG

Eberstadt
Sommerhalde 39
Eberfürst 40

Weinsberg
Althälde 41 T

– Ortsteil Grantschen
Wildenberg 42

– Ortsteil Wimmental
Altenberg 43 T

Ellhofen
Althälde 41 T
Altenberg 43 T

Lehrensteinsfeld
Althälde 41 T
Steinacker 44
Frauenzimmer 45

Obersulm
– Ortsteil Sülzbach
Altenberg 43 T

– Ortsteil Willsbach
Dieblesberg 46 T
Zeilberg 47 T

– Ortsteil Affaltrach
Dieblesberg 46 T
Zeilberg 47 T

– Ortsteil Eschenau
Paradies 48

– Ortsteil Eichelberg
Hundsberg 49 T

– Ortsteil Weiler
Hundsberg 49 T
Schlierbach 50

Löwenstein
Nonnenrain 51
Wohlfahrtsberg 52
Altenberg 43 a

– Ortsteil Hößlinsülz
Dieblesberg 46 T
Zeilberg 47 T

GROSSLAGE SCHOZACHTAL

Abstatt
Sommerberg 53 T
Burgberg 54 T
Burg Wildeck 55

Löwenstein
Sommerberg 53 T

Untergruppenbach Ortsteil Unterheinriet
Sommerberg 53 T

Ilsfeld
Rappen 56

– Ortsteil Auenstein
Burgberg 54 T
Schloßberg 57

GROSSLAGE WUNNENSTEIN

Beilstein
Wartberg 58
Steinberg 59
Schloßwengert 60

Oberstenfeld
Forstberg 61 T
Lichtenberg 62 T
Harzberg 63 T

– Ortsteil Gronau
Forstberg 61 T

Ilsfeld
Lichtenberg 62 T

Großbottwar
Lichtenberg 62 T
Harzberg 63 T

– Ortsteil Winzerhausen
Lichtenberg 62 T
Harzberg 63 T

– Ortsteile Hof und Lembach
Lichtenberg 62 T
Harzberg 63 T

Steinheim
Lichtenberg 62 T

– Ortsteil Kleinbottwar
Lichtenberg 62 T
Oberer Berg 64 T
Süßmund 65
Götzenberg 66

Ludwigsburg Ortsteil Hoheneck
Oberer Berg 64 T

GROSSLAGE KIRCHENWEINBERG

Heilbronn
Sonnenberg 67 T
Altenberg 68 T

Brackenheim Ortsteil Neipperg
Vogelsang 79 T
Grafenberg 81 T
Schloßberg 82 T
Steingrube 88

Eppingen Ortsteil Kleingartach
Vogelsang 79 T
Grafenberg 81 T

Heilbronn Ortsteil Klingenberg
Schloßberg 82 T
Sonntagsberg 83 T

Nordheim
Grafenberg 81 T
Sonntagsberg 83 T
Ruthe 84 T
Gräfenberg 87

– Ortsteil Nordhausen
Sonntagsberg 83 T

– Ortsteil Haberschlacht
Dachsberg 86 T

– Ortsteil Botenheim
Ochsenberg 93

Cleebronn
Michaelsberg 94 T

Güglingen
Michaelsberg 94 T
Kaiserberg 95 T

– Ortsteil Frauenzimmern
Michaelsberg 94 T
Kaiserberg 95 T

– Ortsteil Weiler
Hohenberg 97 T

Zaberfeld
Hohenberg 97 T

Burgbronn Ortsteil Leonbrunn
Hahnenberg 98 T

– Ortsteil Ochsenburg
Hahnenberg 98 T

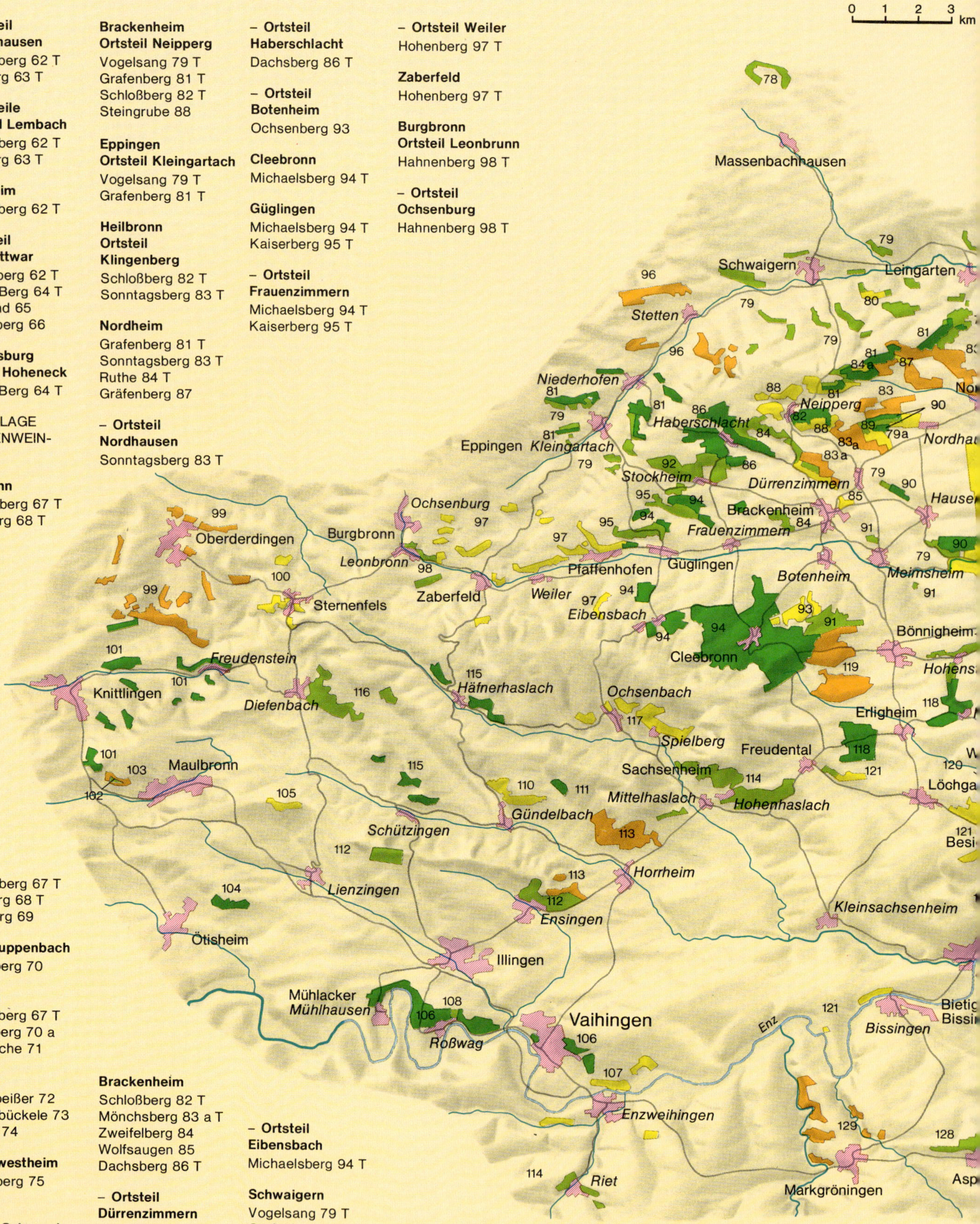

Flein
Sonnenberg 67 T
Altenberg 68 T
Eselsberg 69

Untergruppenbach
Schloßberg 70

Talheim
Sonnenberg 67 T
Schloßberg 70 a
Hohe Eiche 71

Lauffen
Katzenbeißer 72
Riedersbückele 73
Jungfer 74

Neckarwestheim
Herrlesberg 75

Ilsfeld Ortsteil Schozach
Schelmenklinge 76
Roter Berg 77

GROSSLAGE HEUCHELBERG

Massenbachhausen
Krähenberg 78

Leingarten
Vogelsang 79 T
Leiersberg 80
Grafenberg 81 T

Brackenheim
Schloßberg 82 T
Mönchsberg 83 a T
Zweifelberg 84
Wolfsaugen 85
Dachsberg 86 T

– Ortsteil Dürrenzimmern
Mönchsberg 83 a

– Ortsteil Hausen
Vogelsang 79 a
Staig 89
Jupiterberg 90

– Ortsteil Meimsheim
Katzenöhrle 91

– Ortsteil Stockheim
Altenberg 92

– Ortsteil Eibensbach
Michaelsberg 94 T

Schwaigern
Vogelsang 79 T
Grafenberg 81 T
Ruthe 84 T
Sonnenberg 96 T

– Ortsteil Stetten
Sonnenberg 96 T

– Ortsteil Niederhofen
Vogelsang 79 T
Grafenberg 81 T

Pfaffenhofen
Hohenberg 97 T

GROSSLAGE STROMBERG

Oberderdingen
Kupferhalde 99

Sternenfels
König 100

Knittlingen
Reichshalde 101 T

– Ortsteil Freudenstein
Reichshalde 101 T

Maulbronn
Reichshalde 101 T
Eilfingerberg 102
(Eilfingerberg-) Klosterstück 103

Ötisheim
Sauberg 104

Mühlacker Ortsteil Lienzingen
Eichelberg 105

– Ortsteil Mühlhausen
Halde 106 T

Vaihingen
Halde 106 T

– Ortsteil Roßwag
Halde 106 T
Forstgrube 108 T

– Ortsteil Enzweihingen
Höllisch Feuer 107

– Ortsteil Gündelbach
Wachtkopf 110
Steinbachhof 111

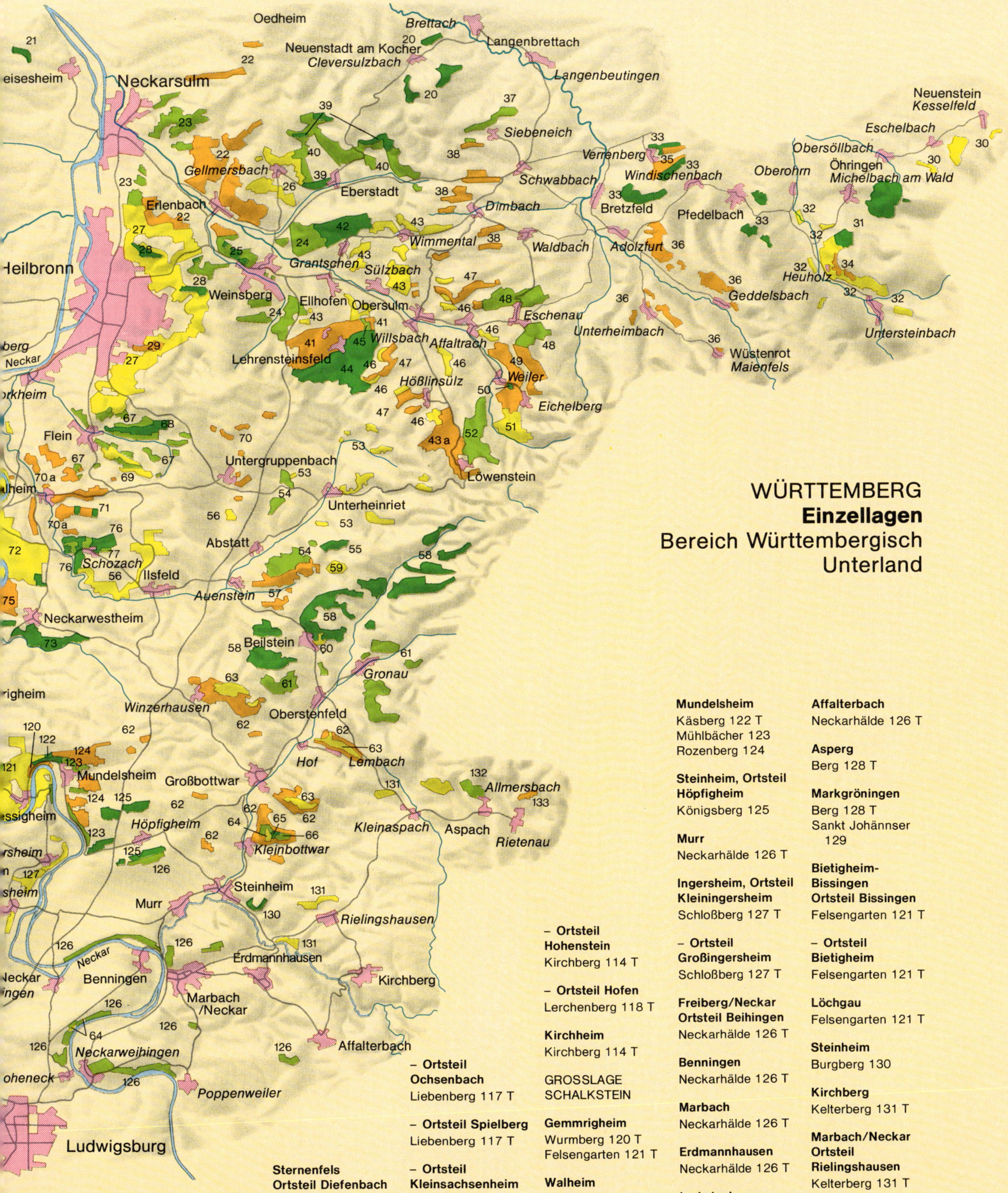

WÜRTTEMBERG
Einzellagen
Bereich Württembergisch Unterland

– Ortsteil Ensingen
Schanzreiter 112 T

– Ortsteil Horrheim
Kosterberg 113 T

– Ortsteil Riet
Kirchberg 114 T

Illingen
Halde 106 T
Forstgrube 108 T
Schanzreiter 112 T

– Ortsteil Schützingen
Heiligenberg 115 T

Sternenfels Ortsteil Diefenbach
König 116

Sachsenheim Ortsteil Häfnerhaslach
Heiligenberg 115 T

– Ortsteil Hohenhaslach
Klosterberg 113 T
Kirchberg 114 T

– Ortsteil Ochsenbach
Liebenberg 117 T

– Ortsteil Spielberg
Liebenberg 117 T

– Ortsteil Kleinsachsenheim
Kirchberg 114 T

Freudental
Kirchberg 114 T

Erligheim
Lerchenberg 118 T

Bönnigheim
Kirchberg 114 T
Sonnenberg 119

– Ortsteil Hohenstein
Kirchberg 114 T

– Ortsteil Hofen
Lerchenberg 118 T

Kirchheim
Kirchberg 114 T

GROSSLAGE SCHALKSTEIN

Gemmrigheim
Wurmberg 120 T
Felsengarten 121 T

Walheim
Wurmberg 120 T
Felsengarten 121 T

Besigheim
Wurmberg 120 T
Felsengarten 121 T

Hessigheim
Wurmberg 120 T
Felsengarten 121 T
Käsberg 122 T

Mundelsheim
Käsberg 122 T
Mühlbächer 123
Rozenberg 124

Steinheim, Ortsteil Höpfigheim
Königsberg 125

Murr
Neckarhälde 126 T

Ingersheim, Ortsteil Kleiningersheim
Schloßberg 127 T

– Ortsteil Großingersheim
Schloßberg 127 T

Freiberg/Neckar Ortsteil Beihingen
Neckarhälde 126 T

Benningen
Neckarhälde 126 T

Marbach
Neckarhälde 126 T

Erdmannhausen
Neckarhälde 126 T

Ludwigsburg Ortsteil Hoheneck
Neckarhälde 126 T

– Ortsteil Neckarweihingen
Neckarhälde 126 T

– Ortsteil Poppenweiler
Neckarhälde 126 T

Affalterbach
Neckarhälde 126 T

Asperg
Berg 128 T

Markgröningen
Berg 128 T
Sankt Johännser 129

Bietigheim-Bissingen Ortsteil Bissingen
Felsengarten 121 T

– Ortsteil Bietigheim
Felsengarten 121 T

Löchgau
Felsengarten 121 T

Steinheim
Burgberg 130

Kirchberg
Kelterberg 131 T

Marbach/Neckar Ortsteil Rielingshausen
Kelterberg 131 T

Aspach Ortsteil Kleinaspach
Kelterberg 131 T

– Ortsteil Allmersbach
Alter Berg 132

– Ortsteil Rietenau
Güldenkern 133

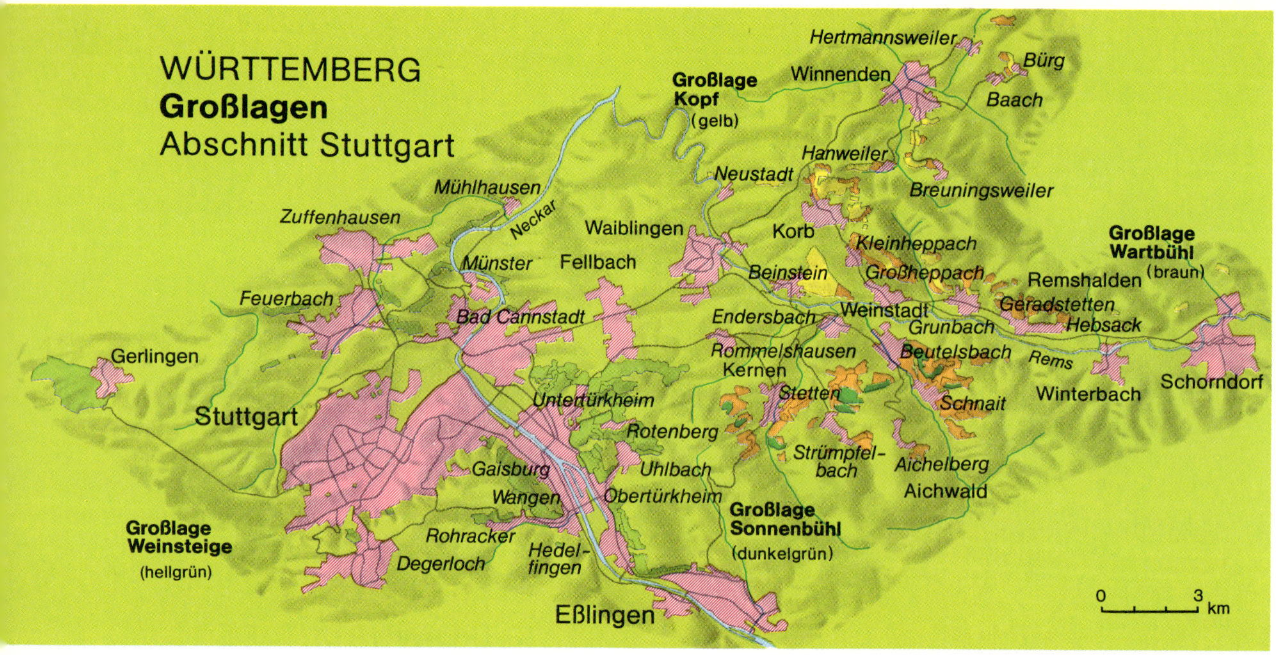

Bereich Remstal – Stuttgart

GROSSLAGE WEINSTEIGE

Gerlingen
Bopser 134

Stuttgart
Mönchhalde 135 T
Kriegsberg 136

– Ortsteil Feuerbach
Berg 137 T

– Ortsteil Degerloch
Scharrenberg 138

– Ortsteil Bad Cannstatt
Mönchhalde 135 T
Berg 137 T
Steinhalde 139 T
Zuckerle 140 T
Halde 141
Herzogenberg 142 T
Mönchberg 143 T

– Ortsteil Mühlhausen
Steinhalde 139 T
Zuckerle 140 T

– Ortsteil Münster
Berg 137 T
Steinhalde 139 T
Zuckerle 140 T

– Ortsteil Zuffenhausen
Berg 137 T

– Ortsteil Untertürkheim
Herzogenberg 142 T
Mönchberg 143 T
Altenberg 144
Gips 145 T
Wetzstein 146 T
Schloßberg 147 T

– Ortsteil Rotenberg
Schloßberg 147 T

– Ortsteil Uhlbach
Schloßberg 147 T
Steingrube 148
Götzenberg 149

– Ortsteil Gaisburg
Abelsberg 150

– Ortsteil Wangen
Berg 137 T

– Ortsteil Hedelfingen
Lenzenberg 151 T

– Ortsteil Rohracker
Lenzenberg 151 T

– Ortsteil Obertürkheim
Kirchberg 152 T
Ailenberg 153 T

Fellbach
Herzogenberg 142 T
Mönchberg 143 T
Gips 145 T
Wetzstein 146 T
Goldberg 154
Lämmler 155
Hinterer Berg 156

Eßlingen
Kirchberg 152 T
Ailenberg 153 T
Lerchenberg 157
Schenkenberg 158

GROSSLAGE KOPF

Korb
Sommerhalde 159
Berg 160 T
Hörnle 161 T

– Ortsteil Kleinheppach
Greiner 162

Waiblingen
Hörnle 161 T

– Ortsteil Neustadt
Söhrenberg 163

– Ortsteil Beinstein
Großmulde 164

Winnenden
Berg 160 T
Holzenberg 165 T
Roßberg 166

– Ortsteil Hanweiler
Berg 160 T

– Ortsteil Breuningsweiler
Holzenberg 165 T

– Ortsteil Bürg
Schloßberg 167

Weinstadt, Ortsteil Großheppach
Wanne 168

Remshalden Ortsteil Grunbach
Berghalde 169

Winterbach
Hungerberg 170

Schorndorf
Grafenberg 171

GROSSLAGE WARTBÜHL

Winnenden
Haselstein 172 T

– Ortsteil Hertmannsweiler
Himmelreich 173 T

– Ortsteil Baach
Himmelreich 173 T

– Ortsteil Breuningsweiler
Haselstein 172 T

– Ortsteil Hanweiler
Maien 174

Korb
Steingrüble 175 T

– Ortsteil Kleinheppach
Steingrüble 175 T
Sonnenberg 176 T

Weinstadt, Ortsteil Großheppach
Steingrüble 175 T
Zügernberg 177

– Ortsteil Beutelsbach
Sonnenberg 176 T
Altenberg 178 T
Käppele 179

– Ortsteil Schnait
Sonnenberg 176 T
Altenberg 178 T

– Ortsteil Endersbach
Wetzstein 180
Happenhalde 181

– Ortsteil Strümpfelbach
Gastenklinge 182
Nonnenberg 183

Remshalden Ortsteil Grunbach
Klingle 184

– Ortsteil Geradstetten
Sonnenberg 176 T
Lichtenberg 185 T

– Ortsteil Hebsack
Lichtenberg 185 T

Aichwald Ortsteil Aichelberg
Luginsland 186

Kernen Ortsteil Stetten
Pulvermächer 187
Lindhälder 188
Brotwasser 189
Häder 190 T

– Ortsteil Rommelshausen
Häder 190 T

Waiblingen
Steingrüble 175 T

Bereich Bayerischer Bodensee

GROSSLAGE LINDAUER SEEGARTEN

Nonnenhorn
Seehalde*
Sonnenbüchel*
sowie Rebflächen in den Gemarkungen Bodolz, Lindau und Wasserburg

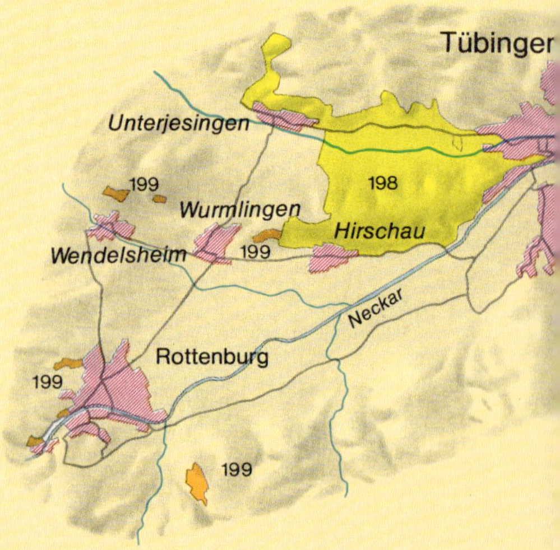

GROSSLAGE SONNENBÜHL

Weinstadt Ortsteil Beutelsbach
Burghalde 192 T

– Ortsteil Schnait
Burghalde 192 T

– Ortsteil Strümpfelbach
Altenberg 193

– Ortsteil Endersbach
Hintere Klinge 194

Kernen Ortsteil Stetten
Mönchberg 195 T

– Ortsteil Rommelshausen
Mönchberg 195 T

WÜRTTEMBERG
Einzellagen
Abschnitt Stuttgart

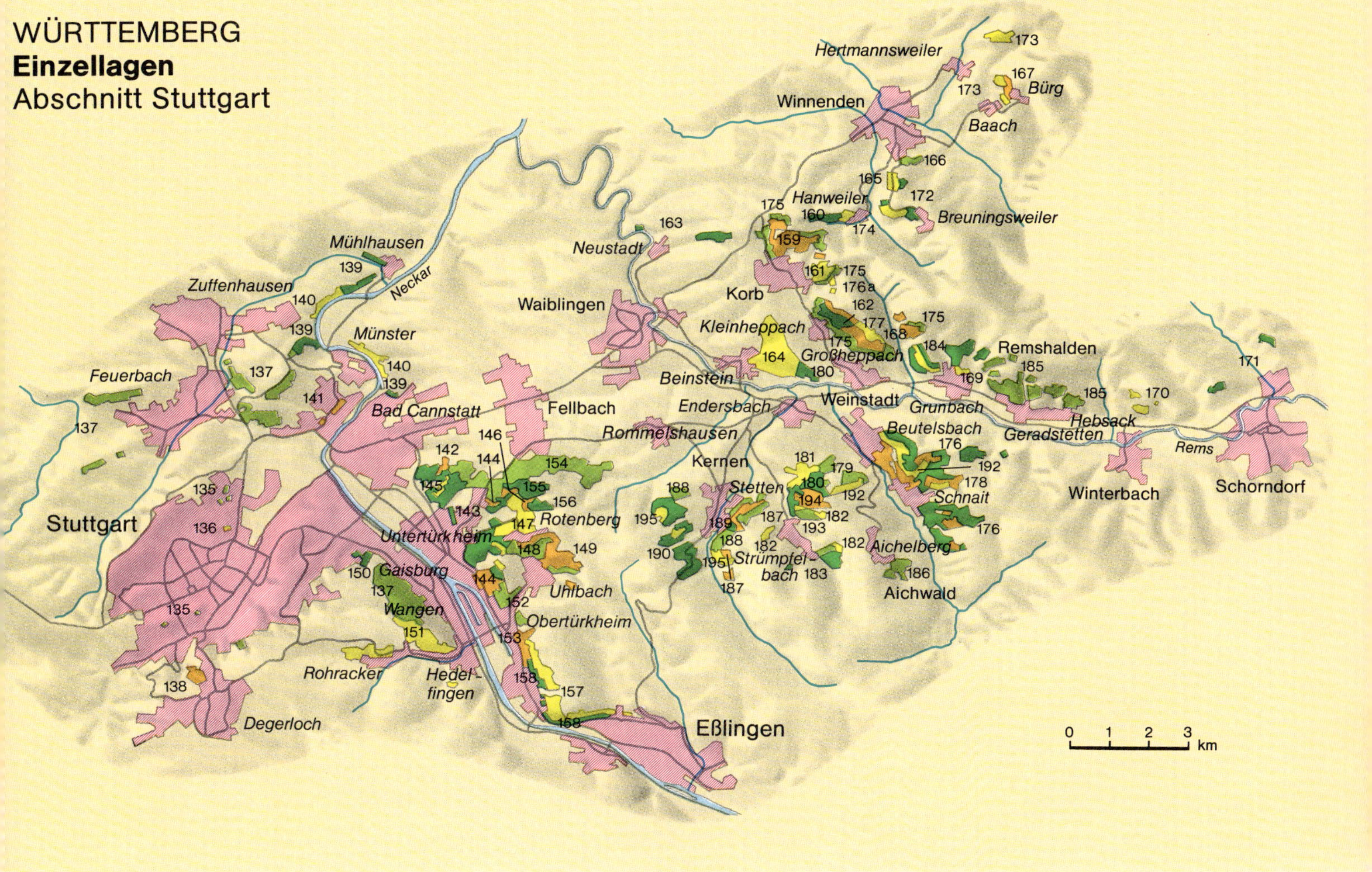

WÜRTTEMBERG
Einzellagen
Abschnitt Tübingen-Reutlingen

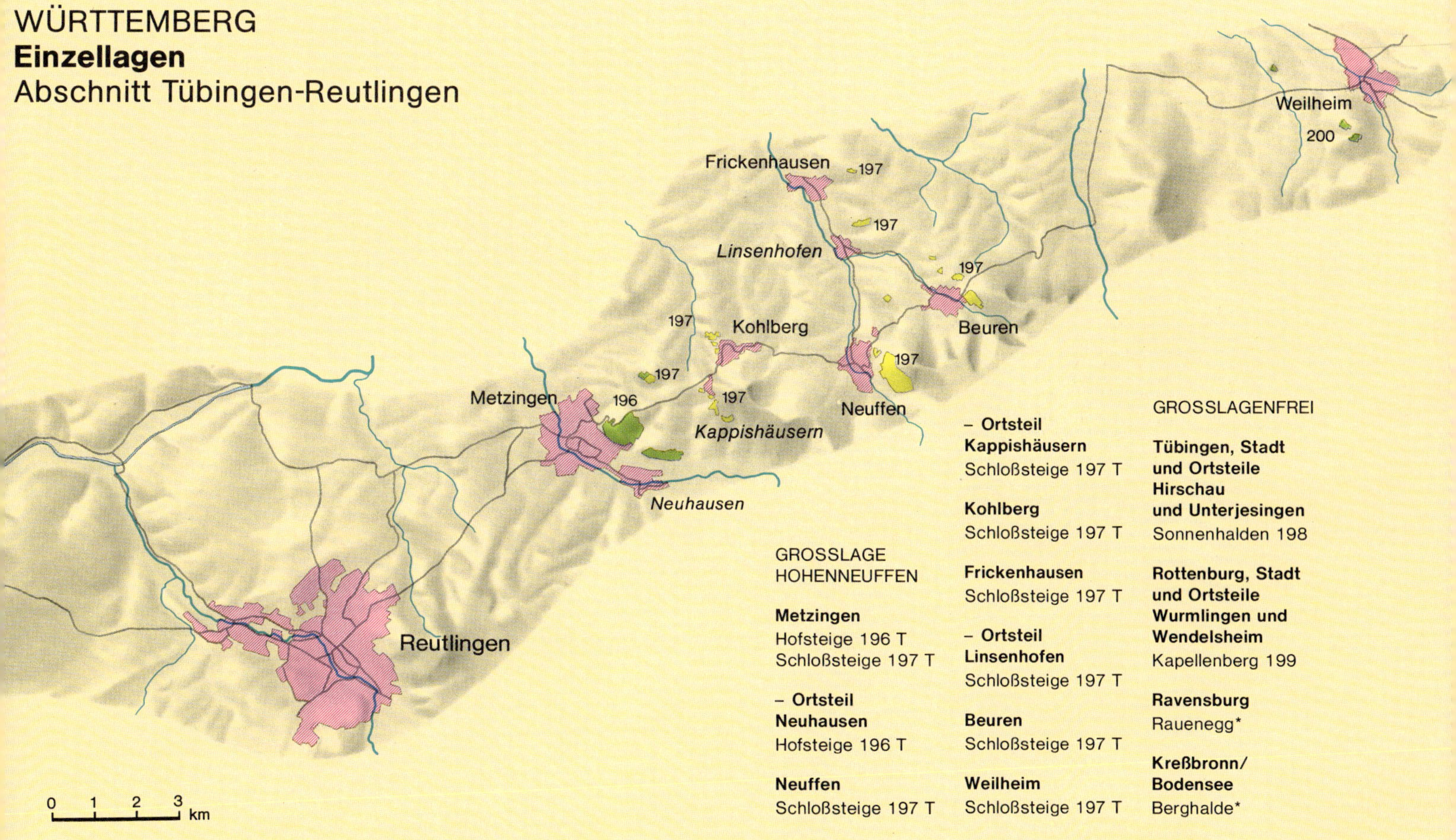

GROSSLAGE HOHENNEUFFEN

Metzingen
Hofsteige 196 T
Schloßsteige 197 T

– Ortsteil Neuhausen
Hofsteige 196 T

Neuffen
Schloßsteige 197 T

– Ortsteil Kappishäusern
Schloßsteige 197 T

Kohlberg
Schloßsteige 197 T

Frickenhausen
Schloßsteige 197 T

– Ortsteil Linsenhofen
Schloßsteige 197 T

Beuren
Schloßsteige 197 T

Weilheim
Schloßsteige 197 T

GROSSLAGENFREI

Tübingen, Stadt und Ortsteile Hirschau und Unterjesingen
Sonnenhalden 198

Rottenburg, Stadt und Ortsteile Wurmlingen und Wendelsheim
Kapellenberg 199

Ravensburg
Rauenegg*

Kreßbronn/ Bodensee
Berghalde*

Baden

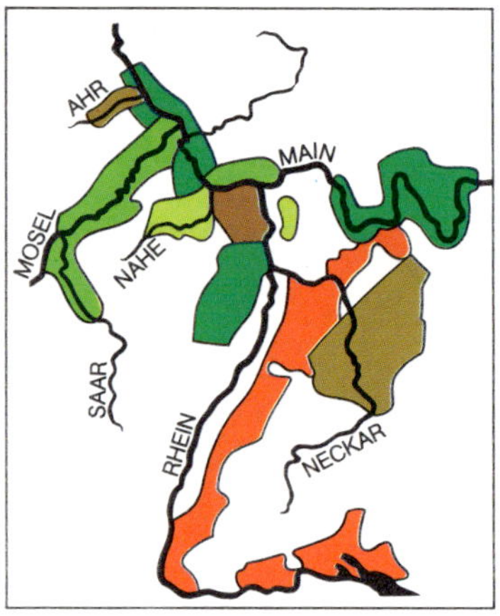

Die Ravensburg bei Sulzfeld/Kraichgau

Bei dem Stichwort „Badischer Wein" denken viele Weinfreunde zunächst an den „Kaiserstühler", vielleicht noch an den „Markgräfler" und den Wein aus Ortenau. Badischer Wein wird jedoch in sieben badischen Bereichen angebaut, die jeder für sich typische eigene Weine hervorbringen.

Wer deshalb die Badische Weinstraße entlangfährt – eine romantische Straße mit vielen einladenden Gaststuben – wird seinen Gaumen mit immer wieder neuen Genüssen beglücken können.

Badisches Frankenland, das Madonnenländchen

Die Badische Weinstraße beginnt genaugenommen in Franken, denn das untere Taubertal mit Tauberbischofsheim und Wertheim am Main gehört zu Baden.

Hier findet man einen blumigen, fast würzigen Müller-Thurgau, und da wir eigentlich im Frankenland sind – erst 1803 kam dieser Teil zu Baden – wird der Wein auch in den bauchigen Bocksbeutelflaschen angeboten.

Ob Bonifatius allerdings, dem Tauberbischofsheim um 730 gehörte, dort schon Wein anbaute, ist fraglich. Heute gibt es tauberaufwärts bis Beckstein und -abwärts bis Wertheim noch ein gutes Dutzend Ortschaften mit Rebkultur.

Im Mittelalter war das Taubertal einer der Kernpunkte des Bauernaufstandes 1525. Und in Lauda weist noch heute ein Bildstock auf die Stelle hin, wo der Bischof von Würzburg persönlich die aufständischen Bauern hinrichten ließ.

Heute hält man diese grausame Szene in einer so lieblichen Landschaft kaum für möglich, in einer Landschaft, in der man auf viele Madonnenstatuen an den Häusern trifft, weshalb man dem Landstrich auch den Namen „Madonnenländchen" gab.

Badische Bergstraße/Kraichgau

Man kann von Tauberbischofsheim über den Wallfahrtsort Walldürn mit dem Heilig-Blut-Altar an den Neckar fahren und dann den Neckar entlang bis Heidelberg. Und wer das Heidelberger Schloß mit seinem Riesenfaß aus dem Jahre 1751 besichtigt hat, wird gerne glauben, daß auch in alten Zeiten die mehr als 200 000 Liter Wein in diesem Faß eines ansehnlichen Konsums bedurften.

Von Heidelberg aus muß der Reisende dann einen kurzen Abstecher nach Norden machen, um die Badische Bergstraße kennenzulernen. Die Weine aus Schriesheim oder Lützelsachsen werden ihm köstlich munden.

Daß es in diesem Landstrich wenige historische Attraktionen gibt, liegt daran, daß

Ein guter Wegweiser zu badischen Weinen

gerade dieses Gebiet den Schrecken vieler Kriege ausgesetzt war. Hier kämpften die Schweden und Kaiserlichen im 30jährigen Krieg. Auch die Raubzüge Ludwigs XIV. führten zur Zerstörung nicht nur des Heidelberger Schlosses, sondern vieler Burgen, Schlösser und Ortschaften.

Südlich von Heidelberg, hinter Wiesloch, beginnt der Kraichgau, wo es fruchtige Ruländer und beachtliche Rieslinge gibt. Hier ist die Weinstraße nicht mit der B 3 identisch, sondern verästelt sich in die weiter östlich liegenden Orte Eichelberg, Tiefenbach und Odenheim. Man sollte ruhig bis Sulzfeld zur Ravensburg fahren. Zu bewundern ist der 30 m hohe Burgfried und das prächtige Renaissance-Palais.

Durch das mittelalterliche Bretten mit der größten Bibliothek aus der Reformationszeit im Melanchthonhaus können wir dann in Richtung Bruchsal in den Pfinzgau fahren, um das Treppenhaus von Balthasar Neumann im Bruchsaler fürstbischöflichen Schloß zu besuchen.

Ruländer

Hauptrebsorten in Baden:

Müller-Thurgau:	34,5 %
Blauer Spätburgunder:	18,6 %
Ruländer:	12,5 %
Gutedel:	9,9 %
Riesling:	7,4 %
Silvaner:	4,6 %

Tips für Touristen

Baden-Baden: *Kurhaus, Trinkhalle, Neues Schloß, russ.-orthodoxe Kapelle.*
Badenweiler: *Röm. Bäder, Markgrafenbad, Neues Kurhaus, Kurpark mit Burgruine. Wanderwege zum Blauen und Schloß Bürgeln.*
Breisach: *St.-Stephans-Münster, Hochaltar.*
Bruchsal: *Fürstbischöfliches Schloß mit Treppenhaus von Balthasar Neumann und Schloßgarten.*
Emmendingen: *Rathaus, Markgrafenschloß, Burgruinen Landeck und Hochburg.*
Ettlingen: *Schloß, Rathaus, Narrenbrunnen.*
Freiburg: *Münster, Kaufhaus aus dem Mittelalter, Schwabentor, Martinstor, Rathaus, Museen, Fahrt auf den „Schauinsland".*
Heidelberg: *Alte Universität, Heiliggeistkirche, Haus zum Riesen (geolog. Sammlungen), Haus zum Ritter (Renaissance-Fassade), Rathaus, Karlstor, Schloß, vom Schloß über Molkenkur zum Königsstuhl.*
Karlsruhe: *Schloß mit Landesmuseum, staatl. Kulturhalle, Pyramide, Schloßplatz, schöne Aussicht vom Turmberg.*
Lahr: *Rathaus, Storchenturm, Stiftskirche, barocke Bürgerhäuser.*
Offenburg: *Heiligkreuzkirche, Rathaus, Vinzentiusgarten.*
Ortenberg: *Schloß, Kapelle, Fachwerkhäuser.*
Weinheim: *Türme der ehem. Befestigung, Marktbrunnen, Löwen-Apotheke, gräflich von Berckheimisches Schloß, Burgruine Windeck, Wachenburg.*
Wertheim: *Marienkapelle, Rathaus, Fachwerkbauten, St.-Kilians-Kapelle, Burgruine, Kloster Bronnbach.*
Wiesloch: *Reste der ehem. Wasserburg und Stadtbefestigung.*

Holzfaßkeller (o.)
Tankkeller der Zentralkellerei Breisach (u.)

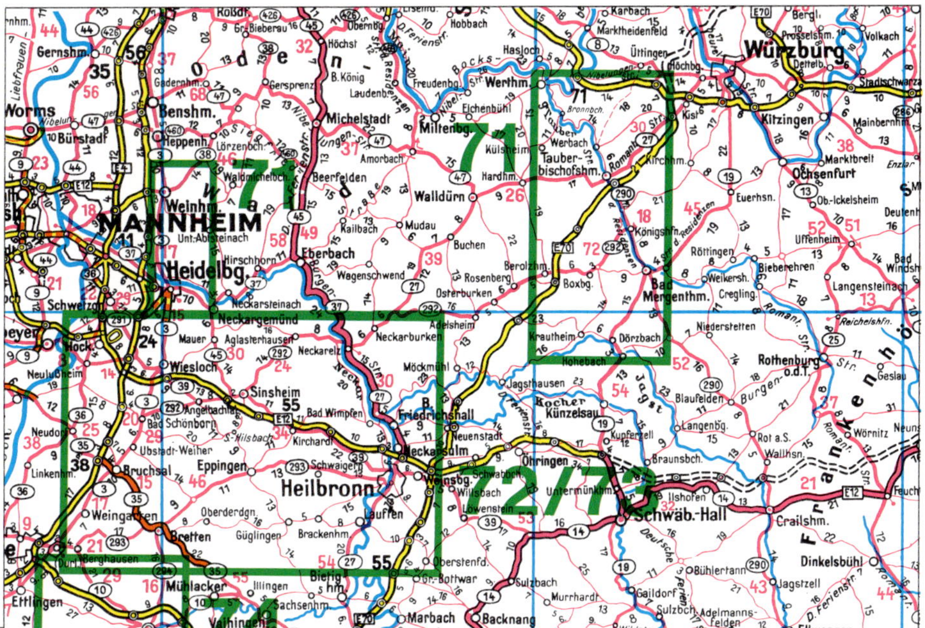

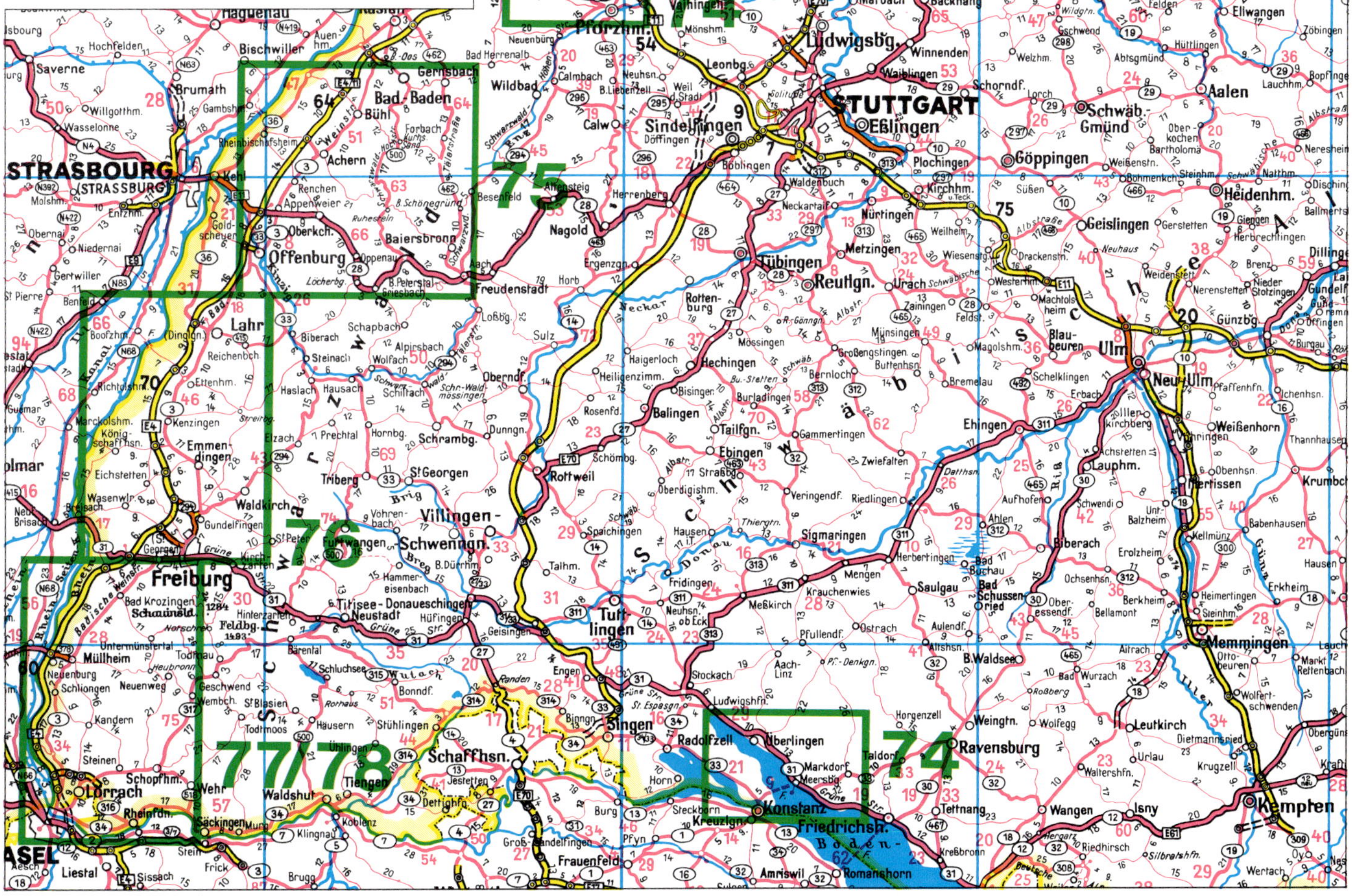

„Weich, warm und feuchtlich" ist die Ortenau!

Das meinte Goethe. Und recht hatte er mit diesem fruchtbaren Ländchen, das sich an den Fuß des Schwarzwaldes schmiegt, die Ortenau, das Land des Simplicius Simplicissimus. Hier trinkt man kräftige, vollmundige Rotweine und elegante Rieslingweine.

Am Eingang des Renchtales liegt Oberkirch, überragt von der Ruine Schauenburg. Von den Schwarzwaldhöhen geschützt, gedeiht hier ein vortrefflicher Tropfen. 10 km weiter südlich gelangt man nach Durbach mit der Ritterburg Staufenberg.

Und noch etwas für den Weinkenner: hier heißt der Riesling „Klingelberger" und der Traminer „Clevner".

Der Breisgau

Südlich von Offenburg bis Freiburg liegt der Breisgau. Hier beginnt einer der kulturgeschichtlich reizvollsten Abschnitte der Weinstraße. Allein Freiburg bietet dem Touristen eine solche Fülle von Sehenswürdigkeiten, daß ein Tagesaufenthalt kaum ausreicht.

„Kaiserstuhl-Tuniberg", der Inbegriff badischer Weine

Schützend vor der Freiburger Bucht wölbt sich der mächtige Vulkanfelsen des Kaiserstuhls mit dem Tuniberg südlich davor. Bereits im 7. Jahrhundert begann man hier, Weinbau zu betreiben.

Hier am Kaiserstuhl wachsen kraftvolle, feurige Weine: der Ruländer voller fruchtiger Fülle, selbst der milde Silvaner erhält hier ein verhaltenes Feuer, und das Bukett des Traminers und Gewürztraminers blüht auf wie der

Flurbereinigte Lößterrassen

Duft einer wohlriechenden Blume. Der gehaltvolle Spätburgunder reift vor allem im südlichen Teil und wird als Rotwein und als kräftiger Weißherbst sehr geschätzt.

Im Breisacher Münster faszinieren die Wandgemälde Martin Schongauers im Westbau und der Hochaltar, ein Meisterwerk deutscher Bildschnitzerkunst.

Das Markgräflerland

Wenn man von Freiburg weiter nach Süden fährt, kommt man in das ursprüngliche Land des Markgrafen von Baden. Sein Wein, der „Markgräfler", war schon vor 100 Jahren über die Landesgrenzen hinaus bekannt. Vor allem die Gutedelrebe gedeiht hier prächtig. Sie bringt einen leichten, spritzigen Wein hervor.

St. Urban, Schutzheiliger der Winzer

Als Grenzland hatte das Markgräflerland in allen Kriegen sehr zu leiden. Doch die Landschaft ist nicht zu zerstören und bezaubert den Fremden nach jeder Straßenbiegung von neuem. Peter Hebel bezeichnete das Land als „Paradiesgärtlein", und René Schickele nannte es das „schönste Exil der Welt".

Die Weine am Bodensee

Während die Badische Weinstraße in Weil endet, fahren wir weiter am Rhein entlang über Rheinfelden, Säckingen und Waldshut in den karolingischen Klettgau, wo die Weine bei Erzingen schon die „kernige" Art der Seeweine ahnen lassen.

Und am Hohentwiel ist man schon fast am See. Diese uralte Fluchtburg, Burg und Festung, ist einen Aufenthalt wert. Im 30jährigen Krieg war diese Burg trotz fünfmaliger Belagerung unüberwindlicher Widerstandsort der Protestanten. Vor Napoleon kapitulierte der Kommandant kampflos in der Hoffnung, die Burg retten zu können. Doch Napoleon ließ sie schleifen.

Und dann an den Bodensee. Seine bedeutendsten Weinorte sind Meersburg und Hagnau. Aber auch in Konstanz und Überlingen wird noch ein guter Tropfen angebaut. Die Klosterherren dieser Gegend und die Mönche der Insel Reichenau haben wahrscheinlich früh die günstige Lage der Bodenseehänge erkannt, wo die vom See reflektierten Sonnenstrahlen ihren Teil zum spritzigen, eleganten Müller-Thurgau und fruchtigen Spätburgunder Weißherbst beitragen. In Überlingen gibt es die mittelalterliche Stadtbefestigung und das spätgotische Nikolausmünster. In Meersburg das alte Schloß mit seinen Sammlungen und das Barockschloß der Konstanzer Fürstbischöfe. In Hagnau spätgotische und barocke Wohnhäuser. Hier endet die badische Weinreise.

Und wer mehr über Baden, seine Orte und Winzerfeste wissen will, wende sich an die

Weinwerbezentrale
Badische Winzergenossenschaften
Ettlinger Straße 12
7500 Karlsruhe

Daten und Fakten

Geographische Lage: *Das Weinbaugebiet erstreckt sich in einer Länge von ca. 400 km als ein nur wenig unterbrochener Rebstreifen vom Bodensee im Süden entlang der Oberrheinischen Tiefebene nordwärts bis zur Badischen Bergstraße und zum Badischen Frankenland a. d. Tauber.*
Klima: *Sonnig und warm dank der geschützten Lagen an den Flanken des Schwarzwaldes und des Odenwaldes und der klimatisch begünstigten Oberrheinischen Tiefebene.*
Böden: *In dem weit auseinandergezogenen Gebiet treten die unterschiedlichsten Böden auf, vom hitzigen Moränenschotter am Bodensee über tertiäre Kalk-, Ton- und Mergelböden sowie riesige Lößablagerungen, die in die vulkanischen Gesteine eingestreut sind, bis zum Muschelkalk und Keuper im Kraichgau und Taubergrund. Durchweg warme und fruchtbare Böden.*
Rebfläche: *Die 12 591 ha bestockte Rebfläche setzt sich aus 7 Bereichen, 15 Großlagen und 306 Einzellagen zusammen.*
Rebsorten: *Starke Unterschiede in Höhen und Bodenverhältnissen bedingen eine beachtliche Sortenvielzahl. Der vor zwei Jahrzehnten hier noch kaum bekannte Müller-Thurgau (4345 ha) ist heute die am meisten angebaute Sorte. Den Ruländer (1814 ha) findet man hauptsächlich am Kaiserstuhl und den Gutedel (1247 ha) im Märkgräflerland. Der Riesling (930 ha) ist vor allem in der Ortenau anzutreffen, während der Silvaner, Weiße Burgunder und Traminer über das ganze Gebiet streuen. Unter den Rotweinsorten dominiert der Blaue Spätburgunder (2338 ha). Neuzüchtungen gegenüber ist man zurückhaltend.*
Ertrag: *Im Durchschnitt der Jahre 1975 bis 1977 1,4 Mio. hl, das sind 14,8 % des deutschen Mostertrages.*
Betriebsstruktur: *Hervorragend genossenschaftlich organisiert. Daneben noch eine größere Zahl selbstmarktender Winzer und Weingüter. Die zur Zeit 120 Winzergenossenschaften mit 23 000 Mitgliedern erzeugen 80 % der badischen Weine. Die „Zentralkellerei badischer Winzergenossenschaften" in Breisach gilt als die modernste und größte Kellerei Europas.*

Kloster Birnau, Bodensee

BADEN
Einzellagen
Bereich Badisches Frankenland

Die in dieser Karte gezeigten Einzellagen bilden zusammen die Großlage Tauberklinge

Bereich Badisches Frankenland

GROSSLAGE TAUBERKLINGE

Dertingen
Ortsteil von Wertheim
Mandelberg 1
Sonnenberg 2 T

Kembach
Ortsteil von Wertheim
Sonnenberg 2 T

Lindelbach
Ortsteil von Wertheim
Ebenrain 4

Wertheim
Schloßberg 5

Reichholzheim
Ortsteil von Wertheim
First 6
Satzenberg 7
Kemelrain 8 T

Höhefeld
Ortsteil von Wertheim
Kemelrain 8 T

Uissigheim
Ortsteil von Külsheim
Stahlberg 9

Külsheim
Hoher Herrgott 10

Werbach
Hirschberg 11
Beilberg 12 T

Großrinderfeld
Beilberg 12 T

Impfingen
Ortsteil von Tauberbischofsheim
Silberquell 13

Tauberbischofsheim
Edelberg 14

Distelhausen
Ortsteil von Tauberbischofsheim
Kreuzberg 14 a

Dittigheim
Ortsteil von Tauberbischofsheim
Steinschmetzer 14 b

Königheim
Kirchberg 15

Gissigheim
Ortsteil von Königheim
Gützenberg 15 a

Gerlachsheim
Ortsteil von Lauda-Königshofen
Herrenberg 16

Oberlauda
Ortsteil von Lauda-Königshofen
Steinklinge 17
Altenberg 18 T

Lauda
Ortsteil von Lauda-Königshofen
Altenberg 18 T
Frankenberg 19 T
Nonnenberg 20 T

Marbach
Ortsteil von Lauda-Königshofen
Frankenberg 19 T

Beckstein
Ortsteil von Lauda-Königshofen
Nonnenberg 20 T
Kirchberg 21 T

Königshofen
Ortsteil von Lauda-Königshofen
Kirchberg 21 T
Walterstal 22 T
Turmberg 23

Sachsenflur
Ortsteil von Lauda-Königshofen
Walterstal 22 T
Kailberg 24

Unterschüpf
Ortsteil von Boxberg
Mühlberg 25

Oberschüpf
Ortsteil von Boxberg
Altenberg 26
Herrenberg 27

Krautheim
Heiligenberg 28 T

Klepsau
Ortsteil von Krautheim
Heiligenberg 28 T

Dainbach
Ortsteil von Bad Mergentheim
Alte Burg 28 a

Bereich Badische Bergstraße/ Kraichgau

GROSSLAGE RITTERSBERG

Laudenbach
Sonnberg 29

Hemsbach
Herrnwingert 30 T

Sulzbach
Ortsteil von Weinheim
Herrnwingert 30 T

Weinheim
Hubberg 31
Wüstberg 32

Lützelsachsen
Ortsteil von Weinheim
Stephansberg 33 T

Hohensachsen
Ortsteil von Weinheim
Stephansberg 33 T

Großsachsen
Ortsteil von Hirschberg
Sandrocken 34

Leutershausen
Ortsteil von Hirschberg
Kahlberg 35
Staudenberg 36 T

Schriesheim
Staudenberg 36 T
Kuhberg 38
Madonnenberg 39
Schloßberg 40

Dossenheim
Ölberg 41

Heidelberg
Heiligenberg 42
Sonnenseite ob der Bruck 43

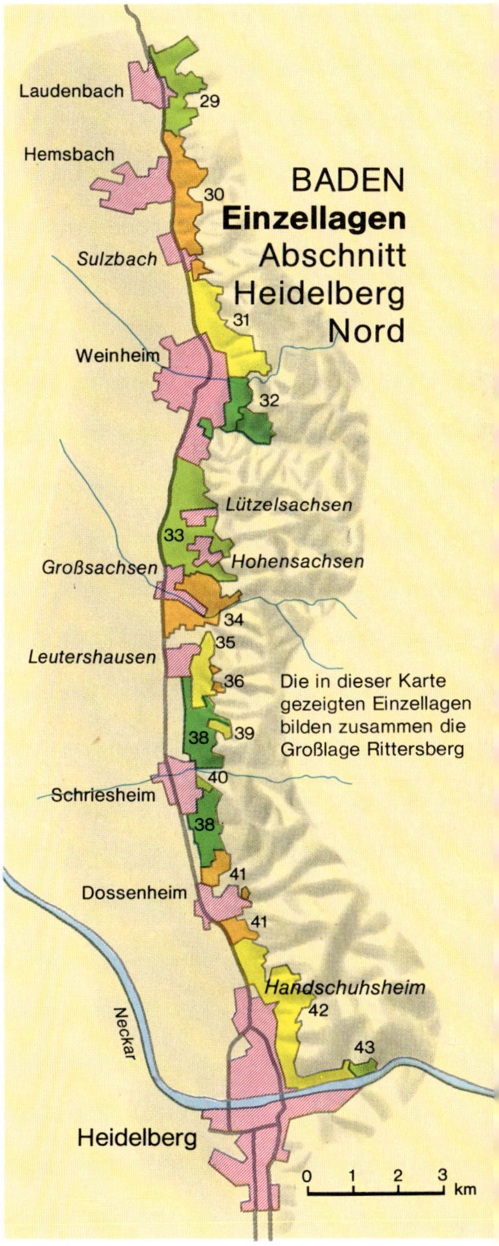

BADEN
Einzellagen
Abschnitt Heidelberg Nord

Die in dieser Karte gezeigten Einzellagen bilden zusammen die Großlage Rittersberg

BADEN
Einzellagen
Abschnitt Heidelberg-Bruchsal

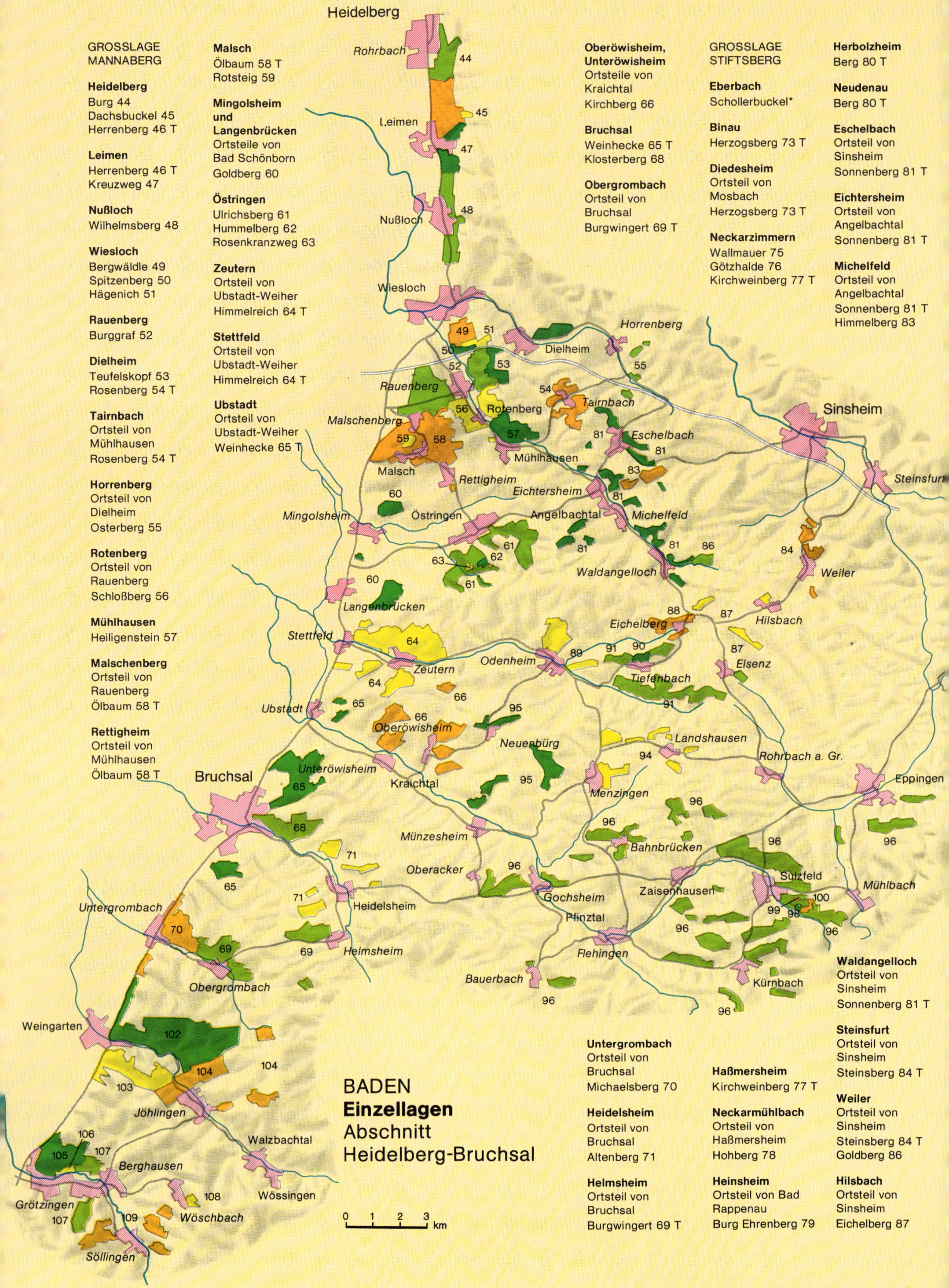

GROSSLAGE
MANNABERG

Heidelberg
Burg 44
Dachsbuckel 45
Herrenberg 46 T

Leimen
Herrenberg 46 T
Kreuzweg 47

Nußloch
Wilhelmsberg 48

Wiesloch
Bergwäldle 49
Spitzenberg 50
Hägenich 51

Rauenberg
Burggraf 52

Dielheim
Teufelskopf 53
Rosenberg 54 T

Tairnbach
Ortsteil von
Mühlhausen
Rosenberg 54 T

Horrenberg
Ortsteil von
Dielheim
Osterberg 55

Rotenberg
Ortsteil von
Rauenberg
Schloßberg 56

Mühlhausen
Heiligenstein 57

Malschenberg
Ortsteil von
Rauenberg
Ölbaum 58 T

Rettigheim
Ortsteil von
Mühlhausen
Ölbaum 58 T

Malsch
Ölbaum 58 T
Rotsteig 59

Mingolsheim und Langenbrücken
Ortsteile von
Bad Schönborn
Goldberg 60

Östringen
Ulrichsberg 61
Hummelberg 62
Rosenkranzweg 63

Zeutern
Ortsteil von
Ubstadt-Weiher
Himmelreich 64 T

Stettfeld
Ortsteil von
Ubstadt-Weiher
Himmelreich 64 T

Ubstadt
Ortsteil von
Ubstadt-Weiher
Weinhecke 65 T

Oberöwisheim, Unteröwisheim
Ortsteile von
Kraichtal
Kirchberg 66

Bruchsal
Weinhecke 65 T
Klosterberg 68

Obergrombach
Ortsteil von
Bruchsal
Burgwingert 69 T

Untergrombach
Ortsteil von
Bruchsal
Michaelsberg 70

Heidelsheim
Ortsteil von
Bruchsal
Altenberg 71

Helmsheim
Ortsteil von
Bruchsal
Burgwingert 69 T

GROSSLAGE
STIFTSBERG

Eberbach
Schollerbuckel*

Binau
Herzogsberg 73 T

Diedesheim
Ortsteil von
Mosbach
Herzogsberg 73 T

Neckarzimmern
Wallmauer 75
Götzhalde 76
Kirchweinberg 77 T

Haßmersheim
Kirchweinberg 77 T

Neckarmühlbach
Ortsteil von
Haßmersheim
Hohberg 78

Heinsheim
Ortsteil von Bad
Rappenau
Burg Ehrenberg 79

Herbolzheim
Berg 80 T

Neudenau
Berg 80 T

Eschelbach
Ortsteil von
Sinsheim
Sonnenberg 81 T

Eichtersheim
Ortsteil von
Angelbachtal
Sonnenberg 81 T

Michelfeld
Ortsteil von
Angelbachtal
Sonnenberg 81 T
Himmelberg 83

Waldangelloch
Ortsteil von
Sinsheim
Sonnenberg 81 T

Steinsfurt
Ortsteil von
Sinsheim
Steinsberg 84 T

Weiler
Ortsteil von
Sinsheim
Steinsberg 84 T
Goldberg 86

Hilsbach
Ortsteil von
Sinsheim
Eichelberg 87

Eichelberg
Ortsteil von
Östringen
Kapellenberg 88

Odenheim
Ortsteil von
Östringen
Königsbecher 89

Tiefenbach
Ortsteil von
Östringen
Schellenbrunnen 90
Spiegelberg 91 T

Elsenz
Ortsteil von
Eppingen
Spiegelberg 91 T

Berwangen
Ortsteil von
Kirchardt
Vogelsang 92 T

Gemmingen
Vogelsang 92 T

Landshausen und Menzingen
Ortsteile von
Kraichtal
Spiegelberg 94

Menzingen, Münzesheim und Neuenbürg
Ortsteile von
Kraichtal
Silberberg 95

Bahnbrücken, Gochsheim und Oberacker
Ortsteile von
Kraichtal
Lerchenberg 96 T

Rohrbach a. G.
Ortsteil von
Eppingen
Lerchenberg 96 T

Zaisenhausen
Lerchenberg 96 T

Kürnbach
Lerchenberg 96 T

Flehingen
Ortsteil von
Oberderdingen
Lerchenberg 96 T

Sulzfeld
Lerchenberg 96 T
Burg Ravensburger Husarenkappe 98
Burg Ravensburger Löchle 99
Burg Ravensburger Dicker Franz 100

Mühlbach
Ortsteil von
Eppingen
Lerchenberg 96 T

Bauerbach
Ortsteil von Bretten
Lerchenberg 96 T

Eppingen
Lerchenberg 96 T

GROSSLAGE
HOHENBERG

Weingarten
Katzenberg 102
Petersberg 103

Jöhlingen
Ortsteil von
Walzbachtal
Hasensprung 104

Grötzingen
Ortsteil von
Karlsruhe
Lichtenberg 105
Turmberg 106

Berghausen
Ortsteil von Pfinztal
Sonnenberg 107

Wöschbach
Ortsteil von Pfinztal
Steinwengert 108

Söllingen
Ortsteil von Pfinztal
Rotenbusch 109

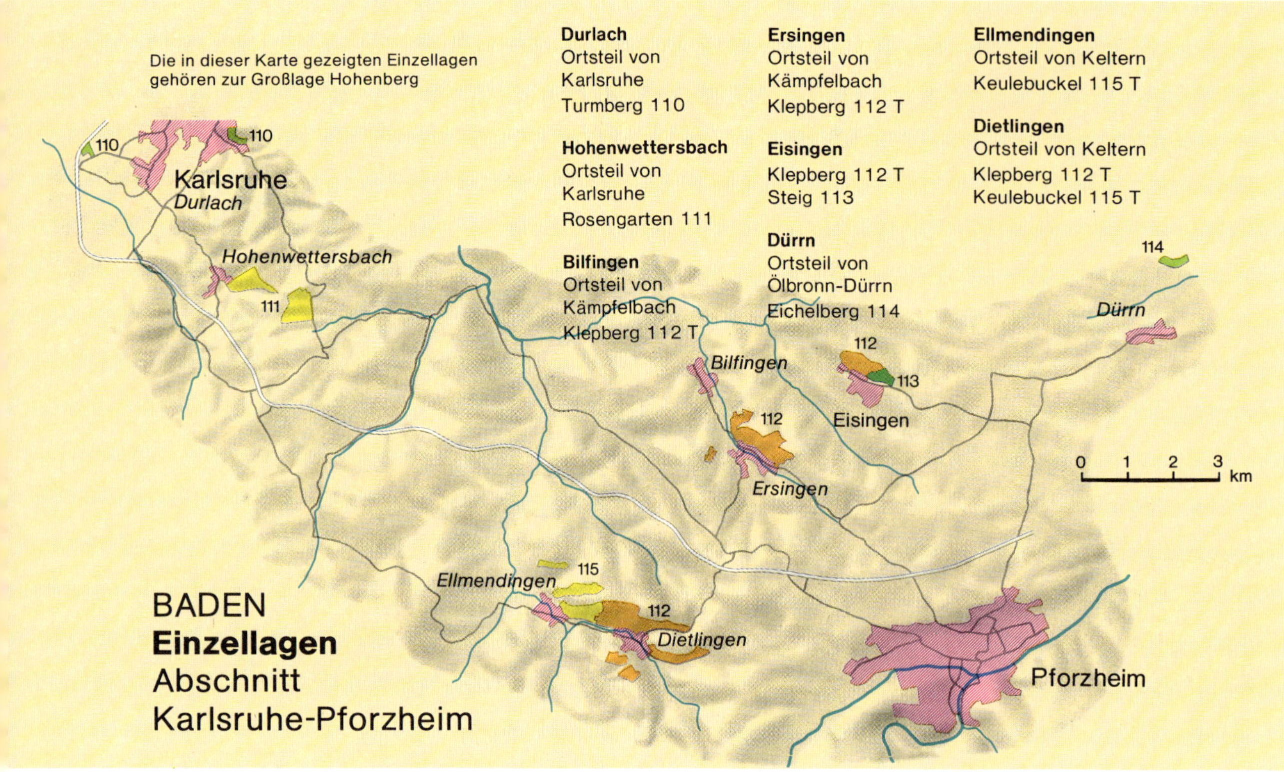

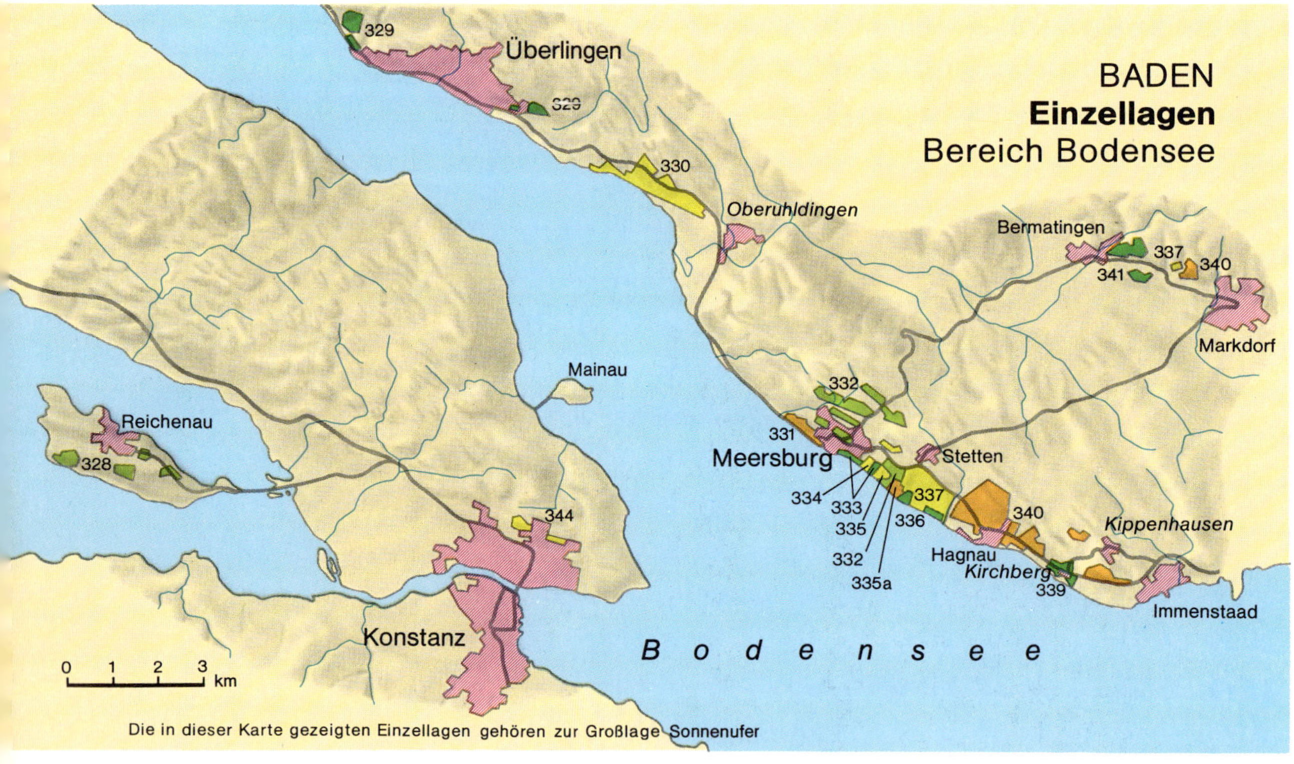

Bereich Bodensee

GROSSLAGENFREI

Rechberg
Ortsteil von Klettgau
Kapellenberg*

Erzingen
Ortsteil von Klettgau
Kapellenberg*

Nack
Ortsteil von Lottstetten
Steinler*

GROSSLAGE SONNENUFER

Singen
Elisabethenberg*
Olgaberg*

Hilzingen
Elisabethenberg*

Reichenau
Hochwart 328

Überlingen
Felsengarten 329

Oberuhldingen
Ortsteil von Uhldingen-Mühlhof
Kirchhalde 330

Meersburg
Chorherrenhalde 331
Fohrenberg 332 T
Rieschen 333
Jungfernstieg 334
Bengel 335
Haltnau 335 a
Lerchenberg 336 T
Sängerhalde 337 T

Stetten
Fohrenberg 332 T
Lerchenberg 336 T
Sängerhalde 337 T

Hagnau
Burgstall 340 T

Kirchberg
Ortsteil von Salem
Schloßberg 339

Kippenhausen
Ortsteil von Immenstaad
Burgstall 340 T

Immenstaad
Burgstall 340 T

Bermatingen
Leopoldsberg 341

Markdorf
Sängerhalde 337 T
Burgstall 340 T

Konstanz
Sonnenhalde 344

Bereich Ortenau

GROSSLAGE SCHLOSS RODECK

Baden-Baden
Eckberg 116
Sätzler 117 T

Sinzheim
Sätzler 117 T
Frühmeßler 118
Sonnenberg 119 T
Klostergut Fremersberger Feigenwäldchen 131

Varnhalt
Ortsteil von Baden-Baden
Sonnenberg 119 T
Klosterbergfelsen120
Steingrübler 121

Steinbach
Ortsteil von Baden-Baden
Stich den Buben 122
Yburgberg 123

Neuweier
Ortsteil von Baden-Baden
Altenberg 124
Schloßberg 125
Mauerberg 126
Gänsberg 127
Heiligenstein 128

Eisental
Ortsteil von Bühl
Sommerhalde 129
Betschgräber 130

Altschweier
Ortsteil von Bühl
Sternenberg 132 T

Bühlertal
Engelsfelsen 133
Klotzberg 134

Neusatz
Ortsteil von Bühl
Sternenberg 132 T
Wolfhag 135 T
Burg Windeck Kastanienhalde 136

Ottersweier
Wolfhag 135 T
Althof 137

Lauf
Schloß Neu-Windeck 138
Gut Alsenhof 139
Alter Gott 140

Niederschopfh

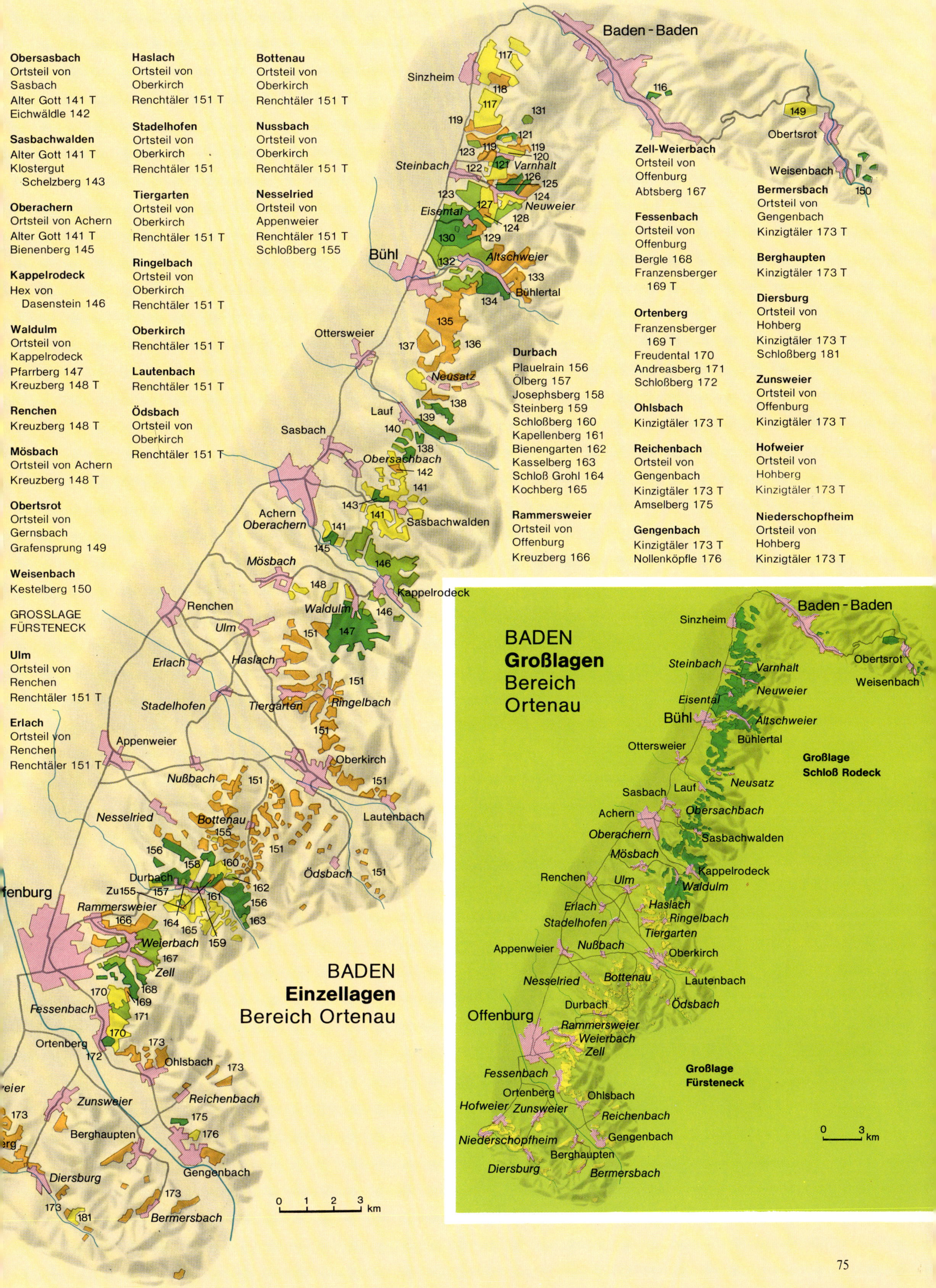

BADEN
Einzellagen
Bereich Ortenau

Obersasbach
Ortsteil von Sasbach
Alter Gott 141 T
Eichwäldle 142
Sasbachwalden
Alter Gott 141 T
Klostergut Schelzberg 143
Oberachern
Ortsteil von Achern
Alter Gott 141 T
Bienenberg 145
Kappelrodeck
Hex von Dasenstein 146
Waldulm
Ortsteil von Kappelrodeck
Pfarrberg 147
Kreuzberg 148 T
Renchen
Kreuzberg 148 T
Mösbach
Ortsteil von Achern
Kreuzberg 148 T
Obertsrot
Ortsteil von Gernsbach
Grafensprung 149
Weisenbach
Kestelberg 150
GROSSLAGE FÜRSTENECK
Ulm
Ortsteil von Renchen
Renchtäler 151 T
Erlach
Ortsteil von Renchen
Renchtäler 151 T
Haslach
Ortsteil von Oberkirch
Renchtäler 151 T
Stadelhofen
Ortsteil von Oberkirch
Renchtäler 151
Tiergarten
Ortsteil von Oberkirch
Renchtäler 151 T
Ringelbach
Ortsteil von Oberkirch
Renchtäler 151 T
Oberkirch
Renchtäler 151 T
Lautenbach
Renchtäler 151 T
Ödsbach
Ortsteil von Oberkirch
Renchtäler 151 T
Bottenau
Ortsteil von Oberkirch
Renchtäler 151 T
Nussbach
Ortsteil von Oberkirch
Renchtäler 151 T
Nesselried
Ortsteil von Appenweier
Renchtäler 151 T
Schloßberg 155
Durbach
Plauelrain 156
Ölberg 157
Josephsberg 158
Steinberg 159
Schloßberg 160
Kapellenberg 161
Bienengarten 162
Kasselberg 163
Schloß Grohl 164
Kochberg 165
Rammersweier
Ortsteil von Offenburg
Kreuzberg 166
Zell-Weierbach
Ortsteil von Offenburg
Abtsberg 167
Fessenbach
Ortsteil von Offenburg
Bergle 168
Franzensberger 169 T
Ortenberg
Franzensberger 169 T
Freudental 170
Andreasberg 171
Schloßberg 172
Ohlsbach
Kinzigtäler 173 T
Reichenbach
Ortsteil von Gengenbach
Kinzigtäler 173 T
Amselberg 175
Gengenbach
Kinzigtäler 173 T
Nollenköpfle 176
Bermersbach
Ortsteil von Gengenbach
Kinzigtäler 173 T
Berghaupten
Kinzigtäler 173 T
Diersburg
Ortsteil von Hohberg
Kinzigtäler 173 T
Schloßberg 181
Zunsweier
Ortsteil von Offenburg
Kinzigtäler 173 T
Hofweier
Ortsteil von Hohberg
Kinzigtäler 173 T
Niederschopfheim
Ortsteil von Hohberg
Kinzigtäler 173 T
0 1 2 3 km
BADEN
Großlagen
Bereich
Ortenau
Großlage Schloß Rodeck
Großlage Fürsteneck
Baden-Baden
Sinzheim
Obertsrot
Weisenbach
Steinbach
Varnhalt
Neuweier
Eisental
Bühl
Altschweier
Bühlertal
Ottersweier
Sasbach
Lauf
Neusatz
Achern
Obersachbach
Oberachern
Sasbachwalden
Mösbach
Renchen
Ulm
Kappelrodeck
Waldulm
Erlach
Haslach
Ringelbach
Stadelhofen
Tiergarten
Appenweier
Nußbach
Oberkirch
Nesselried
Bottenau
Lautenbach
Durbach
Ödsbach
Offenburg
Rammersweier
Weierbach
Zell
Fessenbach
Ortenberg
Ohlsbach
Hofweier
Zunsweier
Reichenbach
Niederschopfheim
Gengenbach
Berghaupten
Diersburg
Bermersbach
0 3 km

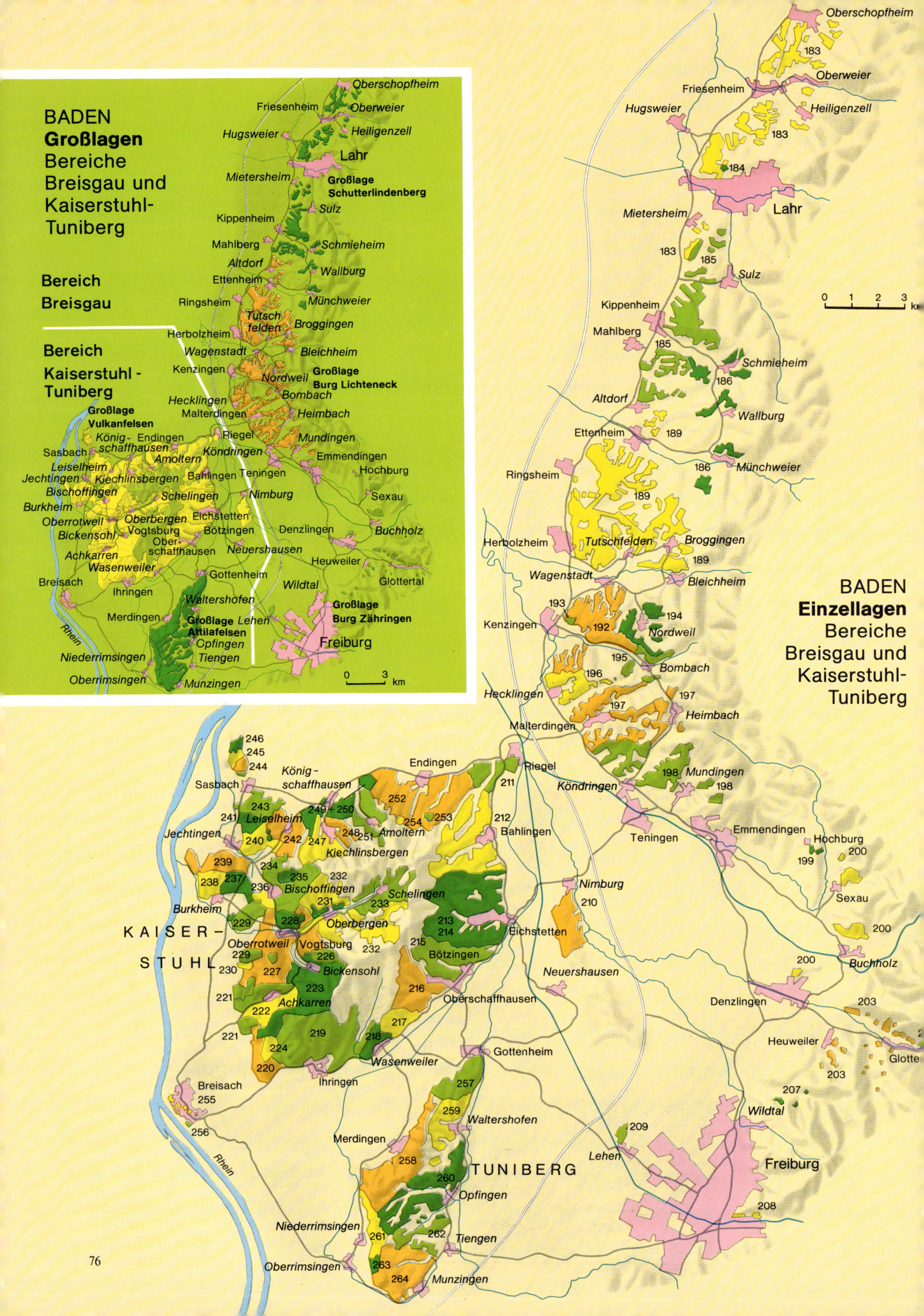
BADEN
Großlagen
Bereiche
Breisgau und
Kaiserstuhl-
Tuniberg
Bereich
Breisgau
Bereich
Kaiserstuhl -
Tuniberg
Großlage
Schutterlindenberg
Großlage
Burg Lichteneck
Großlage
Vulkanfelsen
Großlage
Attilafelsen
Großlage
Burg Zähringen
Oberschopfheim
Friesenheim
Oberweier
Hugsweier
Heiligenzell
Lahr
Mietersheim
Sulz
Kippenheim
Mahlberg
Schmieheim
Altdorf
Wallburg
Ettenheim
Ringsheim
Münchweiler
Tutschfelden
Broggingen
Herbolzheim
Wagenstadt
Bleichheim
Kenzingen
Nordweil
Bombach
Hecklingen
Malterdingen
Heimbach
Riegel
Mundingen
Köndringen
Emmendingen
Teningen
Hochburg
Sexau
Nimburg
Eichstetten
Bötzingen
Denzlingen
Buchholz
Neuershausen
Heuweiler
Gottenheim
Wildtal
Glottertal
Waltershofen
Lehen
Freiburg
Opfingen
Tiengen
Munzingen
Niederrimsingen
Oberrimsingen
Merdingen
Ihringen
Breisach
Rhein
Sasbach
König-
schaffhausen
Endingen
Amoltern
Leiselheim
Jechtingen
Kiechlinsbergen
Bahlingen
Bischoffingen
Schelingen
Burkheim
Oberrotweil
Oberbergen
Vogtsburg
Bickensohl
Ober-
schaffhausen
Achkarren
Wasenweiler
KAISER-
STUHL
TUNIBERG
0 3 km
0 1 2 3 km
BADEN
Einzellagen
Bereiche
Breisgau und
Kaiserstuhl-
Tuniberg

Bereich Breisgau

GROSSLAGE SCHUTTER-LINDENBERG

Oberschopfheim
Ortsteil von Friesenheim
Kronenbühl 183 T

Oberweier
Ortsteil von Friesenheim
Kronenbühl 183 T

Friesenheim
Kronenbühl 183 T

Heiligenzell
Ortsteil von Friesenheim
Kronenbühl 183 T

Hugsweier
Ortsteil von Lahr
Kronenbühl 183 T

Lahr
Kronenbühl 183 T
Herrentisch 184

Mietersheim
Ortsteil von Lahr
Kronenbühl 183 T

Sulz
Ortsteil von Lahr
Haselstaude 185 T

Kippenheim
Haselstaude 185 T

Mahlberg
Haselstaude 185 T

Schmieheim
Ortsteil von Kippenheim
Kirchberg 186 T

Wallburg
Ortsteil von Ettenheim
Kirchberg 186 T

Münchweier
Ortsteil von Ettenheim
Kirchberg 186 T

GROSSLAGE BURG LICHTENECK

Altdorf
Ortsteil von Ettenheim
Kaiserberg 189 T

Ettenheim
Kaiserberg 189 T

Ringsheim
Kaiserberg 189 T

Herbolzheim
Kaiserberg 189 T

Tutschfelden
Ortsteil von Herbolzheim
Kaiserberg 189 T

Broggingen
Ortsteil von Herbolzheim
Kaiserberg 189 T

Bleichheim
Ortsteil von Herbolzheim
Kaiserberg 189 T

Wagenstadt
Ortsteil von Herbolzheim
Hummelberg 192 T

Kenzingen
Hummelberg 192 T
Roter Berg 193

Nordweil
Ortsteil von Kenzingen
Herrenberg 194

Bombach
Ortsteil von Kenzingen
Sommerhalde 195

Hecklingen
Ortsteil von Kenzingen
Schloßberg 196

Malterdingen
Bienenberg 197 T

Heimbach
Ortsteil von Teningen
Bienenberg 197 T

Köndringen
Ortsteil von Teningen
Alte Burg 198 T

Mundingen
Ortsteil von Emmendingen
Alte Burg 198 T

GROSSLAGE BURG ZÄHRINGEN

Hochburg
Halde 199

Sexau
Sonnhalde 200 T

Buchholz
Ortsteil von Waldkirch
Sonnhalde 200 T

Denzlingen
Sonnhalde 200 T
Eichberg 203 T

Glottertal
Eichberg 203 T
Roter Bur 205

Heuweiler
Eichberg 203 T

Wildtal
Ortsteil von Gundelfingen
Sonnenberg 207

Freiburg
Schloßberg 208

Lehen
Ortsteil von Freiburg
Bergle 209

Bereich Kaiserstuhl-Tuniberg

GROSSLAGE VULKANFELSEN

Nimburg
Ortsteil von Teningen
Steingrube 210 T

Neuershausen
Ortsteil von March
Steingrube 210 T

Riegel
St. Michaelsberg 211

Bahlingen
Silberberg 212

Eichstetten
Herrenbuck 213
Lerchenberg 214
Die beiden Lagen 213 und 214 sind zeichnerisch nicht voneinander zu trennen, da 214 jeweils die unteren Talränder umfaßt.

Bötzingen
Lasenberg 215
Eckberg 216

Wasenweiler
Ortsteil von Ihringen
Lotberg 217
Kreuzhalde 218 T

Ihringen
Kreuzhalde 218 T
Fohrenberg 219
Winklerberg 220
Schloßberg 221 T
Castellberg 222 T
Steinfelsen 223 T
Doktorgarten 224

Achkarren
Ortsteil von Vogtsburg im Kaiserstuhl
Schloßberg 221 T
Castellberg 222 T

Bickensohl
Ortsteil von Vogtsburg im Kaiserstuhl
Steinfelsen 223 T
Herrenstück 226

Oberrotweil
Ortsteil von Vogtsburg im Kaiserstuhl
Schloßberg 221 T
Käsleberg 227
Eichberg 228
Henkenberg 229
Kirchberg 230

Oberbergen
Ortsteil von Vogtsburg im Kaiserstuhl
Pulverbuck 231
Baßgeige 232

Schelingen
Ortsteil von Vogtsburg im Kaiserstuhl
Kirchberg 233

Bischoffingen
Ortsteil von Vogtsburg im Kaiserstuhl
Enselberg 234 T
Rosenkranz 235
Steinbuck 236

Burkheim
Ortsteil von Vogtsburg im Kaiserstuhl
Feuerberg 237
Schloßgarten 238

Jechtingen
Ortsteil von Sasbach
Enselberg 234 T
Steingrube 239
Hochberg 240
Eichert 241
Gestühl 242 T

Sasbach
Scheibenbuck 243
Lützelberg 244
Rote Halde 245
Limburg 246

Leiselheim
Ortsteil von Sasbach
Gestühl 242 T

Kiechlinsbergen
Ortsteil von Endingen
Teufelsburg 247
Ölberg 248

Königschaffhausen
Ortsteil von Endingen
Hasenberg 249
Steingrüble 250

Amoltern
Ortsteil von Endingen
Steinhalde 251

Endingen
Engelsberg 252
Steingrube 253
Tannacker 254

Breisach
Augustinerberg 255
Eckartsberg 256

GROSSLAGE ATTILAFELSEN

Gottenheim
Kirchberg 257

Merdingen
Bühl 258

Waltershofen
Ortsteil von Freiburg
Steinmauer 259

Opfingen
Ortsteil von Freiburg
Sonnenberg 260

Niederrimsingen
Ortsteil von Breisach
Rotgrund 261

Tiengen
Ortsteil von Freiburg
Rebtal 262

Oberrimsingen
Ortsteil von Breisach
Franziskaner 263

Munzingen
Ortsteil von Freiburg
Kapellenberg 264

Bereich Markgräflerland

GROSSLAGE LORETTOBERG

Freiburg
Steinler 265
Jesuitenschloß 266 T

Merzhausen
Jesuitenschloß 266 T

Wittnau
Kapuzinerbuck 267

Mengen
Ortsteil von Schallstadt-Wolfenweiler
Alemannenbuck 268

Biengen
Ortsteil von Bad Krozingen
Maltesergarten 269 T

Schlatt
Ortsteil von Bad Krozingen
Maltesergarten 269 T
Steingrüble 271 T

Bad Krozingen
Steingrüble 271 T

Tunsel
Ortsteil von Bad Krozingen
Maltesergarten 269 T

Wolfenweiler
Ortsteil von Schallstadt-Wolfenweiler
Batzenberg 273 T
Dürrenberg 274

Ebringen
Sommerberg 275

Scherzingen
Ortsteil von Ehrenkirchen
Batzenberg 273 T

Norsingen
Ortsteil von Ehrenkirchen
Batzenberg 273 T

Pfaffenweiler
Batzenberg 273 T
Oberdürrenberg 276

Kirchhofen
Ortsteil von Ehrenkirchen
Batzenberg 273 T
Höllhagen 277
Kirchberg 278

Ehrenstetten
Ortsteil von Ehrenkirchen
Oelberg 279
Rosenberg 280

Bollschweil
Steinberg 281

Staufen
Schloßberg 282 T

Wettelbrunn
Ortsteil von Staufen im Breisgau
Maltesergarten 269 T

Grunern
Ortsteil von Staufen im Breisgau
Schloßberg 282 T
Altenberg 284

Eschbach
Maltesergarten 269 T

Heitersheim
Maltesergarten 269 T
Sonnhole 286

Seefelden
Ortsteil von Buggingen
Maltesergarten 269 T

Buggingen
Maltesergarten 269 T
Höllberg 288

GROSSLAGE BURG NEUENFELS

Ballrechten-Dottingen
Castellberg 289
Altenberg 290 T

Sulzburg
Altenberg 290 T

Laufen
Ortsteil von Sulzburg
Altenberg 290 T

Britzingen
Ortsteil von Müllheim
Altenberg 290 T
Sonnhohle 293 T
Rosenberg 294 T

Dattingen
Ortsteil von Müllheim
Altenberg 290 T
Sonnhole 293 T
Rosenberg 294 T

Zunzigen
Ortsteil von Müllheim
Rosenberg 294 T

Hügelheim
Ortsteil von Müllheim
Höllberg 295
Gottesacker 296
Schloßgarten 297

Müllheim
Sonnhalde 298
Reggenhag 299
Pfaffenstück 300

Niederweiler
Ortsteil von Müllheim
Römerberg 301 T

Badenweiler
Römerberg 301 T

Lipburg
Ortsteil von Badenweiler
Kirchberg 303

Feldberg
Ortsteil von Müllheim
Paradies 304

Auggen
Letten 305
Schäf 306 T

Mauchen
Ortsteil von Schliengen
Frauenberg 307
Sonnenstück 308 T

Schliengen
Sonnenstück 308 T

Steinenstadt
Ortsteil von Neuenburg am Rhein
Schäf 306 T
Sonnenstück 308 T

Niedereggenen
Ortsteil von Schliengen
Sonnenstück 308 T
Röthen 310 T

Obereggenen
Ortsteil von Schliengen
Röthen 310 T

Liel
Ortsteil von Schliengen
Sonnenstück 308 T

Bad Bellingen
Sonnenstück 308 T

BADEN
Einzellagen
Bereich
Markgräflerland

Wintersweiler
Ortsteil von Efringen-Kirchen
Steingässle 311 T

Efringen-Kirchen
Steingässle 311 T
Kirchberg 319 T
Oelberg 321
Sonnenhohle 322 T

Egringen
Ortsteil von Efringen-Kirchen
Sonnenhohle 322 T

Schallbach
Sonnenhohle 322 T

Fischingen
Sonnenhohle 322 T

Rümmingen
Sonnenhohle 322 T

Eimeldingen
Sonnenhohle 322 T

Binzen
Sonnenhohle 322 T

Ötlingen
Ortsteil von Weil am Rhein
Sonnenhohle 322 T
Stiege 324 T

Haltingen
Ortsteil von Weil am Rhein
Stiege 324 T

Weil am Rhein
Stiege 324 T
Schlipf 325

Lörrach
Sonnenbrunnen 32(

Grenzach
Ortsteil von Whylen
Hornfelsen 326

Herten
Ortsteil von Rheinfelden
Steinacker 327

GROSSLAGE VOGTEI RÖTTELN

Feuerbach
Ortsteil von Kandern
Steingässle 311 T

Hertingen
Ortsteil von Bad Bellingen
Sonnenhohle 312

Tannenkirch
Ortsteil von Kandern
Steingässle 311 T

Riedlingen
Ortsteil von Kandern
Steingässle 311 T

Holzen
Ortsteil von Kandern
Steingässle 311 T

Wollbach
Ortsteil von Kandern
Steingässle 311 T

Bamlach
Ortsteil von Bad Bellingen
Kapellenberg 316 T

Rheinweiler
Ortsteil von Bad Bellingen
Kapellenberg 316 T

Blansingen
Ortsteil von Efringen-Kirchen
Wolfer 317 T

Kleinkems
Ortsteil von Efringen-Kirchen
Wolfer 317 T

Welmlingen
Ortsteil von Efringen-Kirchen
Steingässle 311 T

Huttingen
Ortsteil von Efringen-Kirchen
Kirchberg 319 T

Istein
Ortsteil von Efringen-Kirchen
Kirchberg 319 T

Register

Die hier aufgeführten Orte und Ortsteile, Bereiche und Großlagen erscheinen in alphabetischer Reihenfolge. Einzellagen sind – im Verzeichnis bei den Karten – unter ihren Orten bzw. Ortsteilen oder Großlagen zu finden. Die Abkürzungen hinter den Namen stehen für das jeweilige Anbaugebiet.

A	Ahr
B	Baden
HB	Hess. Bergstraße
F	Franken
Mrh	Mittelrhein
MSR	Mosel-Saar-Ruwer
N	Nahe
Rhg	Rheingau
Rhh	Rheinhessen
Rhpf	Rheinpfalz
W	Württemberg

Die Zahlen sind identisch mit den Seitenziffern im Atlas. Auf dieser Seite finden Sie im Lagenverzeichnis den Ort, die Einzel-, die Großlage und den dazugehörigen Bereich.

A

B

C

D

E

F

G

H

I

J

K

L

M

N

O

P

R

S

T

U

V

W

Z

Weinrecht und Etikett

Zum 1. September 1977 sind die „gemeinschaftlichen Vorschriften über die Bezeichnung und Aufmachung der Weine und der Traubenmoste" (EG-Verordnung Nr. 2133/74 und Nr. 1608/76) in Kraft getreten. Die Anpassung unseres deutschen Weingesetzes an das neue EG-Recht ist mit der Verabschiedung der 3. Änderungsverordnung zur Weinverordnung am 15. 7. 77 teilweise erfolgt. Die Neufassung des Weingesetzes ist von dem federführenden Ministerium für Jugend, Familie und Gesundheit für 1979 vorgesehen.
Welche Änderungen des Bezeichnungsrechts werden auf den Etiketten ab Jahrgang 1977 festzustellen sein?

Vorgeschriebene Angaben
Vorgeschriebene Angaben sind wie bisher das bestimmte Anbaugebiet, die Güteklasse (gegebenenfalls mit Prädikat), die amtliche Prüfungsnummer, der Abfüller/Versender und neuerdings das Nennvolumen. Sie sind alle auf dem gleichen Etikett, dem Hauptetikett, anzubringen. Ein Ausweichen mit Teilen der vorgeschriebenen Angaben, z. B. auf die Halsschleife oder das Rückenetikett, ist nicht erlaubt. Nicht vorgeschriebene, jedoch zulässige Angaben können auch auf den anderen Ausstattungsteilen angebracht werden. Das Nennvolumen (Flascheninhalt) ist gemäß Fertigpackungsverordnung anzugeben und mit dem EG-Verpackungszeichen e (das heißt „Europa") zu verbinden. Seine Mindesthöhe ist 3 mm.

Größe der Schriftzeichen
Zukünftig sind die Schriftzeichen, die für das bestimmte Anbaugebiet verwendet werden, Hauptbezugsgröße. Güteklasse, also Qualitätswein oder Qualitätswein mit Prädikat und die Prädikate selbst, dürfen nicht mit größeren Schriftzeichen gedruckt werden als die für das Anbaugebiet verwendeten. Für den Firmennamen des Abfüllers gibt es keine Größenbeschränkungen, jedoch für dessen Ortsangabe: Diese darf nur halb so hoch gedruckt werden wie das bestimmte Anbaugebiet.

Geschmacksangaben
Als Geschmacksangaben sind nunmehr zulässig: Trocken, halbtrocken, lieblich und süß. Für die Bezeichnung „trocken" gilt: Restzukkergehalt höchstens 4 g pro Liter oder höchstens 9 g pro Liter, wobei der Gesamtsäuregehalt höchstens um 2 g pro Liter unter dem Restzuckergehalt liegen darf (Formel: Säure + 2). Für „halbtrocken" gilt: Restzuckergehalt höchstens 18 g je Liter, jedoch nicht mehr als Gesamtsäuregehalt plus 10 (Formel: Säure + 10). Die Angaben „lieblich" und „süß" sind erlaubt, aber keine Grenzwerte vorgesehen. Ihre Verwendung ist damit der Entscheidung und Bewertung des jeweiligen Erzeugers vorbehalten.

Rebsortenangaben/Jahrgang
Die Nennung einer Rebsorte ist zugelassen, wenn der Wein mindestens zu 85 % aus Weintrauben der angegebenen Rebsorte bereitet ist und diese seine Art bestimmt. Zwei Rebsorten dürfen genannt werden, wenn der Wein vollständig aus Weintrauben der angegebenen Rebsorten bereitet ist; die Rebsorten sind nach ihrem Mengenanteil in absteigender Folge anzugeben. Für den Jahrgangsverschnitt gilt ebenfalls das Verhältnis 85 zu 15.

Tafelwein
Die Angabe Tafelwein ist vorgeschrieben; inländischer Tafelwein ist als „Deutscher Tafelwein" zu bezeichnen. Tafelwein, der aus einem Verschnitt von Erzeugnissen mehrerer Mitgliedsstaaten der EG hergestellt ist, ist die Angabe „Wein aus mehreren Mitgliedsstaaten der Europäischen Gemeinschaft" anzufügen. Diese Angabe ist in der Amtssprache des Mitgliedsstaates, in dem der Wein zum Verbrauch angeboten wird, zu wiederholen, sofern sie in der Etikettierung in einer anderen Amtssprache der Gemeinschaft enthalten ist. Tafelwein, der nicht in demselben Mitgliedsstaat bereitet wurde, in dem die verwendeten Trauben geerntet worden sind, hat die Angabe „EG" zu führen.

Für die Etikettengestaltung bedeutet das neue EG-Bezeichnungsrecht mittelfristig vermutlich den Verzicht auf manche über Jahrzehnte gewöhnte und bewährte Etikettenlösung. Vielfach werden Weinfreunde Veränderungen an den geschätzten graphischen und künstlerischen Etikettendarstellungen bedauern. Neben die Befürchtung, daß der Wiedererkennungswert und damit ein gutes Stück „Firmengeschichte und Firmenprofil" durch diese Europäisierung der Weinetiketten verlorengehen könnte, tritt allerdings die Hoffnung, daß manche Etikettenverwirrung, bedingt durch bisher unterschiedliche Regelungen in den einzelnen Mitgliedsländern der EG, ihr Ende finden werden.

Hauptrebsorten der deutschen Anbaugebiete

Boden, Klima und Rebsorte bestimmen den Charakter jedes Weines. Das trifft für deutsche Weine im besonderen Maße zu.

Manche Experten stellen die Rebsorte als das 3. bestimmende Element für die Ausprägung des Charakters und der hervorragenden Geschmacksmerkmale deutscher Weine in den Vordergrund.

Die Rebforschung hat in Deutschland einige hundert Abkömmlinge der europäischen Edelrebe (Vitis vinifera) im Laufe der letzten 100 Jahre wissenschaftlich exakt nach ihren optimalen Standortbedürfnissen untersucht.

So sind in den letzten 50 Jahren einige sehr bemerkenswerte Neuzüchtungen gelungen: Müller-Thurgau, Scheurebe und Morio-Muskat gehören dazu.

In der nachstehenden Rebsortenübersicht sind sowohl die klassischen Hauptrebsorten als auch bedeutende Neuzüchtungen (Anbaufläche: mehr als 1000 ha) erfaßt. Neuzüchtungen – oft mit stark regionaler Bedeutung – versprechen, die Qualität und die Geschmacksvielfalt deutscher Weine noch zu steigern.

Von der bestockten deutschen Rebfläche (89 398 ha) haben die weißen Sorten mit 87,9 % (= 78 588 ha) den größten Anteil. 12,1 % (= 10 810 ha) entfallen auf rote Sorten. (Quelle: siehe Seite 90.)

Weiße Rebsorten

Müller-Thurgau

Bestockte Rebfläche: 24 419 ha (27,3 %)

Eine Geisenheimer Züchtung aus dem Jahre 1882 des bekannten Rebzüchters Prof. Müller-Thurgau aus Tägerwilen (Schweiz). Die Müller-Thurgau-Rebe ist vermutlich eine Kreuzung von Riesling x Silvaner. Sie reift früh und bringt gute Erträge an milden, ausgewogenen heiteren Weinen mit feinem Muskatbukett und Geschmack. Die Rebe ist besonders in Franken, Rheinhessen, Baden, an der Nahe und in der Rheinpfalz verbreitet.

Riesling

Bestockte Rebfläche: 18 327 ha (20,5 %)

Edelste Keltertraube der Welt. Kleine, unscheinbare Beeren. Extrem späte Reife. In allen deutschen Anbaugebieten, besonders in den Gebieten Mosel-Saar-Ruwer, Rheingau, Rheinpfalz, Nahe und Mittelrhein, findet sie günstige Bedingungen für das Gedeihen. Rieslingweine sind rassig, hochwertig und feinblumig. Sie haben den Weltruf unseres Weinlandes begründet. Der echte Riesling ist nicht zu verwechseln mit zahlreichen anderen Rebsorten, die fälschlicherweise den Namensbestandteil „Riesling" in der Bezeichnung führen, wie z. B. „Welsch-Riesling".

Silvaner

Bestockte Rebfläche: 13 404 ha (15 %)

Silvaner wird hauptsächlich in den Gebieten Rheinhessen, Rheinpfalz, Nahe und Franken angebaut. Die Traube ist mittelgroß, sehr saftreich und liefert einen angenehm milden Wein mit bekömmlicher, verhaltener Säure.

Ruländer

Bestockte Rebfläche: 3263 ha (3,6 %)

Mittelgroße Trauben. Der füllige, kräftige Ruländer, auch „Grauer Burgunder" genannt, liebt warme, tiefgründige Böden. Reifezeitpunkt: mittelfrüh bis spät. Bevorzugte Anbaugebiete sind Baden, Rheinpfalz, Rheinhessen und Hessische Bergstraße. Die Weine sind feurig, gehaltvoll und von einzigartig zartem Bukett. Als Spät- und Auslese gehört er zu den Spitzengewächsen deutscher Weine.

Morio-Muskat

Bestockte Rebfläche: 2827 ha (3,2 %)

Eine Kreuzung aus Silvaner x Weißer Burgunder. Morio-Muskat reift mittelfrüh und ist sehr ertragstreu. Besonders gut gedeiht er in den Gebieten Rheinpfalz und Rheinhessen. Der Wein zeichnet sich durch ein kräftiges Muskatbukett aus, das bei hochreifen Weinen sehr wuchtig wirkt.

Scheurebe

Bestockte Rebfläche: 2714 ha (3 %)

Eine Neuzüchtung aus Silvaner x Riesling. Sie reift spät und ist besonders in den Gebieten Rheinhessen, Rheinpfalz und Franken zu Hause. Körperreiche, duftige Weine nach Rieslingart. Das auffallend würzige Bukett erinnert an schwarze Johannisbeeren.

Kerner

Bestockte Rebfläche: 2708 ha (3 %)

Eine Neuzüchtung aus Trollinger x Riesling. Die Rebe gedeiht auf allen Böden. Bevorzugte Anbaugebiete sind Württemberg, Rheinpfalz und Franken. Die Weine sind frisch, süffig, rieslingähnlich mit leichtem Muskatbukett.

Weißer Gutedel

Bestockte Rebfläche: 1276 ha (1,4 %)

Der Gutedel verlangt besonders windgeschützte Lagen. Er braucht humusreiche und tiefgründige Böden, die er vor allem in Baden findet. Der Reifezeitpunkt liegt zwischen Müller-Thurgau und Silvaner. Der Wein ist leicht, süffig, mild und sehr bekömmlich. Die lockere, süße Gutedeltraube wird auch als Tafeltraube geschätzt.

Rote Rebsorten

Blauer Portugieser

Bestockte Rebfläche: 3841 ha (4,3 %)

Die Rebe stammt nicht, wie man annehmen könnte, aus Portugal, sondern ist um 1800 aus dem Donauraum nach Deutschland gekommen. Die Portugieser-Rebe hat tiefblaue Beeren. Sie stellt an Lage und Boden nur geringe Ansprüche und wächst hauptsächlich an der Ahr, in der Rheinpfalz, in Württemberg und in Rheinhessen. Frühe Reife. Als angenehme Schoppenweine mundig, süffig und mild.

Blauer Spätburgunder

Bestockte Rebfläche: 3161 ha (3,5 %)

Der Blaue Spätburgunder ist seit mehr als 500 Jahren im Anbau. Er hat kleinbeerige, blaue Trauben. Die Rebe beansprucht tiefgründige, fruchtbare Böden. Der Blaue Spätburgunder gedeiht besonders gut an der Ahr, in Baden und in Württemberg. Die Trauben reifen mittelfrüh bis spät. Die dunkelroten Weine gelten als die besten Roten in Deutschland. Sie schmecken samtig, vollmundig und erinnern mit ihrem Ton an Bittermandeln.

Blauer Trollinger

Bestockte Rebfläche: 1891 ha (2,1 %)

Große, süße, rotblaue Trauben. Die Rebe verlangt sehr gute Lagen, gedeiht auch auf armen, nicht zu trockenen Böden. Sie wächst fast ausschließlich in Württemberg. Der Trollinger wird spät gelesen. Der Wein schmeckt frisch, feinrassig und fruchtig und hat meist eine hellrote Farbe.

Herkunfts-Typenweine

Weinlandschaften prägen Weintypen

Weinlandschaften entwickeln in ihrer langen Geschichte über Jahrhunderte hinweg ihre besondere Kultur, einen charakteristischen Menschenschlag und ausgeprägte Weintypen. Der Weintyp einer Landschaft ist das Ergebnis einer über viele Generationen hinwegreichenden Tradition, besonderer Klimavoraussetzungen und entsprechender Bodenstrukturen. Die lange Tradition der Winzerbetriebe wird widergespiegelt durch oft jahrhundertealten guten Handelsbrauch, so daß charakteristische Weintypen einer bestimmten, geographisch fest umrissenen Landschaft mit eindeutigen Geschmacks- und Qualitätsmerkmalen über die Grenzen Deutschlands hinaus auf allen Weltmärkten einen hohen Bekanntheitsgrad und großes Ansehen erlangt haben. Daher können solche Herkunfts-Typenweine nur innerhalb ihrer traditionellen Heimatgebiete erzeugt werden.

Der bekannteste Herkunftswein mit ausgeprägten Geschmackstypen ist die auf allen Weltmärkten für deutsche Rheinweine bekannte „Liebfrauenmilch" (andere Schreibweise „Liebfraumilch"). Bereits Anfang des 18. Jahrhunderts wird der Name „Der lieben Frauenmilch zu Worms" urkundlich nachgewiesen. Historischer Ursprung dieses Namens ist die frühere Katasterlage des Wormser Liebfrauenstiftes. Die Wortbildung „Milch" geht vermutlich auf das mittelalterliche Wort „Minch" für Mönch zurück. Schon im 19. Jahrhundert wurden im internationalen Weinhandel deutsche Weißweine gehobener Qualität von milder Geschmacksrichtung mit geographischer Herkunft aus den Weinbaugebieten am Rhein als „Liebfrauenmilch" bezeichnet; so wurde diese Herkunftsbezeichnung für einen typischen Wein aus den Weinbaulandschaften am Rhein zur bekanntesten deutschen Herkunftsbezeichnung auf den Weltmärkten.

Schon in früheren Weingesetzen, durch Rechtsprechung und durch Handelsbrauch waren geschmackstypische Herkunftsweine bestimmter Weinbaulandschaften definiert. Im Weingesetz von 1971 wurde in § 10 Abs. 9 sogar eine besondere Regelung für derartige Weine mit Ermächtigung an die Landesregierungen aufgenommen, durch Landesverordnung die Definition hinsichtlich geographischer Herkunfts-, Qualitäts- und Geschmacksrichtung festzulegen.

Bislang wurden im Rahmen dieser Gesetzregelung folgende herkunftstypische Bezeichnungen festgelegt:

1. **Liebfrauenmilch/Liebfraumilch** Gemäß § 4 der ersten Landesverordnung Rheinland-Pfalz vom 12. 8. 1971 für Qualitätsweißwein aus den Weinanbaugebieten Rheinhessen, Nahe, Rheinpfalz und Rheingau mit einem Ausgangsmostgewicht von mindestens 60° Öchsle, aus den Rebsorten Riesling, Silvaner oder Müller-Thurgau und mit lieblicher Geschmacksrichtung. Als Qualitätswein muß Liebfrauenmilch auf Grund der amtlichen Qualitätsprüfung mit einer Prüfungsnummer versehen sein.
2. **Affentaler Spätburgunder Rotwein** Gemäß Landesverordnung Baden-Württemberg vom 3. 8. 1972 für Qualitätswein oder Prädikatswein aus der Rebsorte Blauer Spätburgunder von bestimmten badischen Gemarkungen im Raum Bühl/Baden-Baden.
3. **Ehrentrudis Spätburgunder Weißherbst** Gemäß Landesverordnung Baden-Württemberg vom 4. Juli 1973 für badische Rosé–Qualitätsweine oder Prädikatsweine aus der Rebsorte Blauer Spätburgunder aus dem Bereich Kaiserstuhl-Tuniberg.
4. **Badisch Rotgold** Gemäß § 7 der Weinverordnung vom 4. 7. 1977 (BGBl. I, S. 1416) darf für einen Qualitätswein statt der Bezeichnung „Rotling" die Bezeichnung „Badisch Rotgold" mit dem Zusatz „Grauburgunder und Spätburgunder" gebraucht werden, wenn die zur Herstellung verwendeten Erzeugnisse ausschließlich in dem bestimmten Anbaugebiet Baden geerntet worden sind.

Diese gesetzlich definierten herkunftstypischen Weinbezeichnungen garantieren, daß es sich nicht etwa um beliebige Phantasiebezeichnungen für Weine jeglicher Herkunft handelt, sondern daß im Rahmen der amtlichen Qualitätsprüfung die geographische Herkunft, die Qualität und die Geschmacksrichtung amtlich überprüft und zur Sicherung des Verbrauchers anhand der Prüfungsnummer bestätigt werden.

Rheinwein – ein sprachlicher Exkurs durch das Rheintal

Sprache und Handelsbrauch wachsen durch Jahrhunderte und nehmen es weniger genau als der Gesetzgeber: „Rheinwein" gilt in der Alltagssprache der Gastronomie als Oberbegriff für Weine aus den Landschaften am Rhein, nämlich aus den Qualitätsweinanbaugebieten Mittelrhein, Rheingau, Rheinhessen und Rheinpfalz bzw. aus dem umfassenden Tafelweinanbaugebiet „Rhein". Obwohl ebenfalls am Rhein gelegen und sogar für Tafelwein als Oberrhein bezeichnet, wird nach allgemeinem Sprachgebrauch der Qualitätswein aus Baden nicht mehr zum Rheinwein gerechnet – übrigens ebenso wie die gegenüberliegenden französischen Weine des Elsaß. Im englischen Sprachgebrauch bezeichnet man weltweit die deutschen Weine vom Rhein als „rhinewine", speziell in England seit Jahrhunderten auch als „hock", abgeleitet vom Weinstädtchen Hochheim.

Die traditionellen Heimatgebiete der „Liebfrauenmilch"

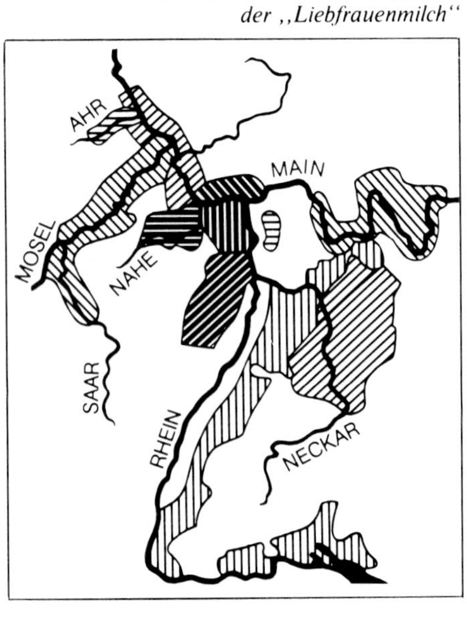

Weingesetz im Wortlaut (Auszug)

Alle Eintragungen in die Weinbergsrollen, die im Deutschen Weinatlas aufgeführt sind, wurden entsprechend den gesetzlichen Vorschriften neu abgegrenzt. Die zentrale Bestimmung für diese Neuordnung der geographischen Bezeichnungen ist der § 10 des Weingesetzes vom 14. Juli 1971 (Bundesgesetzblatt I, Seite 893ff.).

§ 10 – Geographische Bezeichnungen

(1) Zur Angabe der Herkunft des Weines oder der zu seiner Herstellung verwendeten Erzeugnisse sind als geographische Bezeichnungen nur zulässig

1. in die Weinbergsrolle eingetragene Namen von Lagen und Bereichen,
2. Namen von Gemeinden und Ortsteilen,
3. Namen von bestimmten Anbaugebieten, Weinbaugebieten und Untergebieten,
4. das Wort „deutsch",
5. durch Rechtsverordnung nach Absatz 9 zugelassene Bezeichnungen.

Für Tafelweine dürfen die Namen von bestimmten Anbaugebieten und Lagen nicht gebraucht werden.

(2) Eine Lage ist eine bestimmte Rebfläche (Einzellage) oder die Zusammenfassung solcher Flächen (Großlage), aus deren Erträgen gleichwertige Weine gleichartiger Geschmacksrichtung hergestellt zu werden pflegen und die in einer Gemeinde oder in mehreren Gemeinden desselben bestimmten Anbaugebietes gelegen sind. Als Lagename darf nur ein Name eingetragen werden, der für eine zur Lage gehörende Rebfläche herkömmlich oder in das Flurkataster eingetragen ist oder der sich an einen solchen Namen anlehnt.

(3) Eine Lage darf in die Weinbergsrolle nur eingetragen werden, wenn sie insgesamt mindestens fünf Hektar groß ist. Abweichend davon können die zuständigen Behörden die Eintragung einer kleineren Fläche zulassen, wenn die Bildung einer größeren Lage wegen der örtlichen Nutzungsverhältnisse oder wegen der Besonderheit der auf der Fläche gewonnenen Weine nicht möglich ist.

(4) Bereich ist eine Zusammenfassung mehrerer Lagen, aus deren Erträgen Weine gleichartiger Geschmacksrichtung hergestellt zu werden pflegen und die in nahe beieinanderliegenden Gemeinden desselben bestimmten Anbaugebietes belegen sind; eine Rebfläche, die keiner Lage angehört, kann einbezogen werden, wenn die sonstigen Voraussetzungen erfüllt sind. Bereichsnamen werden in der Weise gebildet, daß einem Namen, der die zugehörigen Rebflächen umschreibt, das Wort „Bereich" vorangestellt wird. Stehen zur Umschreibung geeignete herkömmliche Namen zur Verfügung, sollen diese gewählt werden.

(5) Die Landesregierungen der weinbautreibenden Länder regeln durch Rechtsverordnung, sofern nicht eine Regelung durch Landesgesetz getroffen wird,

1. die Einrichtung und Führung der Weinbergsrolle,
2. das Nähere über Eintragungen und Löschungen einschließlich der Feststellung und Festsetzung der Lage- und Bereichsnamen,
3. die Antragsberechtigung sowie Inhalt und Form der Anträge,
4. die Eintragungen und Löschungen von Amts wegen,
5. die Zuständigkeit der Behörden.

(6) Für Qualitätsweine b. A. werden folgende Anbaugebiete festgelegt:

1. Ahr,
2. Hessische Bergstraße,
3. Mittelrhein,
4. Mosel-Saar-Ruwer,
5. Nahe,
6. Rheingau,
7. Rheinhessen,
8. Rheinpfalz,
9. Franken,
10. Württemberg,
11. Baden.

(7) Für Tafelweine werden folgende Weinbaugebiete mit ihren Untergebieten festgelegt:

1. Rhein und Mosel
   a) Rhein,
   b) Mosel,
2. Main
3. Neckar
4. Oberrhein
   a) Römertor,
   b) Burgengau.

(8) Die in den Absätzen 6 und 7 genannten Gebiete bilden das deutsche Weinanbaugebiet; ihre Abgrenzung erfolgt durch Rechtsverordnung. Umfassen die Gebiete Teile mehrerer Bundesländer und gelten in diesen Teilen verschiedene Restzuckerbegrenzungen (§ 9 Abs. 2), so kann die Rechtsverordnung den Restzuckergehalt festsetzen, der bei Gebrauch des Gebietsnamens zulässig ist.

(9) Die Landesregierungen der weinbautreibenden Länder können durch Rechtsverordnung zur Förderung des Absatzes typischer Weine eines bestimmten Raumes weitere Bezeichnungen, die unmittelbar oder mittelbar auf die Herkunft des Weines und der zu seiner Herstellung verwendeten Erzeugnisse hinweisen, zulassen.

(10) Wein und die zu seiner Herstellung verwendeten Erzeugnisse müssen mit einer nach Absatz 1 zugelassenen geographischen Bezeichnung versehen sein. Dies gilt nicht für teilweise gegorenen Traubenmost, der zum alsbaldigen Verzehr bestimmt und in ortsüblicher Weise bezeichnet ist.

(11) Wird eine engere geographische Bezeichnung als der Name eines bestimmten Anbaugebietes, eines Weinbaugebietes oder eines Untergebietes gewählt, so ist bei Qualitätswein b. A. zusätzlich das bestimmte Anbaugebiet, bei Tafelwein zusätzlich das Weinbaugebiet oder das Untergebiet anzugeben, in dem die Weintrauben geerntet worden sind. Bei der Wahl eines Lagenamens ist außerdem die Gemeinde oder der Ortsteil anzugeben. Erstreckt sich die Lage über mehrere Gemeinden, ist eine dieser Gemeinden anzugeben. Ist eine Gemeinde in mehreren Weinbaugebieten gelegen, so kann die Landesregierung durch Rechtsverordnung bestimmen, daß für Weine aus bestimmten Ortsteilen nur der Name des Ortsteils oder der Name des Ortsteils neben dem Gemeindenamen benutzt werden darf.

(12) Eine engere geographische Bezeichnung als die Bezeichnung „deutsch" darf bereits dann gewählt werden, wenn die verwendeten Weintrauben mindestens zu 75 vom Hundert aus dem betreffenden Raume stammen, dieser Anteil die Art bestimmt und die zur Herstellung verwendeten Erzeugnisse anderer örtlicher Herkunft gleichwertig und ausschließlich aus demselben Weinbaugebiet oder bestimmten Anbaugebiet wie der namengebende Anteil geerntet worden sind. Beerenauslesen und Trockenbeerenauslesen, die aus Weinbeeren mehrerer Lagen hergestellt sind, dürfen mit dem Namen der Lage bezeichnet werden, aus der mehr als 50 vom Hundert der Weinbeeren stammen.

(13) Die Bezeichnung „deutsch" oder eine engere Herkunftsbezeichnung darf nur gewählt werden, wenn, unbeschadet des § 2 Abs. 5, keine im Ausland geernteten Weintrauben verwendet worden sind.

(14) Inländischer Tafelwein muß als „Deutscher Tafelwein" bezeichnet werden.

Soweit das geltende deutsche Weingesetz. Ausführungsgesetze und Rechtsverordnungen wurden von allen weinbautreibenden Ländern teilweise schon auf Grund des Weingesetzes von 1969, insbesondere zur Einrichtung und Führung der Weinbergsrollen, erlassen. Vermutlich werden einige Vorschriften den aus Brüssel zu erwartenden Neuregelungen erneut angepaßt werden müssen.

Quellennachweis

Zahlenangaben in „Daten und Fakten" und im Kapitel „Hauptrebsorten":
Statistisches Bundesamt, Wiesbaden,
Fachserie B „Land- und Forstwirtschaft, Fischerei",
Reihe 2 „Weinbaukataster", von 1976,
Kohlhammer-Verlag, Stuttgart/Mainz.

Bildnachweis

Kreisverwaltung Ahrweiler (2 Fotos)
Stadtverwaltung Alzey (1)
BASF, Landwirtschaftliche Versuchsstation, Limburgerhof (7)
Prof. Dr. Claus, Geisenheim (10)
Deutsche Weininformation, Mainz (40)
„Frankenwein – Frankenland e. V.", Würzburg (4)
H. Görtz, Mainz (4)
Foto Hahn, Solms (2)
Foto Häusser, Mannheim (4)
Historisches Museum der Pfalz, Speyer (1)
Foto Killian, Rüdesheim (1)
Landesbildstelle Württemberg, Stuttgart (4)
Foto Lauterwasser, Überlingen (1)
Fotostudio Verlag D. Meininger, Neustadt a. d. Weinstraße (1)
Mittelrheinisches Landesmuseum, Mainz (3)
Foto Popp, Mainz (1)
Rheinisches Landesmuseum Trier, e. V. (1)
„Rheinpfalz – Weinpfalz e. V.", Neustadt, Weinstr. (4)
Prof. Dr. K. Röder, Bad Kreuznach (17)
K. Schupp, Ludwigsburg (3)
Wir danken für die zur Verfügung gestellten Fotos.

Abbildungen auf der Titelseite

Von links nach rechts: Tuniberg-Terrassen am Kaiserstuhl, Anbinden der Reben, Wirtshausschild, Vierteleschlotzer, Mosellandschaft bei Beilstein, Schieferboden an der Saar, Rieslingtraube, Faßboden, flurbereinigte Landschaft, Alte Kelter in Franken